믿음과 사랑으로 이 소망을 전합시다!

가스펠 프로젝트

다시 오실 그리스도

청장년 인도자용

지은이 · LifeWay Adults
옮긴이 · 송진순
감수 · 김병훈, 류호성, 신대현
발행일 · 2019년 7월 3일
등록번호 · 제1988-000080호
등록된 곳 · 서울특별시 용산구 서빙고로65길 38
발행처 · 사단법인 두란노서원
영업부 · 02-2078-3352, 3452, 3781, 3752 FAX 080-749-3705
편집부 · 02-2078-3437
디자인 · 땅콩프레스

책값은 뒤표지에 있습니다.
ISBN 978-89-531-3516-1 04230 / 978-89-531-3126-2(세트)

가스펠 프로젝트 홈페이지 · gospelproject.co.kr
두란노몰 · mall.duranno.com

차례

6
Come, Lord JESUS

발간사

두란노서원을 통해 라이프웨이(LifeWay)의 《가스펠 프로젝트》 성경 공부 교재 시리즈를 발간할 수 있도록 인도하신 하나님께 감사드립니다. 험한 소리로 가득한 세상에 이 책을 다릿돌처럼 놓습니다. 우리 삶은 말씀을 만난 소리로 풍성해져야 합니다. 주님을 만난 기쁨의 소리, 진실 앞에서 탄식하는 소리, 죄를 씻는 울음소리, 소망을 품은 기도 소리로 가득해야 합니다.

《가스펠 프로젝트》는 신구약을 관통하는 예수 그리스도의 복음을 발견하고, 그 가르침을 삶에 적용하는 지혜를 얻도록 기획한 성경 공부 교재입니다. 어린아이부터 어른에 이르기까지 생애주기에 따른 복음 메시지를 잘 배울 수 있습니다. 또한 거짓 진리가 미혹하는 이 시대에 건강한 신학과 바른 교리로 말씀을 조명해 성도의 신앙이 좌로나 우로나 치우치지 않도록 돕습니다.

두란노서원은 지금까지 "오직 성경, 복음 중심, 초교파적 관점"을 바탕으로 한국 교회와 성도를 꾸준히 섬겨 왔습니다. 오직 성경의 정신에 입각해 책과 잡지를 출판해 왔으며, 성경에 근거한 복음 중심의 신학을 포기한 적이 없습니다. 그리고 교단과 교파를 초월해 교회와 성도가 하나님의 나라를 바라볼 수 있도록 돕기 위해 노력해 왔습니다. 《가스펠 프로젝트》는 두란노가 지켜 온 세 가지 가치를 충실하게 담은 책입니다.

성경은 구원을 위한 책이며, 구원사의 주인공은 예수 그리스도입니다. 창세기부터 요한계시록까지 오직 예수 그리스도의 복음만을 전하는 《가스펠 프로젝트》 성경 공부 교재를 통해 복음의 은혜와 진리를 깊이 경험하고, 복음 중심의 삶이 마음 판에 새겨지기를 바랍니다. 그리고 예수 그리스도 복음에 굳게 선 한 사람의 영향력이 가정과 교회와 사회에 흘러감으로써 거룩한 하나님 나라가 확산되어 가기를 소망합니다.

두란노서원 원장 이 형 기

감수사

두란노가 출간하는 《가스펠 프로젝트》는 무엇보다도 전통적으로 교회가 풀어 온 흐름을 충실히 따라 성경을 해설하고 있습니다. 그리고 그 방향은 궁극적으로 예수 그리스도를 향해 나아가고 있습니다. 이것은 예수님이 구약과 신약의 모든 성경이 자신을 가리키고 있다고 하신 말씀에 비추어 매우 타당한 것입니다. 게다가 그리스도 중심적 해설을 무리하게 전개하지 않습니다. 각 본문에서 하나님의 구원 언약과 그것을 실현하시는 하나님을 드러내면서, 그리스도의 예표적 설명이 가능한 사건을 놓치지 않고 풀어내고 있습니다.

성경 공부 교재는 명시적으로 혹은 암시적으로 제시하는 교리적 진술이 교리 체계상 건전해야 합니다. 《가스펠 프로젝트》는 99개 조에 이르는 핵심교리들을 일목요연하게 제시해 교리의 건전성을 확인할 수 있도록 도움을 줍니다. 《가스펠 프로젝트》의 교리는 교파를 막론하고, 예수 그리스도의 복음에 충실한 복음주의 교회들에게 환영받을 만합니다. 물론 교파마다 약간의 이견을 갖는 부분들이 있을 수 있겠지만 각 교회에서 교재를 활용하는 데는 무리가 없을 것입니다. 《가스펠 프로젝트》의 특징은 각 과에서 학습한 내용을 핵심교리와 연결해 주며, 그 결과 그리스도의 복음에 관련한 교리적 이해를 강화시킨다는 데 있습니다.

끝으로 《가스펠 프로젝트》는 어떤 성경 주해서나 교리 학습서가 갖지 못하는 훌륭한 장점을 가지고 있습니다. 그것은 학습자를 하나님과 그리스도의 복음 앞으로 나오도록 이끌며 자신의 신앙과 삶을 돌아보도록 하는 적용의 적실성과 훈련의 효과입니다. 아울러 본문과 관련해 교회사적으로 또 주석적으로 중요한 신학자와 목사의 어록과 주석을 제시하고, 심화토론 질문들(인도자용)과 선교적 안목을 열어 주는 적용 질문들을 더해 준 것은 《가스펠 프로젝트》에서 얻을 수 있는 큰 유익입니다.

추천할 만한 마땅한 성경 공부 교재를 찾기가 쉽지 않은 현실에서 《가스펠 프로젝트》는 성경을 개괄적으로 매주 한 과목씩, 3년의 기간 동안 일목요연하게, 그리고 그리스도 중심적으로 공부하도록 이끌어 준다는 점에서, 한국 교회의 기초를 성경 위에 놓는 일에 큰 공헌을 할 것으로 믿어 의심치 않습니다.

김병훈 _ 합동신학대학원대학교 조직신학 교수

"내 백성이 지식이 없으므로 망하는도다 네가 지식을 버렸으니 나도 너를 버려 내 제사장이 되지 못하게 할 것이요 네가 네 하나님의 율법을 잊었으니 나도 네 자녀들을 잊어버리리라"(호 4:6). 이 예언대로, 하나님의 말씀에 귀 기울이지 않던 이스라엘 백성은 멸망했습니다(렘 29:15~20). 그러나 그 자체에 능력이 있는(눅 1:37) 하나님의 말씀이 임하는 곳이라면 죽은 뼈에 힘줄이 생기고 살이 오르는(겔 37:8) 회복의 역사가 임할 것입니다. 그분의 말씀은 살아 있고 활력이 있기에 예리하게 혼과 영과 및 관절과 골수를 찔러 쪼개기까지 하며 또 마음의 생각과 뜻을 판단할 것입니다(히 4:12). 하나님의 말씀이 왕성하게 흘러넘쳐 온 세상과 우주를 적실 때에 정의와 사랑(렘 9:24) 그리고 제자의 수가 많아지는 놀라운 부흥을(행 6:7) 경험할 것이고, 악한 세력이 모두 물러가며 새 하늘과 새 땅이 다가올 것입니다.

이를 위해 작은 등불의 역할을 할 《가스펠 프로젝트》는 다음과 같은 특징이 있습니다. 첫째는 성경 전체를 '그리스도 중심'으로 바라본 것입니다. 오실 그리스도(구약)와 오신 그리스도 그리고 앞으로 다시 오실 그리스도(신약)의 관점에서 구약성경과 신약성경을 서로 연결했습니다. 그래서 구약성경을 단지 유대 민족의 역사서로 보는 편협함에서 벗어나, 그 속에 담긴 놀라운 하나님의 구원 역사를 보게 합니다. 둘째는 같은 본문으로 교회와 가정 그리고 전 연령층에서 그리스도의 사랑을 배우게 합니다. 이는 특히 가정에서 부모와 자녀가 서로 신앙적으로 소통할 기회를 제공하고 사랑과 정의를 실천하는 성숙한 그리스도인으로 성장하도록 이끌어 줍니다. 셋째는 신학적 주제와 기초 교리를 이해하기 쉽게 설명한 것입니다. 그래서 사이비 이단이 번져가는 상황에서 매우 중요한 영적 분별력을 향상시키는 데 도움을 줍니다. 넷째는 배운 것을 복음의 씨앗을 뿌리는 선교와 연결하며 하나님이 주신 사명을 실천하도록 이끄는 것입니다. 이는 복음의 열정을 회복시켜 줍니다.

그러므로 모든 교단과 교파를 초월해서, 하나님의 섬세한 구원의 손길과 그리스도의 숭고한 십자가의 사랑 그리고 거룩함으로 인도하는 성령님의 인도하심을 배울 수 있을 것입니다. 그래서 《가스펠 프로젝트》를 통해 하나님의 말씀이 한반도에 흘러넘칠 뿐만 아니라, 복음의 열정을 품고 전 세계로 향하는 많은 전도자를 세워 갈 것입니다.

류호성 _ 서울장신대학교 신약학 교수

《가스펠 프로젝트》는 성경 안에 나타난 하나님의 구원 계획-실행-완성이라는 일련의 진행을 잘 요약한 말입니다. 구원의 소식은 예수 그리스도가 오셨을 때 비로소 전해진 것이 아니라 창세 이전에 그리스도 안에서 하나님의 지혜로 계획된 것입니다. 이 복음 계획은 구약 역사가 진행되면서 더 구체적으로 알려졌고, 하나님의 아들 예수 그리스도가 이 땅에 오심으로써 완전히 드러났습니다. 이 복음으로 하나님의 백성이 모두 구원을 받을 것이며, 그제야 세상에 끝이 오고 하나님의 가스펠 프로젝트는 완성될 것입니다.

두란노의 《가스펠 프로젝트》는 이러한 큰 그림을 염두에 두고 시대를 따라 진행되는 하나님의 구원 계획을 체계적으로 다루고 있습니다. 각 세션의 시작과 끝에 두 개의 푯대, 즉 '신학적 주제'와 '그리스도와의 연결'을 제시해 세션이 다루는 내용이 구원 역사의 큰 진행에서 어느 지점에 해당되는지 알려 줍니다. '신학적 주제'는 본문에서 하나님의 가스펠 프로젝트의 어느 지점에 주목해야 하는지 알려 주며, '그리스도와의 연결'은 이 지점이 가스펠 프로젝트 전체와 어떻게 연결되는지 확인해 줍니다. 가스펠 프로젝트의 부분과 전체를 아는 지식을 동시에 배워 가면서 이 시대를 향한 단기 비전과 앞으로 임할 하나님 나라에 대한 장기 비전을 함께 가질 수 있습니다. 《가스펠 프로젝트》는 이 비전들을 구체적으로 가질 수 있도록 매 세션 끝에 '하나님의 계획, 우리의 사명'을 두고 있습니다.

《가스펠 프로젝트》의 또 다른 큰 특징은 교회 안에 여러 세대를 그리스도 안에서 하나님의 말씀으로 연결해 준다는 것입니다. 장년, 청소년, 그리고 어린이들이 매주 동일한 본문 말씀을 배움으로써 그리스도 안에서 하나의 교회 전통을 세워 갈 수 있으며, 교회와 가정에서 동일한 하나님의 말씀으로 소통하며 언어가 같은 하나님 나라 백성의 삶을 체험할 수 있습니다.

《가스펠 프로젝트》는 성경의 한 부분에만 머물러 있는 우리의 생각을 그리스도 안에서 넓혀 주고, 분열된 세대들의 생각을 그리스도 안으로 모아 줍니다. 한국 교회 성도들이 두란노의 《가스펠 프로젝트》를 통해 예수 그리스도를 아는 지식에서 자라 가고 모든 믿음의 세대가 그리스도 안에서 아름다운 신앙의 전통을 이어 가는 일들이 일어나길 소망합니다.

신대현 _ 《가스펠 프로젝트》 주 강사

추천사

우리 시대의 전 세계적 교회 부흥은 두 가지 샘을 가지고 있습니다. 한 샘은 오순절 부흥 운동의 샘입니다. 이 샘으로 많은 시대의 목마른 영혼들이 목마름을 해갈했습니다. 또 하나의 샘은 성경 연구의 샘입니다. 남침례교 주일학교 운동은 이 샘의 개척자입니다. 이 샘으로 지금도 많은 성도가 목마름을 해갈하고 있습니다. 미 남침례교 라이프웨이 출판사는 이러한 사역을 충실히 감당해 왔습니다. 《가스펠 프로젝트》는 모든 필요를 공급하는 원천이 될 것입니다. 이 체계적인 교재로 이 땅에 새로운 영적 르네상스가 일어나기를 기대합니다.

이동원 _ 지구촌교회 원로 목사, 지구촌 미니스트리 네트워크 대표

성경은 예수 그리스도를 중심으로 하는 하나님의 구원 이야기입니다. 성경을 가르치는 일은 하나님의 구원에 동참하는 하나님의 사람을 만드는 일이며, 하나님의 사람의 탁월한 모델은 바로 예수 그리스도입니다. 《가스펠 프로젝트》는 예수 그리스도를 중심으로 성경을 배웁니다. 성경이 어떻게 그리스도와 연결되어 있는지, 또 성도의 삶이 그리스도를 중심으로 하는 하나님의 구원 계획에 어떻게 연결되어야 하는지 구체적으로 제시합니다. 신앙의 전수가 중요한 시대에 성도와 교회와 가정이 한마음으로 다음 세대를 준비시키기에 적합합니다.

이재훈 _ 온누리교회 담임 목사

《가스펠 프로젝트》는 성경의 핵심 내용을 쉽고 흥미롭게 설명하여 성경을 배우고 삶에 구체적으로 적용하는 데 큰 도움을 줍니다. 무엇보다 성경의 중심이 되는 예수 그리스도를 충실하게 드러내 주어 예수 그리스도를 통해 완성하시는 하나님의 구원 역사를 확실히 알게 해 줍니다. 이 교재를 성실하게 따라가다 보면 하나님 나라가 우리 삶에 한층 가까워질 것입니다. 《가스펠 프로젝트》를 통해 한국 교회와 이민 교회에 거룩한 부흥의 불길이 일어나길 기대합니다.

류응렬 _ 와싱톤중앙장로교회 담임 목사, 고든콘웰신학대학원 객원 교수

《가스펠 프로젝트》는 예수 그리스도 중심, 즉 복음 중심의 제자 양육 교재입니다. 복음은 구원하는 능력뿐만 아니라 삶을 변화시키는 능력입니다. 성도들을 변화와 성숙으로 이끌어 주는 귀한 교재가 조국 교회와 이민 교회에 소중하게 쓰임받기를 바랍니다. 특별히 이민 2세들은 영어 교재 원본을 사용할 수 있는 까닭에 큰 도움이 될 것입니다.

강준민 _ LA 새생명비전교회 담임 목사

하나님의 말씀은 생명을 살리고 힘 있게 하는 능력이 있습니다. 그래서 사역 현장에서는 그것을 효율적으로 전해 주고 가르칠 수 있는 좋은 방법과 교재에 늘 목말라합니다. 그런 점에서 연령대에 맞게 체계적으로 준비되어 사역 현장의 필요를 잘 충족해 줄 교재가 출간되어 기쁩니다. 사역의 현장에서 유용하게 활용되어 복음의 생명력과 역동성을 누리게 되기를 기대하며 추천합니다.

김운용 _ 장로회신학대학교 실천신학 교수

성경은 그 깊이와 너비를 측량하기 어려운 광활한 바다입니다. 이 바다를 무턱대고 항해하다 보면 장구한 역사의 파도와 다양한 문학 양식이라는 바람에 의해 표류하기 쉽습니다. 그런 점에서 《가스펠 프로젝트》는 참 훌륭한 나침반입니다. 건전한 교리를 바탕으로 성경 어디에서나 그리스도를 발견하도록 돕고, 복음이라는 항구에 이르도록 이끌어 줍니다. 이미 구약 시리즈를 통해 검증되었듯이, 이어지는 신약 시리즈 역시 말씀의 바다를 항해하는 모든 분에게 큰 유익을 줄 것입니다. 기쁜 마음으로 추천합니다.

허요환 _ 안산제일교회 담임 목사

성경은 하나님의 말씀입니다. 말씀 중의 말씀, 복음은 예수 그리스도이십니다. 《가스펠 프로젝트》는 하나님의 말씀으로 우리를 초청해서 예수 그리스도를 만나게 하고 사랑하게 만드는 훌륭한 교재입니다. 《가스펠 프로젝트》의 매력은 하나의 커리큘럼을 가지고 연령대에 적합하게 공부하도록 제공한다는 점입니다. 자녀들이 교회 학교에서, 부모들이 소그룹에서 말씀을 공부한 후 저녁 식탁에 둘러앉아 예수님에 대해 함께 나눌 수 있다는 것은, 상상만 해도 너무나도 멋지고 복된 일입니다.

김지철 _ 전 소망교회 담임 목사

예수님은 친히 요한복음 5장 39절에서, 모든 성경은 예수님 자신에 대한 증거라고 말씀하셨습니다. 그럼에도 불구하고, 성도들은 그 속에서 예수님이라는 보석을 쉽게 찾아 내지 못하고 있습니다. 《가스펠 프로젝트》는 신앙생활을 출발하는 어린이부터 장년까지 이런 눈을 활짝 열어 주는 놀라운 교재입니다. 요람에서부터 무덤까지 각 연령대에 맞게 구성된 본 교재를 통해, 한국 교회와 이민 교회가 잃어버린 예수님을 다시 발견함으로 견고하게 되기를 바랍니다.

최병락 _ 강남중앙침례교회 담임 목사

성경을 공부한다는 것은 성경에 기록된 사실을 배우는 것이 아니라 성경이 가르치는 교리를 배우는 것입니다. 왜냐하면 성경은 독자에게 어떤 새로운 정보를 주기 위해 인간이 쓴 책이 아니라, 죄인인 인간에게 구원을 주기 위해 하나님이 쓰신 말씀이기 때문입니다. 그런데 이 구원의 도리인 교리를 성경 본문을 통해 배우기가 쉽지 않기 때문에 좋은 안내서가 필요합니다. 이번에 출간된 《가스펠 프로젝트》는 이와 같은 역할을 탁월하게 수행하고 있기 때문에 기쁜 마음으로 추천합니다.

이성호 _ 고려신학대학원 역사신학 교수

활용법

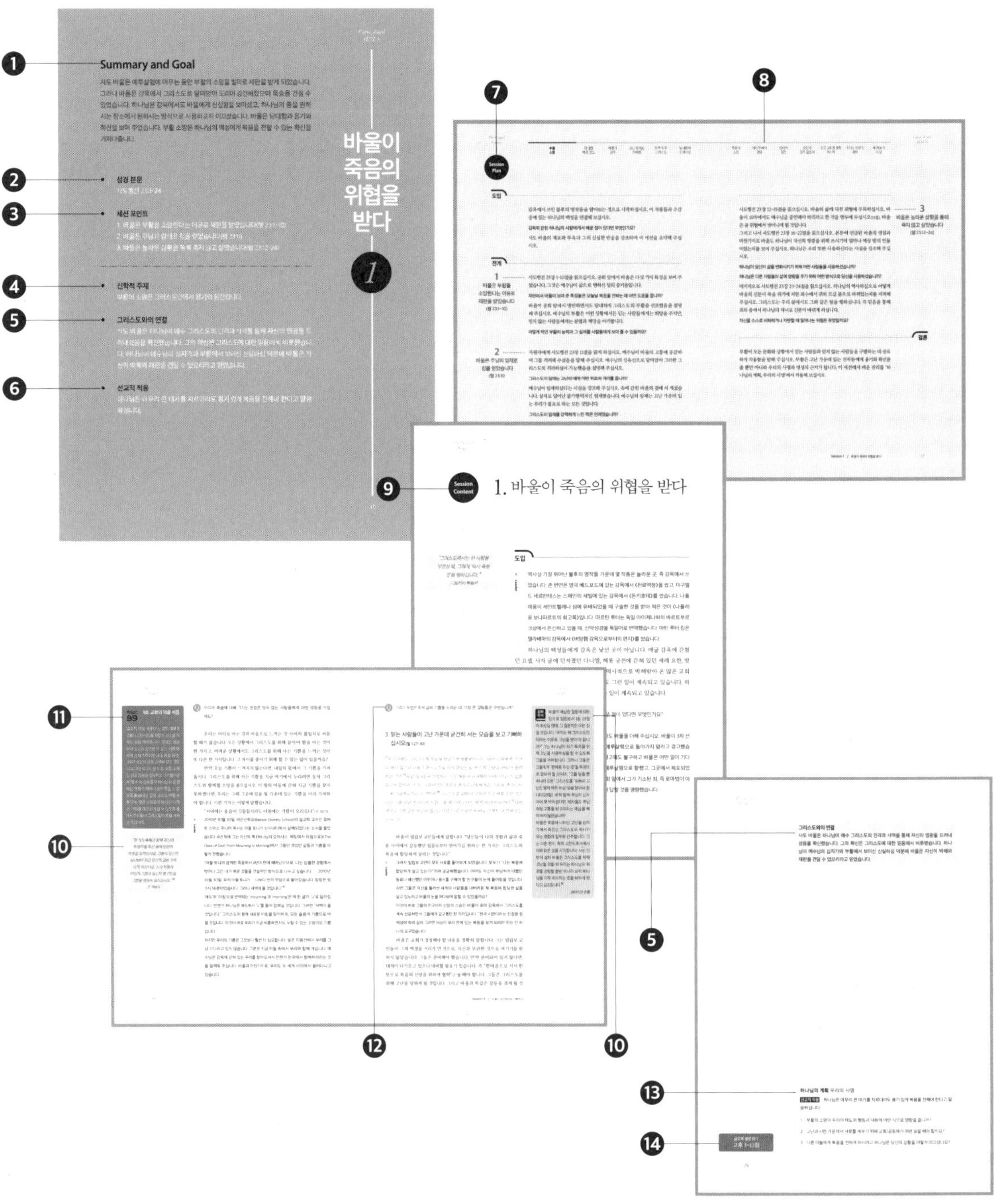
Summary and Goal
성경 본문
세션 포인트
신학적 주제
그리스도와의 연결
선교적 적용
바울이
죽음의
위협을
받다
Session Plan
Session Content
1. 바울이 죽음의 위협을 받다
도입
전개
결론
하나님의 계획

1. Summary and Goal

각 세션의 핵심 내용을 알려 주는 세션 요약과 강조할 포인트를 정리해 본문의 흐름과 교재의 학습 목표를 놓치지 않도록 돕습니다.

2. 성경 본문

각 세션의 내용과 주제에 해당하는 성경 본문을 제시합니다. 《가스펠 프로젝트》는 연대기 성경 공부 교재로 성경의 큰 흐름에 따라 본문을 구성했습니다.

3. 세션 포인트

각 세션에서 강조할 포인트를 세 가지씩 열거해 인도자가 한눈에 세션의 요점을 개관하도록 합니다.

4. 신학적 주제

하나님이 구속사에서 행하신 일에 초점을 맞춰 본문을 이해하도록 주제를 제시해 본문의 흐름을 놓치지 않도록 돕습니다.

5. 그리스도와의 연결

해당 본문과 주제가 어떻게 예수 그리스도를 가리키며 연결되는지 자세히 살핍니다. 예수님과 각 세션 포인트의 상관성을 발견할 수 있도록 돕습니다.

6. 선교적 적용

각 세션에서 드러난 하나님의 계획을 우리의 사명과 연결해 말씀을 삶에 구체적으로 적용하도록 돕습니다.

7. Session Plan

세션의 개요와 신학적 주제, 그리고 질문을 연결해 각 세션의 주요한 부분을 한눈에 볼 수 있게 함으로써 인도자가 수업을 설계할 수 있도록 돕습니다.

8. 연대표

각 권의 연대적 흐름을 이해할 수 있도록 한눈에 볼 수 있는 연대표를 제공합니다. 각 본문에 해당하는 단계를 표시해 성경을 시간 순으로 이해하도록 돕습니다.

9. Session Content

학습자용에 있는 내용이 모두 들어 있으며, 인도자를 위한 내용이 추가되어 있습니다. 인도자를 위한 내용은 여백에 'Leader'라고 표시되어 있습니다. 상자 안에 있는 명언, 심화주석, 심화토론, 도입 옵션 등도 인도자용에만 들어 있으며, 명언 가운데 일부는 학습자용에도 있습니다.

10. 명언, 심화주석 등

본문과 관련해 교회사적으로 또 주석적으로 중요한 신학자와 목사의 서적이나 기타 아티클을 발췌해 제시함으로써 신학적 이해를 돕습니다.

11. 핵심교리 99

기독교 교리 가운데 핵심이 되는 99개의 내용을 추려 각 세션과 관련 있는 교리를 제시합니다. 성경 본문에 대한 신학적 이해를 넓히는 데 도움을 받을 수 있습니다.

12. 관찰 질문

본문을 구체적으로 이해하도록 돕는 질문을 제공합니다. 이를 통해 생각의 폭을 넓히고 성경의 진리를 실제적으로 받아들이는 데 도움을 받을 수 있습니다.

13. 하나님의 계획, 우리의 사명

각 세션에서 드러난 하나님의 계획을 우리의 사명과 연결해 말씀을 구체적으로 삶에 적용하도록 돕습니다.

14. 금주의 성경 읽기

각 세션의 연대기적 흐름에 맞춰 한 주 동안 읽을 성경 본문을 제공합니다.

*부가 자료

홈페이지 gospelproject.co.kr 자료실에 세션의 맥과 핵심을 짚어주는 강의 '세션 가이드', 세션의 각 질문에 대한 안내를 담은 '질문 가이드', 소그룹을 위한 '활동 자료'와 '가족 성경 읽기표'가 실려 있습니다.

Summary and Goal

사도 바울은 예루살렘에 머무는 동안 부활의 소망을 빌미로 재판을 받게 되었습니다. 그러나 바울은 감옥에서 그리스도로 말미암아 도리어 강건해졌으며 목숨을 건질 수 있었습니다. 하나님은 감옥에서도 바울에게 신실함을 보이셨고, 하나님의 종을 원하시는 장소에서 원하시는 방식으로 사용하고자 이끄셨습니다. 바울은 담대함과 용기와 확신을 보여 주었습니다. 부활 소망은 하나님의 백성에게 복음을 전할 수 있는 확신을 가져다줍니다.

바울이 죽음의 위협을 받다

1

- **성경 본문**
  사도행전 23:1~24

- **세션 포인트**
  1. 바울은 부활을 소망한다는 이유로 재판을 받았습니다(행 23:1~10)
  2. 바울은 주님의 임재로 힘을 얻었습니다(행 23:11)
  3. 바울은 놀라운 상황을 통해 죽지 않고 살았습니다(행 23:12~24)

- **신학적 주제**
  부활의 소망은 그리스도인에게 용기의 원천입니다.

- **그리스도와의 연결**
  사도 바울은 하나님이 예수 그리스도의 인격과 사역을 통해 자신의 영광을 드러내셨음을 확신했습니다. 그의 확신은 그리스도에 대한 믿음에서 비롯됐습니다. 하나님이 예수님의 십자가와 부활에서 보이신 신실하심 덕분에 바울은 자신이 박해와 재판을 견딜 수 있으리라고 믿었습니다.

- **선교적 적용**
  하나님은 아무리 큰 대가를 치르더라도 용기 있게 복음을 전해야 한다고 말씀하십니다.

Session Plan

도입

감옥에서 쓰인 불후의 명작들을 알아보는 것으로 시작하십시오. 이 작품들과 수감 중에 있는 하나님의 백성을 연결해 보십시오.

감옥에 갇힌 하나님의 사람에게서 배운 점이 있다면 무엇인가요?

사도 바울의 체포와 투옥과 그의 신실한 반응을 강조하며 이 세션을 요약해 주십시오.

전개

1 바울은 부활을 소망한다는 이유로 재판을 받았습니다 (행 23:1~10)

사도행전 23장 1~10절을 읽으십시오. 공회 앞에서 바울은 다섯 가지 특징을 보여 주었습니다. 그것은 예수님이 삶으로 행하신 일의 증거들입니다.

재판에서 바울이 보여 준 특징들은 오늘날 복음을 전하는 데 어떤 도움을 줍니까?

바울이 공회 앞에서 명민하면서도 담대하게 그리스도의 부활을 선포했음을 설명해 주십시오. 예수님의 부활은 어떤 상황에서든 믿는 사람들에게는 희망을 주지만, 믿지 않는 사람들에게는 분열과 책망을 야기합니다.

어떻게 하면 부활의 능력과 그 실제를 사람들에게 보여 줄 수 있을까요?

2 바울은 주님의 임재로 힘을 얻었습니다 (행 23:11)

자원자에게 사도행전 23장 11절을 읽게 하십시오. 예수님이 바울의 고통에 공감하며 그를 격려해 주셨음을 말해 주십시오. 예수님의 성육신으로 말미암아 그러한 그리스도의 격려하심이 가능했음을 설명해 주십시오.

그리스도의 임재는 고난의 때에 어떤 위로와 격려를 줍니까?

예수님이 임재하셨다는 사실을 강조해 주십시오. 옥에 갇힌 바울 곁에 서 계셨습니다. 실제로 일어난 불가항력적인 임재였습니다. 예수님의 임재는 고난 가운데 있는 우리가 필요로 하는 모든 것입니다.

그리스도의 임재를 강력하게 느낀 적은 언제였습니까?

하나님은 어떻게 당신의 고난을 통해 다른 사람들에게 선한 영향력을 끼치셨습니까?

3 바울은 놀라운 상황을 통해 죽지 않고 살았습니다 (행 23:12~24)

사도행전 23장 12~15절을 읽으십시오. 바울의 삶에 닥친 위협에 주목하십시오. 바울이 로마에서도 예수님을 증언해야 하리라고 하신 주님의 말씀을 염두에 두십시오(11절). 바울은 곧 위협에서 벗어나게 될 것입니다.

그러고 나서 사도행전 23장 16~22절을 읽으십시오. 본문에 언급된 바울의 생질과 마찬가지로 바울도 하나님이 자신의 영광을 위해 쓰시기에 얼마나 예상 밖의 인물이었는지를 보여 주십시오. 하나님은 우리 또한 사용하신다는 사실을 강조해 주십시오.

하나님이 당신의 삶을 변화시키기 위해 어떤 사람들을 사용하셨습니까?

하나님은 다른 사람들의 삶에 영향을 주기 위해 어떤 방식으로 당신을 사용하셨습니까?

마지막으로 사도행전 23장 23~24절을 읽으십시오. 하나님의 역사하심으로 어떻게 바울의 신분이 죽을 위기에 처한 죄수에서 귀히 모실 몸으로 바뀌었는지를 지적해 주십시오. 그리스도는 우리 삶에서도 그와 같은 일을 행하십니다. 즉 믿음을 통해 죄의 종에서 하나님의 자녀로 신분이 바뀌게 하십니다.

자신을 스스로 비하하거나 자만할 때 일어나는 위험은 무엇일까요?

결론

부활이 모든 문화와 상황에서 믿는 사람들과 믿지 않는 사람들을 구별하는 데 중요하게 작용함을 말해 주십시오. 부활은 고난 가운데 있는 신자들에게 용기와 확신을 줄 뿐만 아니라 우리의 사명과 영생의 근거가 됩니다. 이 세션에서 배운 진리를 '하나님의 계획, 우리의 사명'에서 적용해 보십시오.

Session Content

1. 바울이 죽음의 위협을 받다

"그리스도께서는 한 사람을 부르실 때, 그에게 '와서 죽을 것'을 명하십니다."[1]
_디트리히 본회퍼

도입

> Leader

역사상 가장 뛰어난 불후의 명작들 가운데 몇 작품은 놀라운 곳, 즉 감옥에서 쓰였습니다. 존 번연은 영국 베드포드에 있는 감옥에서 《천로역정》을 썼고, 미구엘 드 세르반테스는 스페인의 세빌에 있는 감옥에서 《돈키호테》를 썼습니다. 나폴레옹이 세인트헬레나 섬에 유배되었을 때 구술한 것을 받아 적은 것이 《나폴레옹 보나파르트의 회고록》입니다. 마르틴 루터는 독일 아이제나흐의 바르트부르크성에서 은신하고 있을 때, 신약성경을 독일어로 번역했습니다. 마틴 루터 킹은 앨라배마의 감옥에서 《버밍햄 감옥으로부터의 편지》를 썼습니다.

하나님의 백성들에게 감옥은 낯선 곳이 아닙니다. 애굽 감옥에 갇혔던 요셉, 사자 굴에 던져졌던 다니엘, 헤롯 궁전에 갇혀 있던 세례 요한, 밧모 섬에 유배되었던 사도 요한, 그리고 역사적으로 박해받아 온 많은 교회를 생각해 보십시오. 심지어 오늘날에도 그런 일이 계속되고 있습니다. 하나님을 믿는다는 이유로 감옥에 갇히는 일이 계속되고 있습니다.

Q 감옥에 갇힌 하나님의 사람에게서 배운 점이 있다면 무엇인가요?

> Leader

투옥된 적이 있던 신앙인들의 목록에 사도 바울을 더해 주십시오. 바울이 3차 선교 여행을 마치자 동역자들이 그에게 예루살렘으로 돌아가지 말라고 경고했습니다(참조, 행 21:10~12). 그러나 이런 경고에도 불구하고 바울은 어떤 일이 기다리고 있을지에 관해 두려워하지 않고 예루살렘으로 향했고, 그곳에서 체포되었습니다. 로마 당국은 바울에게 유대 공회 앞에서 그가 기소된 죄, 즉 로마법이 아니라 유대인의 율법을 위반한 죄에 관해 답할 것을 명령했습니다.

Session Summary

사도 바울은 예루살렘에 머무는 동안 부활의 소망을 빌미로 재판을 받게 되었습니다. 그러나 바울은 감옥에서 그리스도로 말미암아 도리어 강건해졌으며 목숨을 건질 수 있었습니다. 하나님은 감옥에서도 바울에게 신실함을 보이셨고, 하나님의 종을 원하시는 장소에서 원하시는 방식으로 사용하고자 이끄셨습니다. 바울은 담대함과 용기와 확신을 보여 주었습니다. 부활 소망은 하나님의 백성에게 복음을 전할 수 있는 확신을 가져다줍니다.

1. 바울은 부활을 소망한다는 이유로 재판을 받았습니다

(행 23:1~10)

> Leader

바울이 3차 선교 여행을 마치고 예루살렘에 도착해 성전에 들어섰습니다. 소동이 일어났고 바울은 체포되었습니다. 이제 그는 유대 지도자들이 보는 앞에서 재판을 받게 되었습니다. 바울이 칠십 인의 바리새인과 사두개인으로 구성된 유대 통치 기구인 산헤드린 공회 앞에 서자 팽팽한 긴장감이 감돌았습니다.

[1]바울이 공회를 주목하여 이르되 여러분 형제들아 오늘까지 나는 범사에 양심을 따라 하나님을 섬겼노라 하거늘 [2]대제사장 아나니아가 바울 곁에 서 있는 사람들에게 그 입을 치라 명하니 [3]바울이 이르되 회칠한 담이여 하나님이 너를 치시리로다 네가 나를 율법대로 심판한다고 앉아서 율법을

어기고 나를 치라 하느냐 하니 [4]곁에 선 사람들이 말하되 하나님의 대제사장을 네가 욕하느냐 [5]바울이 이르되 형제들아 나는 그가 대제사장인 줄 알지 못하였노라 기록하였으되 너의 백성의 관리를 비방하지 말라 하였느니라 하더라 [6]바울이 그중 일부는 사두개인이요 다른 일부는 바리새인인 줄 알고 공회에서 외쳐 이르되 여러분 형제들아 나는 바리새인이요 또 바리새인의 아들이라 죽은 자의 소망 곧 부활로 말미암아 내가 심문을 받노라 [7]그 말을 한즉 바리새인과 사두개인 사이에 다툼이 생겨 무리가 나누어지니 [8]이는 사두개인은 부활도 없

심화 주석 공회 앞에 선 바울은 첫마디를 이렇게 시작합니다. "여러분 형제들아 오늘까지 나는 범사에 양심을 따라 하나님을 섬겼노라"(행 23:1). 이 말은 바울이 책망받을 만한 일을 하지 않았으며, 모든 면에서 하나님 앞에 신실하게 살아왔음을 암시합니다. 그의 발언은 그 자체로 문젯거리였습니다. 만약 바울의 삶이 하나님 앞에서 그리스도인으로서 완전무결하다면, 그리스도께 헌신하지 않은 공회 의원들이야말로 유죄입니다. 그러니 대제사장 아나니아가 즉시 신성모독죄로 바울의 입을 치라고 명령한 것은 놀라운 일도 아닙니다(2절). 요세푸스는 그를 친로마적 성향의 굉장히 잔인하고 탐욕스러운 최악의 대제사장으로 묘사했습니다.[2]

_존 B. 폴힐

심화 주석 바울은 율법을 잘 알았기 때문에 아나니아의 명령이 부당하다는 것을 알았습니다(참조, 레 19:15). 그래서 그는 고귀한 사제복을 차려 입은 대제사장의 위선을 고발하며 그의 말을 받아쳤습니다(참조, 신 28:22; 겔 13:10~16; 마 23:27). "회칠한 담"이라고 한 바울의 말은 모욕이었습니다. 그는 제사장이 겉으로는 정결하고 안정적인 것처럼 보이지만, 실제로는 부정하고 부패하다고 말한 것입니다. 그러나 그의 말은 그의 생각보다 훨씬 더 예언적인 말이었습니다. 10년도 지나지 않아 아나니아는 유대의 열심당원들에 의해 암살되었습니다.[3]

_토니 메리다

"우리에게는 번영의 복음이 아닌 고난의 복음이 필요합니다."[4]

_로버트 스미스 주니어

고 천사도 없고 영도 없다 하고 바리새인은 다 있다 함이라 [9]크게 떠들새 바리
새인 편에서 몇 서기관이 일어나 다투어 이르되 우리가 이 사람을 보니 악한 것
이 없도다 혹 영이나 혹 천사가 그에게 말하였으면 어찌 하겠느냐 하여 [10]큰 분
쟁이 생기니 천부장은 바울이 그들에게 찢겨질까 하여 군인을 명하여 내려가
무리 가운데서 빼앗아 가지고 영내로 들어가라 하니라

사람들은 대개 이야기에서 누가 어떤 일을 겪는가에만 주목합니다. 그래서 그 사람의 내면에서 무슨 일이 벌어지는가를 놓치곤 합니다. 사도 바울의 행적을 알아보기 전에, 공회에서 재판받을 때 그가 보여 준 다섯 가지 특징을 먼저 살펴보겠습니다.

첫째, 바울은 양심적인 사람이었습니다(1절).

둘째, 바울은 예언적인 사람이었습니다(3절).

셋째, 바울은 성경을 존중하는 사람이었습니다(5절).

넷째, 바울은 전략적인 사람이었습니다(6절상).

다섯째, 바울은 진솔한 사람이었습니다(6절하).

이 다섯 가지 특징을 통해 예수님이 바울의 삶에서 행하신 일들을 엿볼 수 있습니다. 한때 예수님께 대적해(행 9:4) 그분의 제자들을 죽음으로 몰아갔던 바울이 이제는 생명의 위험을 무릅쓰고 공회 앞에서 담대하고도 당당하게 예수님을 선포합니다. 더 이상 예수님을 대적하지 않고, 예수님을 믿는 사람이 되었습니다. 예수님은 약속하신 대로 바울에게 필요한 순간에 능히 말할 수 있는 지혜를 주셨습니다. 그리스도를 향한 믿음과 말씀에 근거해 그에게 예언적이며 중요한 말씀을 전하게 하신 것입니다.

Q 재판에서 바울이 보여 준 특징들은 오늘날 복음을 전하는 데 어떤 도움을 줍니까?

> Leader

그날에는 공회가 모든 권력을 거머쥔 것처럼 보였겠지만, 바울에게는 비밀 무기가 있었습니다. 바리새인과 사두개인은 종교적이고 정치적인 이유로 서로 대립하는 종파로서, 특히 부활 문제에 관해 매우 민감했습니다. 바리새인들은 부활을 믿었지만, 사두개인들은 부활을 부인했습니다(참조, 마 22:23; 행 4:1~2). 바울은 이때 군사 전략의 일환인 이른바 '교란 작전'을 묘수로 사용했습니다.

바울은 자신이 체포되어 재판을 받게 된 이유가 바로 부활에 대한 소망 때문임을 간결하게 선포했습니다.

> 그리고 바리새인들에게 자신이 바리새인의 후손임을 상기시켰습니다.

그러자 바리새인과 사두개인이 나뉘어 열띤 논쟁을 벌였습니다.

> Leader 바리새인들은 부활을 옹호하며 바울을 비난할 이유가 없다고 주장했습니다. 다툼이 격렬해지자 바울은 안전상의 이유로 인해 급히 영내로 보내졌습니다. 그렇게 재판이 무산되자 로마 당국은 바울을 실제 사형에 처할 수 있는 죄, 즉 반란죄로 기소할 수 없게 되었습니다.

바울이 이 순간에 보인 명민함을 속임수와 혼동해서는 안 됩니다. 당시 재판의 핵심 쟁점은 죽은 자들의 부활이었습니다. 그러나 바울에게 이론적인 교리는 문제가 아니었습니다. 그는 그리스도께서 부활하셨으며 그리스도와 그분을 믿는 모든 사람이 언젠가는 다시 살아날 것이라는 확고한 믿음과 변함없는 소망을 갖고 있었습니다. 그리고 그 믿음과 소망으로 인해 체포되어 재판정에 섰습니다. 바울은 부활의 소망이 있었기에 예수님을 신뢰했고, 박해와 매 맞음과 파선과 굶주림을 견딜 수 있었습니다.

> Leader 이처럼 그리스도의 부활은 "사망이 쏘는 것"(고전 15:55)을 없앴고, 바울을 자기 목숨을 지키려는 욕망으로부터 자유롭게 했습니다. 그 이유가 무엇일까요? 그리스도의 부활 소망은 바울을 예수 그리스도의 임재로 인도했습니다(고후 5:6). 그와 마찬가지로, 부활의 소망은 우리로 하여금 후회나 물러섬 없이 복음을 선포하게 합니다. 죽음보다 하나님을 더 두려워하는 사람만큼 적을 겁먹게 하는 사람은 없습니다.

그러나 예수님의 부활은 또한 분열을 일으킵니다. 예수님이 그렇게 말씀하셨습니다. 알곡과 쭉정이를 나누고 양과 염소를 구분하듯이, 예수님은 언젠가는 구원받은 자들과 그렇지 못한 자들을 나누실 것입니다(참조, 마 3:12; 25:32). 예수 그리스도께 소망을 품은 자들은 그분과 영원히 살 것입니다. 그러나 그리스도의 구원을 거절하는 자들은 풀무 불에서 울며 이를 갈게 될 것입니다(마 13:42).

공회가 진지하게 논쟁하던 주제가 바로 이것입니다. 비록 그들은 깨닫지 못하고 있었지만 말입니다. 바리새인과 사두개인들은 그리스도의 부활에 관한 교리를 놓고 서로 다투었습니다.

Q 어떻게 하면 부활의 능력과 그 실제를 사람들에게 보여 줄 수 있을까요?

심화 주석 바울은 체포되어 감옥에 있으면서도 자신의 사역을 계속함으로써 그리스도의 증인으로 살았음이 분명합니다. 누가는 그리스도인의 냉엄한 현실을 표현하기 위해 바울의 삶에 지면을 많이 할애했습니다. "우리가 하나님의 나라에 들어가려면 많은 환난을 겪어야 할 것이라"(행 14:22)라는 바울의 가르침은 그의 삶에서 자세히 증명되었습니다. 여전히 궁극적인 통치자이신 하나님은 바울을 예수님처럼 고난을 겪게 하실지라도, 그럼에도 불구하고 그의 고난을 복음 전파에 사용하실 수 있습니다.[5]

_I. 하워드 마샬

"나는 이 시간 설교자로서 내가 살아온 최악의 날들이 실은 최고의 날들이었음을 간증하고자 합니다. 하나님이 가장 잔인하게 느껴졌을 때도 하나님은 가장 자애로우셨습니다. 이 세상에서 다른 어떤 것보다 하나님의 은총에 감사할 일이 있다면, 고통과 고난을 주신 것입니다. 고통과 고난을 통해 하나님의 사랑이 가장 부유하고도 다정하게 나타났음을 확신하기 때문입니다."[6]
_찰스 스펄전

2. 바울은 주님의 임재로 힘을 얻었습니다(행 23:11)

[11]그날 밤에 주께서 바울 곁에 서서 이르시되 담대하라 네가 예루살렘에서 나의 일을 증언한 것같이 로마에서도 증언하여야 하리라 하시니라

예수님은 바울이 겪고 있는 일에 관해 잘 아셨습니다. 그분 역시 고소당해 공회 앞에서 매 맞고 사형 선고를 받아 본 적이 있었기 때문입니다(마 26:57~67). 그래서 예수님은 그날 밤 바울의 감옥을 방문하셔서 그의 고통에 공감하며 그에게 용기를 북돋워 주셨습니다.

> Leader

이것이 바로 하나님의 아들이 이 땅에 먼저 오신 이유가 아니겠습니까. 우리가 주님과 거할 수 있도록, 육신이 되어 우리 가운데 거하신 것이 아니겠습니까. 요한은 이것을 간결하면서도 힘 있게 "말씀이 육신이 되어 우리 가운데 거하시매"(요 1:14)라고 표현했습니다. "우리 가운데 거하시매"라는 말씀은 문자 그대로 "우리와 함께 장막에 거하시매"로 번역할 수 있으며, 이것은 구약의 성막을 떠올리게 합니다. 하나님은 모세와 이스라엘 자손에게 성막 건축을 명하셨습니다. 자기 백성과 함께 거하시겠다는 뜻이었습니다. 성막은 거룩하신 하나님과 죄 된 인간이 동물의 희생을 통해 함께할 수 있는 교차점이었습니다. 하나님은 가까이 계셨지만 백성과는 거리를 두셨는데, 그들의 죄 때문이었습니다. 성막의 가장 안쪽에 있는 지성소에는 더 이상 접근하지 못하도록 휘장이 있었습니다.

요한복음의 시작에서 요한은 하나님이 어떻게 예수님의 성육신이라는 다른 길, 곧 더 나은 길로 가까이 오셨는가를 묘사합니다. 하나님의 아들이 육신을 입고, 자기 백성과 함께 거하기 위해 이 땅에 오셨습니다. 그분은 자기 목숨을 버리심으로써 거룩하신 하나님과 죄 많은 인간을 하나 되게 하셨습니다. 예수님은 죄의 형벌을 대신 지고 온전한 의를 이루심으로써, 죄로 인한 하나님과 인간 사이의 단절 문제를 단번에 해결해 주셨습니다. 주님이 죽으셨을 때, 지성소의 휘장이 위로부터 아래까지 찢어져 둘이 되었습니다.

그리스도께서는 우리가 하나님께 가까이 나아갈 수 있도록 인간의 몸을 입고 우리에게 오셔서 자신의 생명을 주셨습니다. 이것이 결코 우리가 벗어날 수 없는 복음의 아름다움입니다(참조, 빌 2:7~8).

옥에 갇힌 바울에게 부활하신 그리스도보다 힘이 될 존재는 없었습니다. 그날 낮에 바울은 예수님을 옹호하기 위해 사람들과 맞섰습니다. 예수님이 친히 임재하셔서 공회 재판정에 서게 된 바울에게 필요한 희망과 확신을 주셨습니다. 이제 바울은 예수님이 그의 곁에 서 계시듯 강력하게 임하시는 것을 경험하게 될 것입니다.

Q 그리스도의 임재는 고난의 때에 어떤 위로와 격려를 줍니까?

예수님이 바울 가까이 함께하셨다는 사실에 주목하십시오. 예수님은 사도행전 9장 3절에서처럼 하늘로부터 나타나지 않으셨습니다. 또한 고린도후서 12장 2절에서처럼 바울을 셋째 하늘로 이끌지도 않으셨습니다. 그리스도께서는 "바울 곁에 서서" 말씀하셨습니다. 하나님의 아들이 친히 찾아오신 것입니다. 이는 실제로 일어난 불가항력적인 임재였습니다. 심지어 그 일은 감옥 안에서 일어났습니다. 시편 기자가 "내가 하늘에 올라갈지라도 거기 계시며 스올에 내 자리를 펼지라도 거기 계시니이다"(시 139:8)라고 말한 것처럼, 예수님은 바울에게 가까이 다가가셔서 그를 위로해 주셨습니다. 그리고 예루살렘에서뿐만 아니라 로마에 가는 동안 내내 그를 보호해 주겠다고 약속하셨습니다.

예수님이 옥에 갇힌 우리를 언제나 구해 주시는 것은 아닙니다. 우리는 그러기를 바라지만, 예수님은 우리를 위해 그보다 좋은 일을 하십니다. 쇠창살 안으로 들어오셔서 우리와 함께하시고, 우리를 위해 고통을 당하십니다. 이것이 진정한 격려가 아니겠습니까? 절망적인 상황을 극복하기 위해 스스로 용기를 북돋울 필요가 없습니다. 예수님은 우리에게 필요한 용기를 충분히 주십니다.

> Leader

이것이 바로 성경 말씀에 면면히 흐르고 있는 메시지입니다.

"두려워하지 말며 놀라지 말라 네가 어디로 가든지 네 하나님 여호와가 너와 함께하느니라"(수 1:9).

"너는 여호와를 기다릴지어다 강하고 담대하며 여호와를 기다릴지어다"(시 27:14).

"두려워하지 말라 내가 너와 함께함이라 놀라지 말라 나는 네 하나님이 됨이라 내가 너를 굳세게 하리라 참으로 너를 도와주리라 참으로 나의 의로운 오른손으로 너를 붙들리라"(사 41:10).

"몸은 죽여도 영혼은 능히 죽이지 못하는 자들을 두려워하지 말고 오직 몸과 영혼을 능히 지옥에 멸하실 수 있는 이를 두려워하라"(마 10:28).

"하나님이 우리에게 주신 것은 두려워하는 마음이 아니요 오직 능력과 사랑과 절제하는 마음이니"(딤후 1:7).

하나님은 바울의 수감을 앞으로 닥칠 일에 대비하는 시간으로 사용하셨습니다. 로마에서의 수감 생활을 준비하게 하신 것입니다. 로마에서 그는 신약에 포함된

심화 주석 바울이 공회에서 심문을 받은 날 밤에 주님이 나타나셔서 바울을 격려해 주셨습니다. 어려운 시기가 기다리고 있었습니다. 그를 암살할 음모가 있을지도 모르는데, 하나님은 다른 계획을 가지고 계셨습니다. 이전에 주님이 아나니아에게 바울은 "내 이름을 이방인과 임금들과 이스라엘 자손들에게 전하기 위하여 택한 나의 그릇"(행 9:15)이라고 말씀하셨습니다. 하나님은 바울을 로마에 가서 황제에게 증언하게 하고자 하셨으며, 어떤 것도 하나님의 계획을 막을 수는 없었습니다. 환상 속에서 주님이 바울에게 거듭 강조하셨습니다. "담대하라 네가 예루살렘에서 나의 일을 증언한 것같이 로마에서도 증언하여야 하리라"(행 23:11). 바울은 그때까지 일어난 일 가운데 하나님의 뜻이 아닌 것이 없고 주님의 목적이 좌절된 적도 없음을 확신함으로써 힘을 얻을 수 있었습니다.[7]

_바부 임마누엘 벵카타라만

"우리 왕, 우리 주께서 간단히 답하라고 하시니, 내가 뿔도 없이 이도 없이 대답하겠습니다. 성경이나 명료한 이유로 유죄를 선고받지 않는 한, 내 양심은 오직 하나님의 말씀을 따른다고 답할 수 있습니다. 나는 교황과 의회의 권위를 받아들일 수 없습니다. 그들은 서로 모순되기 때문입니다. 나는 어떤 것도 철회할 수 없고, 철회하지도 않을 것입니다. 양심을 거슬러 행하는 것은 의롭지도 않거니와 안전하지도 않기 때문입니다. 하나님, 나를 도우소서. 아멘."[8]
_마르틴 루터

서신들을 쓰게 될 것입니다. 예수 그리스도를 위해 고난당한 수많은 그리스도인들이 사도 바울의 고난을 통해 위로를 받았고 더욱 강해질 수 있었습니다. 그리스도께서는 바울을 감옥에 홀로 두지 않으셨습니다. 걷는 걸음마다 늘 그와 함께 바로 그 자리에 계셨습니다.

바울처럼 우리도 고난 가운데 홀로 있는 것이 절대로 아닙니다. 또한 우리의 고난도 바울의 고난처럼 무의미하지 않습니다. 하나님은 우리의 고난 기간을 결코 헛된 시간으로 만들지 않으십니다.

Q 그리스도의 임재를 강력하게 느낀 적은 언제였습니까?

Q 하나님은 어떻게 당신의 고난을 통해 다른 사람들에게 선한 영향력을 끼치셨습니까?

핵심교리 **99** **16. 신실하신 하나님**

하나님의 신실하심은 하나님이 스스로 말씀을 지키시며, 언제나 약속을 성취하심을 의미합니다(고전 1:9; 딤후 2:13; 벧전 4:19). 아브라함과 이삭과 야곱에게 하셨던 약속을 성취하신 데서 하나님의 신실하심을 볼 수 있습니다. 사도 바울은 '신실하심'(미쁘심)이라는 속성을 하나님이 자신의 말씀을 성취하시는 것과 연결하면서 "너희를 부르시는 이는 미쁘시니 그가 또한 이루시리라"(살전 5:24)라고 말합니다. 우리가 하나님과 사람들에게 한 약속을 지킬 때, 우리를 통해 하나님의 성품이 드러나게 됩니다.

3. 바울은 놀라운 상황을 통해 죽지 않고 살았습니다(행 23:12~24)

[12]날이 새매 유대인들이 당을 지어 맹세하되 바울을 죽이기 전에는 먹지도 아니하고 마시지도 아니하겠다 하고 [13]이같이 동맹한 자가 사십여 명이더라 [14]대제사장들과 장로들에게 가서 말하되 우리가 바울을 죽이기 전에는 아무것도 먹지 않기로 굳게 맹세하였으니 [15]이제 너희는 그의 사실을 더 자세히 물어보려는 척하면서 공회와 함께 천부장에게 청하여 바울을 너희에게로 데리고 내려오게 하라 우리는 그가 가까이 오기 전에 죽이기로 준비하였노라 하더니

> Leader

40여 명의 유대인들이 바울을 죽이기 전에는 먹지도 않겠다고 결의했습니다. 그래서 그들은 바울에게 달려들어 그의 삶과 사역을 끝낼 기회를 엿보며 숨어서 기다렸습니다. 약 1세기 전에 있었던 줄리어스 시저의 암살 때처럼, 이 나쁜 무리는 한 덩어리처럼 움직였습니다. 만약에 바울을 죽이게 되면, 아무도 살인죄로 비난받거나 기소되지 않도록 하려는 이유였습니다.

바울은 이러한 절망적 상황에서 스스로 벗어날 수 없었을 것입니다. 그러나 예수님은 하실 수 있습니다. 유대인들이 예수님에게도 음모를 꾸민 적이 있었습니다. 예수님이 "나와 아버지는 하나이니라"(요 10:30)라고 말씀하시자 예루살렘의 유대 지도자들이 주님을 돌로 치려고 했습니다. 그러나 아직 때와 기한이 차지 아니함으로 예수님은 "그 손에서 벗어나"(39절) 피하셨습니다. 그리스도는 돌에 맞아 죽는 것이 아니라 우리 죄로 인해 십자가에 못 박히실 것이었기 때문입니다(참조, 신 21:23; 사 53:5; 슥 12:10).

우리는 세상에서 주어진 임무를 마치기 전까지는 철저히 보호받을 것입니다. 예수님은 우리를 구원하시고 살리실 뿐만 아니라 우리 곁에 함께 계시며, 종종 놀라운 방법으로 우리를 지켜주십니다. 하나님이 바울을 위협하는 살해 계획을 어떻게 해결해 나가시는지 살펴봅시다.

16바울의 생질이 그들이 매복하여 있다 함을 듣고 와서 영내에 들어가 바울에게 알린지라 17바울이 한 백부장을 청하여 이르되 이 청년을 천부장에게로 인도하라 그에게 무슨 할 말이 있다 하니 18천부장에게로 데리고 가서 이르되 죄수 바울이 나를 불러 이 청년이 당신께 할 말이 있다 하여 데리고 가기를 청하더이다 하매 19천부장이 그의 손을 잡고 물러가서 조용히 묻되 내게 할 말이 무엇이냐 20대답하되 유대인들이 공모하기를 그들이 바울에 대하여 더 자세한 것을 묻기 위함이라 하고 내일 그를 데리고 공회로 내려오기를 당신께 청하자 하였으니 21당신은 그들의 청함을 따르지 마옵소서 그들 중에서 바울을 죽이기 전에는 먹지도 않고 마시지도 않기로 맹세한 자 사십여 명이 그를 죽이려고 숨어서 지금 다 준비하고 당신의 허락만 기다리나이다 하니 22이에 천부장이 청년을 보내며 경계하되 이 일을 내게 알렸다고 아무에게도 이르지 말라 하고

> "믿음 때문에 투옥된 사람들을 위해 기도할 때, 우리는 복음이 감옥에서 쓴 편지를 통해 우리에게 전해졌다는 것을 기억해야 합니다. 교회가 불태워진 이집트의 교인들을 위해 탄원할 때, 우리 소망이 종교 제국을 건설하는 데 있지 않고, 한 번도 본 적이 없는 새 예루살렘에 있음을 기억해야 합니다. 중동 지역에서 십자가에 못 박히는(때때로 문자 그대로 이런 일이 일어나기도 합니다) 이들을 위해 눈물 흘릴 때, 우리는 주님이 인생 상담가나 도사가 아닌 십자가에 못 박히셨던 메시아이심을 기억해야 합니다. 그럼으로써 애초에 받았던 복음을 기억할 수 있으며, 처음부터 구원할 능력이 없는 많은 부유한 유사 복음에서 자유로워질 수 있습니다. 또한 기독교가 힘을 잃어 가는 유럽과 북미 지역에 우리가 기도하고 힘껏 지지하는 박해받는 그리스도인들이 선교사로 파송되리라는 것을 상기할 수 있습니다."[9]
>
> _러셀 무어

바울의 생질, 즉 조카는 누구일까요? 누가는 그에 관해 정확히 말하지 않습니다.

> Leader
>
> 예루살렘에 바울의 누이가 살고 있었고, 그녀의 아들이 유대 지도자가 되기 위해 공부 중이었으므로 짐작은 가능합니다. 그러나 조카의 이름이나 사회 계급에 관해서는 알려진 바가 없습니다. 그가 삼촌 바울을 죽이려는 계획을 어떻게 알게 되었는지도 알 수 없습니다.

그러나 하나님은 역사의 줄기를 바꾸기 위해 예상 밖의 인물을 사용하기도 하신다는 것을 우리는 압니다. 모세를 생각해 보십시오. 그는 살인자였고 말에 능하지도 않았습니다. 다윗은 어땠습니까? 그는 형제들 중 막내로 양을 치고 있었습니다. 라합이나 룻이나 에스더를 생각해 보십시오. 하나님은 종종 "세상의 미련한 것들을 택하사 지혜 있는 자들을 부끄럽게"(고전 1:27) 하십니다.

사실, 바울이 누구보다도 예상 밖의 인물이었습니다. 유대교의 광신도였다가 그리스도교의 선교사가 되었으니 말입니다. 하나님은 바울의 생질처럼 뜻밖의 인물로 하여금 특별한 과업을 완수하게 하십니다. 또 그와

심화 주석 몇몇 학자는 천부장의 과잉 호송을 비웃지만, 그는 유대 무정부주의자들에게 더는 여지를 주지 않으려 했던 것입니다. 40명만이 공모에 가담했는지 모르지만, 그는 성전 주변에 수백 수천의 사람들이 있다는 것을 잘 알았기 때문입니다. 예루살렘 군대의 거의 절반쯤 되는 수였을 것입니다. 그러나 보병들이 56km 정도 갔다가 막사로 돌아오면 되었습니다. 어쨌든 바울은 거창하게 로마로 출발했습니다. 이 이야기는 엘리사가 벤하닷에게 쫓길 때 사환 게하시에게 한 말을 떠올리게 합니다. "두려워하지 말라 우리와 함께한 자가 그들과 함께한 자보다 많으니라"(왕하 6:16).[10]

_케네스 O. 갱글

같은 방식으로 우리도 기쁘게 사용하십니다.

Q 하나님이 당신의 삶을 변화시키기 위해 어떤 사람들을 사용하셨습니까?

Q 하나님은 다른 사람들의 삶에 영향을 주기 위해 어떤 방식으로 당신을 사용하셨습니까?

[23]백부장 둘을 불러 이르되 밤 제 삼 시에 가이사랴까지 갈 보병 이백 명과 기병 칠십 명과 창병 이백 명을 준비하라 하고 [24]또 바울을 태워 총독 벨릭스에게로 무사히 보내기 위하여 짐승을 준비하라 명하며

> Leader

바울을 죽이려는 음모를 바울의 조카가 저지하고 나자 천부장이 그를 예루살렘에서 약 120km 떨어진 해안 도시인 가이사랴로 호송하기 위해 군대를 급파했습니다. 호송은 밤 9시, 어둠을 틈타 이루어졌습니다. 각 100명의 보병을 거느린 두 백부장이 기병대와 함께 출발했습니다.

바울의 신분이 얼마나 급변했는지를 주목하십시오. 한때 죽을 위기에 처했던 죄수 바울이 이제는 귀히 모실 인물이 된 것입니다. 그는 왕자가 받을 법한 호위를 받습니다.

그리스도께서 이 일을 하셨습니다. 우리 신분을 변화시키는 일을 말입니다. 우리는 모두 한때 죄의 종이었습니다. 그러나 예수님은 이제 우리를 종이 아니라 친구라고 말씀하십니다(요 15:15). 우리는 고아였으나 그리스도 안에서 함께 상속자가 되었습니다(롬 8:17; 엡 1:5). 우리는 연약했으나 하나님이 우리를 일으키셔서 그리스도 예수 안에서 함께 하늘에 앉히셨습니다(엡 2:6). 예수 그리스도로 말미암아 우리는 종에서 자유인으로, 고아에서 양자로, 가난뱅이요 걸식하는 자에서 왕자와 공주로 변화되었습니다. 아마도 이것이 하나님이 역사하시는 가장 놀라운 방법일 것입니다.

Q 자신을 스스로 비하하거나 자만할 때 일어나는 위험은 무엇일까요?

결론

예수 그리스도의 부활이 가져오는 변화를 살펴보십시오. 부활에 대한 믿음으로 믿는 사람과 믿지 않는 사람이 구별됩니다. 부활의 믿음으로 우리 삶의 목표가 새로워지고 낡은 사고방식이 변화됩니다. 또 절망 가운데서도 믿음의 경주를 계속해 나갈 희망을 얻게 됩니다. 그러므로 그리스도인은 부활로 말미암아 세 번 태어나게 됩니다. 육으로 태어나고, 거듭나고(요 3:7), 어느 날 다시 거듭나게 될 것입니다.

마지막 날의 거듭남은 첫 번째 태어남과 마찬가지로 육체적인 것이 될 것입니다. 그래서 천사가 마리아에게 그분은 "여기 계시지 않고 살아나셨느니라"(눅 24:6)라고 말했던 것입니다. 우리 역시 다시 살아날 것입니다(롬 8:11). 그때까지 부활의 믿음이 우리의 용기와 확신의 근원이 되어야 합니다. 언젠가는 우리가 "그와 같을"(요일 3:2) 것이며, 구세주를 영원토록 "얼굴과 얼굴을 대하여"(고전 13:12) 보게 될 것입니다.

"당신은 정말로 용감했고 아주 많은 것을 견뎌 냈습니다. 그러니 지금 포기하지 마십시오. 당신이 어떻게 아볼루온을 이겼는지 기억하세요. 위험한 죽음의 그늘 계곡을 어떻게 지나왔는지 기억해 보란 말입니다. 너무 많이 참아 와서인지 지금은 겁쟁이가 되어 버렸습니다. 나는 당신보다 약한 사람입니다. 그런데 나도 당신처럼 태어나 두들겨 맞으며 살았습니다. 그래도 포기하지 않을 것입니다. 당신은 허영의 시장에서 온갖 형벌을 잘 견뎠습니다. 그러니 지금도 견딜 수 있습니다. 우리 기독교를 부끄럽게 하지 않기 위해서라도 인내심을 가지고 좀 더 오래 참읍시다."[11]

_의심의 성에서
소망이 크리스천을 격려하며 한 말,
존 번연의 《천로역정》 중에서

그리스도와의 연결

사도 바울은 하나님이 예수 그리스도의 인격과 사역을 통해 자신의 영광을 드러내셨음을 확신했습니다. 그의 확신은 그리스도에 대한 믿음에서 비롯됐습니다. 하나님이 예수님의 십자가와 부활에서 보이신 신실하심 덕분에 바울은 자신이 박해와 재판을 견딜 수 있으리라고 믿었습니다.

하나님의 계획 우리의 사명

선교적 적용 하나님은 아무리 큰 대가를 치르더라도 용기 있게 복음을 전해야 한다고 말씀하십니다.

1. 부활의 소망이 우리의 태도와 행동과 대화에 어떤 식으로 영향을 줍니까?
2. 고난과 시련 가운데서 서로를 세우기 위해 교회/공동체가 어떤 일을 해야 할까요?
3. 다른 이들에게 복음을 전하게 하시려고 하나님은 당신의 상황을 어떻게 이끄셨나요?

금주의 성경 읽기
고후 1~13장

바울이 통치자들 앞에 서다

2

Summary and Goal

사도 바울은 예루살렘에서 극적으로 구출된 후에 가이사랴 법정에서 자신을 변호해야 했습니다. 하나님은 바울의 용기와 율법에 관한 전문 지식을 사용하셨고, 세 통치자의 특징을 이용하셨습니다. 벨릭스는 타락한 총독이었고, 베스도는 주저하는 성격의 총독이었으며, 아그립바는 쉽게 설득되지 않는 성격의 왕이었습니다. 바울은 재판에 회부된 피고인이었지만, 하나님은 그의 증언을 통해 상황을 역전시키셨고, 세속의 왕들을 곤경에 빠뜨리셨습니다. 바울은 거짓 고발과 불공정한 구형과 심지어 죽음의 위협에도 아랑곳하지 않았습니다. 그는 용기와 신념으로 복음을 전할 기회를 매 순간 놓치지 않았습니다.

- **성경 본문**
  사도행전 24:22~27; 25:1~12; 26:24~32

- **세션 포인트**
  1. 벨릭스는 심판이 두려운 타락한 총독이었습니다(행 24:22~27)
  2. 베스도는 주저하며 책임을 전가하는 총독이었습니다(행 25:1~12)
  3. 아그립바는 복음을 받아들이지 못하는 왕이었습니다(행 26:24~32)

- **신학적 주제**
  세상 왕들이 왕 중의 왕이신 하나님 앞에 무릎을 꿇을 날이 올 것입니다.

- **그리스도와의 연결**
  사도 바울은 세속의 왕들에게서 호의를 얻는 것보다 예수 그리스도를 통해 구원받는 것에 더 관심이 있었습니다. 바울은 거짓 고소와 부당한 구형에 맞서 변론했습니다. 바울은 구원의 복음이 가진 능력이 신앙인에게 어떤 확신을 주는지를 보여 주는 탁월한 본보기가 되었습니다.

- **선교적 적용**
  하나님은 우리에게 자신이 처한 상황보다는 다른 이들의 구원에 더 큰 관심을 기울이라고 명령하십니다.

Session Plan

도입

정체성, 즉 자신이 진정 누구인가를 아는 것이 매우 중요하다는 사실을 지적해 주십시오. 그러나 우리는 종종 정체성을 오판하기도 한다는 것도 언급해 주십시오. 하는 일이나 소유물의 정도로 한 사람의 정체성이 드러나는 것이 아닙니다.

자신이 어떤 사람인지를 친한 친구에게 묻는다면, 그 친구가 어떤 말을 해 주리라고 생각하나요?

사도 바울은 수감되었을 때 예수 그리스도 안에서 자기 정체성을 어떻게 찾았는지를 강조하면서 이 세션을 요약해 주십시오.

전개

1 벨릭스는 심판이 두려운 타락한 총독이었습니다 (행 24:22~27)

바울이 벨릭스 앞에서 자신을 변호하게 된 사연을 염두에 두고, 사도행전 24장 22~27절을 읽으십시오. 벨릭스가 바울이 의와 절제와 장차 오는 심판에 관해 강론하는 것을 듣고 두려워했다는 사실을 강조해 주십시오. 그리스도인은 심판을 두려워할 필요가 없지만, 하나님의 심판을 가벼이 여겨서도 안 됩니다. 자신뿐만 아니라 다른 사람들을 위해서라도 염려할 수밖에 없습니다.

장차 다가올 하나님의 심판 외에 그리스도인들이 두려워하는 것은 무엇입니까? 성경은 이러한 두려움에 관해 무엇이라고 말합니까?

벨릭스가 탐욕 때문에 바울을 감옥에 가뒀으나 다가올 심판에 관해 듣자 두려워했음을 이야기해 주십시오. 탐욕은 모든 그리스도인이 주의해야 할 유혹입니다.

교회에서 탐욕스러운 일을 보거나 경험한 적이 있습니까? 그 일은 어떤 일이었습니까?

2 베스도는 주저하며 책임을 전가하는 총독이었습니다 (행 25:1~12)

사도행전 25장 1~9절을 읽으십시오. 베스도가 문제를 일으키지 않거나 무고한 바울을 풀어 주려고 어떻게 했는지를 설명해 주십시오. 그리고 그가 유대인들의 압력에 어떻게 굴복했는지도 보여 주십시오.

주변의 압박으로 신앙이 흔들리는 경험을 한 적이 있나요? 언제 어떤 압박을 받았나요?

그러고 나서 사도행전 25장 10~12절을 읽으십시오. 바울은 자기 과거를 결코 잊지 않았습니다. 바울이 자신을 그저 예수님을 믿는 한 사람의 유대인으로밖에 보지 않았음을 분명히 해 주십시오. 그는 그리스도를 믿는 신앙을 저버리지 않았고, 베스도와 달리 다른 사람들에게 죄를 전가하지도 않았습니다.

과거 잘못에 대한 정죄 의식은 복음으로 인해 어떻게 바뀌어야 합니까?

3
아그립바는 복음을 충분히 받아들이지 못하는 왕이었습니다
(행 26:24~32)

본문의 배경을 설명해 주고, 자원자에게 사도행전 26장 24~27절을 읽게 하십시오. 아그립바에게 선지자들을 믿느냐고 물었던 바울의 의도를 설명해 주십시오.
그러고 나서 다른 자원자에게 사도행전 26장 28~32절을 읽어 달라고 요청하십시오. 복음을 선포하고 무리에게서 반응을 이끌어 냈던 바울의 대담함을 강조해 주십시오. 바울처럼 우리도 하나님이 우리 삶의 여정에서 만나게 하신 모든 이에게 복음을 전할 책임이 있다는 것을 말해 주십시오. 오직 성령님만이 복음을 받아들이게 하시고, 완고한 마음을 꿰뚫으시고, 새로운 생명을 주실 수 있음을 일러 주십시오. 그러므로 "거의 그리스도인"(almost Christian)이 되어서는 안 될 것입니다.

복음 전도를 주저한 적이 있습니까? 그 이유는 무엇이었습니까?

바울의 증거는 복음 전도의 기회를 붙잡는 데 어떤 도움을 줍니까?

'거의 기독교'에 관한 가슴 아픈 진실을 설명해 주십시오. 사실, 그것은 기독교가 아닙니다. 그럼에도 불구하고, 복음은 "거의 그리스도인"들도 예수 그리스도를 제대로 믿기만 하면 진정한 그리스도인이 될 수 있다는 희망을 전합니다.

"거의 그리스도인"들이 아직 예수님을 믿지 않는 다양한 이유들에 어떻게 답하며 복음을 전해야 할까요? 구체적인 사례를 가지고 토론해 보세요.

결론

사도 바울이 예수 그리스도 안에 있는 자기 정체성에 근거해 통치자들 앞에서 자신을 변호했다는 내용으로 돌아오십시오. 하나님이 예수 그리스도 안에서 우리 정체성을 빚어 주시기를 바랍니다. 이 세션에서 배운 진리를 '하나님의 계획, 우리의 사명'에서 적용해 보십시오.

Session Content

2. 바울이 통치자들 앞에 서다

"영적 거장들은 모두 약한 자들이었습니다. 그들은 자신과 함께하시는 주님을 믿었기에 하나님을 위해 위대한 일을 할 수 있었습니다."[1]
_허드슨 테일러

"왕이시여, 들으소서, 가난한 이들의 충언을 멸시치 마시고, 당신 앞에서 그들이 불만을 말하게 하소서. 왕은 필멸의 인간이요 하나님이 아니시니, 피조물의 불멸의 영혼을 다스릴 권세나 그들에게 적용할 율법을 만들 권세나 그들 위에 영적 지도자들을 세울 권세가 없습니다. … 왕이시여, 마땅히 복종해야 할 하나님께 죄짓고 있는 사기꾼들에게 현혹되지 마십시오."[2]
_토마스 헬위스

도입

> Leader

영국 판사가 죄인에게 묻는 첫 번째 질문은 "당신의 이름이 무엇입니까?"라는 것입니다. 이처럼 한 사람의 정체성을 확인하는 법적 절차는 매일 수백 건씩 진행되는데, 피고인은 "나는 000입니다"라고 자기 이름을 간단히 대답하면 됩니다.

정체성, 즉 자신이 진정 누구인가를 아는 것은 매우 중요합니다. 그런데 정체성을 자신이 하는 일로 여기는 일이 얼마나 많은지 모릅니다. "안녕, 나는 레이첼이야. 영어를 전공했어." 또는 "내 친구 제리야. 동네 체육관에서 일하고 있지." 또한 자신의 소유나 소유하고 싶은 것들을 중심으로 활력과 정체성을 느끼는 경향이 있습니다. 예를 들어, 목돈을 들여 새로 단장한 부엌이나 새로 산 자동차나 해외여행의 흔적이 가득한 여권 같은 것들로 말입니다.

Q 자신이 어떤 사람인지를 친한 친구에게 묻는다면, 그 친구가 어떤 말을 해 주리라고 생각하나요?

사도 바울은 자신을 죽이려는 음모가 있음을 알고는 한밤중에 군대의 호위를 받으며 예루살렘에서 몰래 빠져나와 가이사랴로 향했습니다(행 23:12~31). 당장은 안전하지만 여전히 죄수의 신분이었습니다. 그는 곧 세 명의 통치자 앞에서 재판을 받게 될 것이었습니다. 바울의 자기변호를 통해, 우리는 그리스도인의 정체성은 재산이나 명성이나 직업과는 아무 관련이 없음을 깨닫게 됩니다. 예수 그리스도를 따르는 우리의 정체성은 과거의 실수나 어릴 적 잘못이나 수치스러운 비밀로 정의되지 않습니다. 우리의 정체성은 오직 예수 그리스도 안에서 찾을 수 있습니다. 그리스도의 인격과 그 역사하심을 따라 살아갈 때, 모든 것이 제자리를 찾을 것입니다.

> Leader

기독교는 우리에게 값비싼 희생을 요구합니다. 명성이나 사회적 지위나 우정이나 안락함이나 안전을, 심지어 생명까지도 요구합니다. 그리스도께서는 우리의 일부가 아닌 전부를 원하십니다. 바울처럼 그리스도께 자신을 맡길 때, 우리는 비로소 진정한 정체성을 찾기 시작할 것입니다. 또한 사는 데 급급하지 않고 빛과 생명 되시는 예수 그리스도를 사람들에게 전하는 데 힘쓰게 될 것입니다.

Session Summary

사도 바울은 예루살렘에서 극적으로 구출된 후에 가이사랴 법정에서 자신을 변호해야 했습니다. 하나님은 바울의 용기와 율법에 관한 전문 지식을 사용하셨고, 세 통치자의 특징을 이용하셨습니다. 벨릭스는 타락한 총독이었고, 베스도는 주저하는 성격의 총독이었으며, 아그립바는 쉽게 설득되지 않는 성격의 왕이었습니다. 바울은 재판에 회부된 피고인이었지만, 하나님은 그의 증언을 통해 상황을 역전시키셨고, 세속의 왕들을 곤경에 빠뜨리셨습니다. 바울은 거짓 고발과 불공정한 구형과 심지어 죽음의 위협에도 아랑곳하지 않았습니다. 그는 용기와 신념으로 복음을 전할 기회를 매 순간 놓치지 않았습니다.

1. 벨릭스는 심판이 두려운 타락한 총독이었습니다(행 24:22~27)

> Leader

이제 바울은 가이사랴에 있는 헤롯의 궁전에 수감되었지만, 하나님의 역사가 바울에게도 유대인들에게도 끝난 것은 아니었습니다(행 23:11). 사도행전 24장 1절에서 대제사장 아나니아가 어떤 장로들과 더둘로라는 한 변호사와 함께 가이사랴로 내려온 것을 읽을 수 있습니다. 아나니아는 바울이 "회칠한 담이여, 하나님이 너를 치시리로다"라고 말했던 인물입니다(행 23:3). 더둘로가 바울을 "소요하게 하는 자요 나사렛 이단의 우두머리"라고 고발하자 바울이 자신을 변호했습니다. 바울은 확신에 차서 대적들에게 자신의 죄를 입증해 보라고 명확하게 요구했습니다. 그런데 그 증거가 어디 있단 말입니까? 이곳은 법정이므로 증거가 없이는 로마인들도 그에게 선고를 내릴 수 없습니다. 바울은 자신이 율법과 선지자들의 가르침을 따르고 있는 유대인의 자손임을 호소하면서, 의인과 악인의 부활을 믿는다고 주장했습니다(참조, 행 24:14~15). 마침내 벨릭스가 이 논쟁에 관여하기 시작했습니다.

바울은 권력자들 사이에 흔한 핵심 가치에 도전합니다. 즉 자신은 누구의 도움도 필요 없이 자기 삶을 통제할 수 있는 자수성가한 사람이라는 생각 말입니다. 실제로 권력은 종종 자원을 통제하거나 획득하려는 욕망으로 나타납니다. 그 과정에서 타인을 학대할 수 있습니다. 이익을 얻기 위해 사람을 이용하는 것 외에는 사람들에게 별 신경을 쓰지 않기 때문입니다. 벨릭스와의 대화에서 입증된 바울의 단순명쾌한 발언은 벨릭스의 필요를 지적하고 있습니다. 그 필요는 많은 사람이 필요로 하고, 또 많은 사람이 들어야 하는 것과 비슷한 것입니다.
바울은 자신이 하나님의 약속을 경험하고 믿음대로 살았을 뿐이며, 아무 죄 없는 시민임을 스스로 변호했습니다. 죄라면 그가 경험했던 대로 하나님의 가르침과 인도하심을 따를 때 얻을 유익을 맛보라고 다른 사람들에게 도전한 것입니다. 복음을 위한 도전이 범죄의 요건이 될지, 아니면 하나님을 인정해야 할 필요성을 인식하는 계기가 될지는 듣는 이의 마음에 달렸습니다. 바울은 이렇게 말함으로써 자신의 책임을 다했으며, 그 결과나 반응에 대해서는 책임이 없습니다. 바울의 사례처럼 이것은 오늘날 하나님의 메시지를 전하는 사람들에게도 마찬가지입니다.[3]

_대럴 L. 보크

"하나님의 위대한 일을 기대하십시오. 그리고 하나님을 위해 위대한 일을 시도하십시오."[4]

_윌리엄 캐리

심화 주석 벨릭스에 관한 누가의 묘사는 정말로 비극적인 이야기를 보여 줍니다. 그리스도를 믿는 도를 듣기 위해 바울을 찾은 그의 진정성은 의심할 이유가 없습니다(행 24:24). 바울을 자주 불러 같이 이야기한 것도 오로지 탐욕 때문만은 아니었습니다(26절). 벨릭스는 사도의 증언을 듣고자 하는 진정성을 보였습니다. 바울이 전한 경고의 말씀은 사실이었습니다(25절). 철저한 회의론자라면 심판에 관한 바울의 진술이 순전히 환상일 뿐이라고 일축할 수도 있을 것입니다. 그러나 벨릭스는 그렇지 않았습니다. 그는 정말로 두려웠고 확신을 갖기 직전이었습니다. 하지만 그 지점을 결코 넘어서려 하지 않았기에 믿음으로 도약하지 못했습니다. 결국 그의 탐욕과 정욕과 권력을 지키려는 욕망 때문에 최후의 심판을 맞이하게 될 것입니다.[5]

_존 B. 폴힐

[22]벨릭스가 이 도에 관한 것을 더 자세히 아는 고로 연기하여 이르되 천부장 루시아가 내려오거든 너희 일을 처결하리라 하고 [23]백부장에게 명하여 바울을 지키되 자유를 주고 그의 친구들이 그를 돌보아 주는 것을 금하지 말라 하니라 [24]수일 후에 벨릭스가 그 아내 유대 여자 드루실라와 함께 와서 바울을 불러 그리스도 예수 믿는 도를 듣거늘 [25]바울이 의와 절제와 장차 오는 심판을 강론하니 벨릭스가 두려워하여 대답하되 지금은 가라 내가 틈이 있으면 너를 부르리라 하고 [26]동시에 또 바울에게서 돈을 받을까 바라는 고로 더 자주 불러 같이 이야기하더라 [27]이태가 지난 후 보르기오 베스도가 벨릭스의 소임을 이어 받으니 벨릭스가 유대인의 마음을 얻고자 하여 바울을 구류하여 두니라

벨릭스는 유대 지도자들과 달리 바울과 그의 가르침에 대해 위협을 느끼지 않았습니다. 적어도 처음에는 말입니다. 그는 바울에게서 더 많은 이야기를 듣고자 했으며 그에게 어느 정도 자유를 주었습니다. 그러던 어느 날, 벨릭스는 바울을 불러 그의 이야기를 더 듣고자 했습니다. 바울이 의와 절제와 장차 오는 심판을 강론하자 벨릭스의 심경에 변화가 일어났습니다. 두려움을 느낀 것입니다.

> Leader
아마도 벨릭스는 장차 오는 심판을 면하는 데 필요한 의와 절제가 부족하다는 것을 깨달은 것 같습니다. 그를 두렵게 한 것이 무엇이든 간에 벨릭스는 사람들이 흔히 하는 대로 바울을 쫓아냈습니다. 눈에서 멀어지면 마음에서도 멀어질 테니 말입니다. 벨릭스는 두려움에 맞서고 싶지 않았거나 맞설 준비가 안 되어 있었던 것입니다. 그 대신 그는 장차 심판이 다가올 것을 알면서도 자신의 생각과 삶을 바꾸려 하지 않았습니다.

그리스도인은 장차 다가올 하나님의 심판을 두려워할 필요가 없습니다. 하나님의 은혜와 자비 아래 있기 때문입니다. 우리는 하나님의 자녀로 입양되어 그리스도와 함께 상속자가 되었으며, 그리스도의 의를 받은 자요 하나님께 무한한 사랑을 받는 자들입니다. 우리는 심판으로부터 무사하고 안전합니다. 하지만 동시에 하나님의 심판을 가볍게 여겨서는 안 됩니다. 우리 자신이 아니라 다른 사람들 때문에 신경 써야 합니다.

> Leader
그리스도를 믿지 않는 사람은 하나님의 자녀가 아니므로 평안하지 않고 안전하지도 않습니다. 그들은 하나님의 심판 아래 있습니다. 벨릭스처럼 그들도 심판을 두려워합니다. 이것이 바로 다가오는 심판을 우리가 기억해야 하는 이유입니다. 우리는 예수님의 은혜로만 구원받을 수 있다는 복음의 진리를 전해야 합니다. 또한 다가올 하나님의 심판에 관한 진리를 사랑으로 전해야 합니다.

Q 장차 다가올 하나님의 심판 외에 그리스도인들이 두려워하는 것은 무엇입니까? 성경은 이러한 두려움에 관해 무엇이라고 말합니까?

벨릭스는 하나님의 심판을 두려워하고 바울의 무죄를 알고도 탐욕에 가득 차 있었습니다. 벨릭스는 그 후로 2년 동안 바울을 자주 불렀는데, 그때마다 그에게서 뇌물을 받을 기회를 엿보곤 했습니다. 탐욕은 강력합니다. 그리스도인인 우리 또한 심지어 교회에서조차도 탐욕의 유혹에서 자유롭지 않습니다.

> Leader 우리는 내면의 깊은 열망과 필요를 소비가 충족시켜 주리라는 허탄한 신화와 탐욕의 위험에 취약합니다. 그러나 탐욕은 알아채기는 쉬워도 대항하기는 매우 어려운 법입니다. 교회와 사역에 탐욕이 어떤 영향을 끼치는지를 알기란 더 어려울 수 있습니다. 우리는 스스로 물어야만 합니다. "정말로 우리는 사람들을 왜 찾아 나서는가?" 복음으로 하나님의 영광을 전하기 위해서인가? 아니면 복음을 빌미로 그들에게서 무엇인가를 얻기 위해서인가?

탐욕은 벨릭스의 경우처럼 노골적으로 드러나기도 하지만, 어둠 속에 더 깊숙이 숨겨져 있을 수도 있습니다.

Q 교회에서 탐욕스러운 일을 보거나 경험한 적이 있습니까? 그 일은 어떤 일이었습니까?

2. 베스도는 주저하며 책임을 전가하는 총독이었습니다

(행 25:1~12)

> Leader 2년간 바울을 불러 이야기를 나눴던 벨릭스의 후임으로 보르기오 베스도가 유대 총독으로 취임했습니다.

1베스도가 부임한 지 삼 일 후에 가이사랴에서 예루살렘으로 올라가니 2대제사
장들과 유대인 중 높은 사람들이 바울을 고소할새 3베스도의 호의로 바울을 예
루살렘으로 옮기기를 청하니 이는 길에 매복하였다가 그를 죽이고자 함이더라
4베스도가 대답하여 바울이 가이사랴에 구류된 것과 자기도 멀지 않아 떠나갈
것을 말하고 5또 이르되 너희 중 유력한 자들은 나와 함께 내려가서 그 사람에
게 만일 옳지 아니한 일이 있거든 고발하라 하니라 6베스도가 그들 가운데서 팔

핵심교리 99 **17. 공의로우신 하나님**

하나님은 자신의 도덕적 피조물들을 위해 그분의 의에 준한 기준을 세우셨고, 그 기준에 따라 피조물을 심판하실 것입니다(레 11:44~45; 롬 2:5~11; 고후 5:10). 만약 하나님이 심판하지 않으신다면, 그것은 의로우신 하나님의 성품에 어긋나는 일이 될 것입니다. 인간은 하나님의 의로운 기준에 합당하게 살지 못하고 죄를 지었습니다. 그래서 공의로 죄인을 심판하시는 하나님은 그리스도 안에 있는 믿는 사람들을 구원하시기 위해, 단지 재판관이실 뿐만 아니라, 죗값을 치르기 위한 제물이 되기로 하셨습니다(롬 3:25~26).

일 혹은 십 일을 지낸 후 가이사랴로 내려가서 이튿날 재판 자리에 앉고 바울을 데려오라 명하니 7그가 나오매 예루살렘에서 내려온 유대인들이 둘러서서 여러 가지 중대한 사건으로 고발하되 능히 증거를 대지 못한지라 8바울이 변명하여 이르되 유대인의 율법이나 성전이나 가이사에게나 내가 도무지 죄를 범하지 아니하였노라 하니 9베스도가 유대인의 마음을 얻고자 하여 바울더러 묻되 네가 예루살렘에 올라가서 이 사건에 대하여 내 앞에서 심문을 받으려느냐

> Leader

베스도는 부임하자 곧 예루살렘으로 올라갔습니다. 대제사장들과 종교 지도자들이 또다시 바울을 죽일 기회를 엿보았습니다. 베스도라면 그들에게 호의를 베풀어 바울을 가이사랴에서 예루살렘으로 데려오게 할지도 모릅니다. 영향력 있는 유대 지도자들에게 좋은 첫인상을 남기고 싶을 테니 말입니다. 그러니 뒷배경을 모른 채로 일견 간단해 보이는 그들의 요청을 수락할 것입니다. 만약에 그가 그렇게 한다면, 바울이 모습을 드러낼 것이고, 그들은 그가 이송되는 길에 그를 죽일 기회를 얻게 될 것입니다.

그러나 베스도는 거절했습니다. 바울을 예루살렘에 데려올 생각이 없었습니다. 그는 곧 가이사랴로 돌아갈 테니 유대 지도자들이 그와 함께 가서 거기서 바울을 고발하면 될 일이었기 때문입니다. 그리고 며칠이 흘렀습니다.

바울은 가이사랴에서 베스도와 유대 지도자들 앞에 서서 자신을 변호했습니다. 그는 유대인의 율법이나 성전이나 가이사에게 아무런 잘못도 저지르지 않았습니다. 예루살렘 공회나 로마 제국이나 그를 비난할 근거가 없었습니다.

베스도는 이제 자신도 벨릭스처럼 중대한 시점에 와 있음을 알았습니다. 그는 어떻게 했을까요? 베스도는 바울이 로마를 상대로 어떤 죄도 저지르지 않았다는 것을 알았고, 이에 증거 불충분으로 그를 석방할 수 있었습니다. 하지만 그렇게 할 수 없었습니다. 유대 지도자들이 격분할 수 있기 때문이었습니다.

> Leader

그렇게 되면 소문은 로마로 흘러들어갈 것이고 베스도는 부임한 지 불과 2주 만에 성문 밖 관할 지역에서 일어나는 소요를 잠재우기 위해 나서야 할 것입니다.

그런데 어쩌면 그는 자신의 결정에 관한 책임을 전가하고, 동시에 유대인들의 비위를 맞출 만한 방법을 찾을 수 있을 것 같았습니다. 만약 베스도가 유대인들의 요구대로 바울을 예루살렘으로 보내 재판받게 한다면, 그들은 그에게 신세를 지게 됩니다. 그래서 베스도는 주저하며 바울에게 예루살렘에 올라가서 심문을 받겠느냐고 물었습니다.

심화 주석

감옥에서 2년을 보낸 바울은 베스도 앞에서 자신을 적극적으로 변호할 준비가 되었습니다. 그는 자신을 옥에 가둔 것이 유대인들의 정치적 압력이었음을 잘 알고 있었습니다. 그러나 그는 율법을 어긴 적이 없었습니다(행 25:8~9, 19). 마침내 정의를 찾을 만한 곳이 달리 없음을 안 바울은 더 높은 권위에 호소하기로 했습니다. 가이사에게 호소하는 것은 모든 로마 시민의 권리였습니다. 바울은 인내하며 정의를 강하게 요구함으로써 지혜를 발휘했습니다. 2년간 가이사에게 호소할 수 있었지만, 그 대신에 그는 기회가 있을 때마다 권위 있는 사람들을 만나 증거하며 자신의 소송을 제기했습니다. 새로운 총독이 유대인들의 압력에 굴복하는 모습을 보이고 온갖 방안과 논쟁마저 소진되자, 바울은 자신의 궁극적인 권리를 마침내 행사하기로 했습니다. 어쩌면 하나님이 바로 이 순간을 위해 그에게 로마 시민권을 주셨는지도 모릅니다.

고난과 역경에 부딪혔을 때 모든 선택권을 성급히 사용하지 마십시오. 지혜 가운데 당신을 향한 하나님의 뜻이 무엇인지를 분별하십시오. 때로는 신실한 증인이 되어 인내하며 기다려야 할 수도 있고, 때로는 부드럽게 설득해야 할 수도 있습니다. 그렇지 않을 때에는 가능한 한 가장 강력한 조치를 취할 필요도 있습니다.[6]

_Africa Study Bible

Q 주변의 압박으로 신앙이 흔들리는 경험을 한 적이 있나요? 언제 어떤 압박을 받았나요?

[10]바울이 이르되 내가 가이사의 재판 자리 앞에 섰으니 마땅히 거기서 심문을 받을 것이라 당신도 잘 아시는 바와 같이 내가 유대인들에게 불의를 행한 일이 없나이다 [11]만일 내가 불의를 행하여 무슨 죽을 죄를 지었으면 죽기를 사양하지 아니할 것이나 만일 이 사람들이 나를 고발하는 것이 다 사실이 아니면 아무도 나를 그들에게 내줄 수 없나이다 내가 가이사께 상소하노라 한 대 [12]베스도가 배석자들과 상의하고 이르되 네가 가이사에게 상소하였으니 가이사에게 갈 것이라 하니라

> Leader

우리는 '사울'이 아닌 '바울'이라는 이름에 익숙한 탓에 하나님이 사울의 이름을 바울로 바꿔 주신 것이라 생각합니다. 마치 하나님이 아브람을 아브라함으로, 야곱을 이스라엘로 그 이름을 바꿔 주셨듯이 말입니다. 하나님은 많은 사람의 이름을 바꿔 주셨습니다. 그런데 바울의 경우에는 사정이 조금 다릅니다. 다메섹으로 가는 길에 예수님은 그를 히브리식 이름인 '사울'로 부르셨습니다(행 9:4). 그렇다면 사울이 어떻게 바울로 알려지게 된 걸까요? 그의 선교 여행 동반자이자 동료 학자이며, 작가요 친구인 누가는 사울을 헬라식 이름인 바울로 처음 언급했습니다(참조, 행 13:9).

바울은 자신이 받은 유대인 유산과 유대 교육을 부정하지 않았습니다. 그는 그저 예수님을 믿는 유대인일 뿐입니다. 다른 유대인들도 그분을 믿어야 마땅합니다. 바울의 목표는 유대교 대신에 그리스도를 따르는 것이 아니라, 그리스도를 따름으로써 유대교가 어떻게 온전해질 수 있는가를 보여 주는 것이었습니다. 이것이 바로 바울이 자신의 무고함(행 25:10)에도 불구하고 유대인들에 대항해 복음을 선포했던 이유입니다. 그는 자신이 사랑하는 사람들을 해치려는 것이 아니라 도우려고 노력했습니다(참조, 롬 9:1~3).

하나님은 우리의 과거를 절대로 낭비하는 법이 없으십니다. 그리스도께서 바울에게 그러셨듯이, 우리가 이전에 지은 죄악의 경험조차 간증이라는 무기로 바꾸실 수 있습니다. 바울은 한때 그리스도와 그분의 교회를 박해했던 자신을 결코 잊지 않았습니다. 그는 자신을 "죄인 중에 괴수"(딤전 1:15)로 여겼습니다. 그러나 그는 자신의 죄를 기억함으로써 하나님의 자비와 인내와 은혜를 더욱 온전히 이해할 수 있었습니다(16절). 바울의 경

심화 주석 베스도가 유대인들의 환심을 사기 위해 바울을 예루살렘으로 옮겨 재판할 것을 제안하자, 바울은 가이사에게 직접 호소하기 위해 로마 시민권을 주장했습니다. 지방 총독들이 가이사에게 제기하는 모든 상소를 승인해 주는 것은 아니지만, 바울의 상소는 받아들여졌습니다. 그러나 가이사가 늘 친히 심문하는 것은 아니었고, 황제 개인의 관여 정도에 달렸습니다. 그럼에도 불구하고 가이사에게 상소하는 것은 시민이면 참여할 수 있는 방안이었습니다. 베스도는 아마도 질질 끌어온 이 사건을 다른 관할로 넘기고, 유대인들의 압력에서 벗어날 수 있어서 기뻤을 것입니다(행 26:32).[7]

_스탠리 E. 포터

"하나님은 궁극적으로 한 가지 중요한 이유로 지도자를 세우십니다. 다름 아닌 하나님의 영광을 위해서 말입니다. 하나님은 우리의 약함을 통해 능력을 나타내시고, 우리의 미련함을 통해 지혜를 나타내십니다. 우리는 울타리 기둥 위에 앉은 거북이와도 같습니다. 울타리 옆을 지나가다 그 꼭대기에 거북이가 앉은 것을 보면, 누군가가 거기 올려 두었다는 사실을 알 것입니다."[8]

_매트 챈들러

심화 주석

"아그립바 왕이여 선지자를 믿으시나이까"(행 26:27). 바울이 왕에게 던진 이 질문은 문제의 핵심을 건드렸습니다. 유대 혈통임을 감안할 때, 아그립바는 히브리 성경과 메시아에 관한 가르침을 익히 알고 있었을 것입니다. 그러나 그의 지식은 바울이 말하는 메시아, 곧 나사렛 예수를 믿는 믿음으로 이어지지는 못했습니다. 오늘날 우리도 그와 비슷한 양상을 보입니다. 예수님에 관한 지식이 대중 매체나 인터넷에 폭발할 정도로 넘쳐납니다. 그러나 흔히 지식이 곧바로 믿음으로 바뀌지는 않습니다. 사람들은 예수님에 관한 정보로 무엇을 할까요? 이것이 그들에게 개인적으로 무엇을 의미합니까? 모든 것을 믿되 아무것도 배타적으로 믿지 말라는 것이 시대 정신입니다.[9]

_바부 임마누엘 벵카타라만

험은 그가 선포하는 복음의 초석이 되었습니다. 그와 마찬가지로 우리는 과거를 탓할 필요가 없습니다. 이제 우리가 그리스도 안에서 용서받았기 때문입니다.

Q 과거 잘못에 대한 정죄 의식은 복음으로 인해 어떻게 바뀌어야 합니까?

3. 아그립바는 복음을 받아들이지 못하는 왕이었습니다

(행 26:24~32)

바울이 가이사(로마 황제의 칭호-역주)에게 상소하고 며칠 뒤, 그는 베스도와 아그립바 왕 앞에 서게 되었습니다.

> Leader

그 자리에 아그립바 왕의 아내 버니게도 있었습니다. 베스도는 바울을 둘러싼 거래와 바울이 가이사에게 상소한 과정을 모두 그들에게 고했습니다. 그러면서 자신은 유대 율법과 관습에 무지하다는 사실도 털어놓았습니다. 그는 바울을 가이사에게 보내기 전에 기소장을 어떻게 써야 할지 몰랐으므로 유대인 출신 아그립바에게서 도움을 받을 수 있으리라 생각한 것입니다(행 25:13~27).

아그립바는 호기심이 생겨 바울의 이야기가 몹시 듣고 싶어졌습니다. 그는 요한의 형제 야고보를 처형하고 베드로를 투옥시켰던 헤롯 아그립바 1세의 아들이었습니다(행 12:1~5). 게다가 그는 여동생 버니게와 근친상간을 했는데, 그것은 명백히 하나님의 율법을 어긴 행위였습니다. 그러나 그는 이유가 무엇이었든, 그 다음 날 아그립바가 법정에 출두해 바울이 자신을 변호할 수 있게 했습니다.

바울은 자신이 받은 유대교 유산과 다메섹에서의 회심과 부활의 소망에 관해 상세히 전했습니다. 그러나 그가 예수님의 죽음과 부활을 구약 성경과 연결하고, 이것이 유대 민족과 이방 민족에게 영원히 영향을 미친다고 말하자, 베스도는 바울의 주장을 감당하기가 힘들어졌습니다.

24바울이 이같이 변명하매 베스도가 크게 소리 내어 이르되 바울아 네가 미쳤
도다 네 많은 학문이 너를 미치게 한다 하니 25바울이 이르되 베스도 각하여 내
가 미친 것이 아니요 참되고 온전한 말을 하나이다 26왕께서는 이 일을 아시기
로 내가 왕께 담대히 말하노니 이 일에 하나라도 아시지 못함이 없는 줄 믿나이
다 이 일은 한쪽 구석에서 행한 것이 아니니이다 27아그립바 왕이여 선지자를 믿
으시나이까 믿으시는 줄 아나이다

바울은 여러 가지 이유로 고소를 당한 바 있었습니다. 그러나 지나치게 많은 학문을 익혔다는 이유로 미쳤다는 소리를 듣기는 이번이 처음이었을 것입니다. 바울은 혐의를 부인하면서 아그립바에게로 관심을 돌렸습니다. 그는 자기가 말해 왔던 것들, 즉 자신의 삶과 예수님의 사역이 이미 널리 알려져 있음을 분명히 했습니다. 그가 전한 모든 이야기는 검증 가능했으며, 아그립바도 그것을 분명히 알아차렸습니다.

이후 바울이 아그립바에게 결정적인 질문을 던졌습니다. 그 대답은 왕을 단번에 침묵시킬 만한 것이 될 것입니다. "선지자를 믿으시나이까"(27절). 다시 말해 "당신은 진정한 유대인이 맞습니까?"라고 물은 것입니다. 아그립바가 선지자들을 믿는 줄 안다고 바울이 그 대신 대답했습니다. 아그립바가 질문을 회피한 것을 보면, 아그립바는 바울의 전략을 간파한 것이 분명합니다.

28아그립바가 바울에게 이르되 네가 적은 말로 나를 권하여 그리스도인이 되게 하려 하는도다 29바울이 이르되 말이 적으나 많으나 당신뿐만 아니라 오늘 내 말을 듣는 모든 사람도 다 이렇게 결박된 것 외에는 나와 같이 되기를 하나님께 원하나이다 하니라 30왕과 총독과 버니게와 그 함께 앉은 사람들이 다 일어나서 31물러가 서로 말하되 이 사람은 사형이나 결박을 당할 만한 행위가 없다 하더라 32이에 아그립바가 베스도에게 이르되 이 사람이 만일 가이사에게 상소하지 아니하였더라면 석방될 수 있을 뻔하였다 하니라

아그립바 왕은 그리스도인이 되라는 설득에 넘어가지 않았습니다. 학자들은 그가 비꼬았는지 화를 냈는지 아니면 진지하게 말했는지에 관해 의견이 분분합니다. 그러나 바울이 복음을 증거하는 데 담대했다는 것만은 분명합니다.

복음을 전하는 일은 우리의 몫이지만, 회심은 하나님의 역사로 이루어집니다. 우리는 복음을 전하고 기도하며, 도전하고 격려합니다. 그러나 우리가 거듭나게 할 수는 없습니다. 오직 성령님만이 복음을 받아들이게 하시고, 그들의 완악한 마음을 찔러 새 생명을 주실 수 있습니다.

바울은 "거의 그리스도인"(almost Christian, 거의 복음에 설득되어 그리스도인이 될 가능성이 크지만 그리스도와 이 세상 사이에 양다리를 걸치고 있는 사람을 말합니다. 매튜 미드, 조지 휫필드, 존 웨슬리 등이 이 용어를 사용하며 이와 관련된 메시지를 전했습니다. - 역주)이었을지도 모르는 아그립바에게 담대하게 복음을 전함

심화 주석 이 시점에서 점점 대담해진 바울이 곧바로 복음에 호소합니다(행 26:29). 그는 시간이 얼마나 걸리든지 상관없이 모든 사람이 예수님에 관한 좋은 소식을 듣고 믿기를 원했습니다. 그는 자신이 그리스도 안에서 기뻐하는 것을 그들도 갖기를 원했습니다. 이 매혹적인 장면에서 듣고 있는 사람들은 사실 묶여 있는 사람들입니다. 그들은 영적으로 묶여 있기 때문입니다. 반면에 몸은 묶여 있어도 바울은 여전히 날듯이 기쁘게 하나님을 찬양할 수 있습니다. 그는 듣는 자들이 자유와 기쁨을 누리기를 원했습니다.[10]

_토니 메리다

"사람의 영혼. 이것은 또한 신뢰로 맡겨진 보물의 일부인데, 그에 관해 반드시 설명해야 합니다. 그러면 당신은 아마 이렇게 말할 수 있을 것입니다. '그냥 이런저런 사람들이었어요. 내가 하는 사역에 참여했었죠. 하지만 그들에게서 그리스도의 복음에 우호적인 면은 하나도 찾아볼 수 없었어요.' 그런데 당신에게 이런 질문을 던질 수도 있습니다. '당신은 그들에게 관심을 기울였습니까? 그들을 신실하게 대했나요? 한마디로 그들에게 신뢰를 충분히 주었습니까?'"[11]
_앤드류 풀러

으로써 '거의 복음 전도자'일지도 모르는 우리에게 교훈을 줍니다. 바울은 죽음을 각오하고 세 통치자에게 복음을 전하는 것보다 살아서 더 많은 사람에게 복음을 전하는 것이 더 중요하다고 합리화할 수도 있었습니다. 우리에게는 직장을 잃거나 사람들과의 관계를 깨뜨릴 수 있다는 것이 합리화의 이유가 될 수 있을 것입니다. 그러나 바울은 죽음의 두려움에 맞서서 복음을 전했고, 복음을 전할 기회를 잃고 사느니 그리스도를 선포하며 죽는 편이 낫다고 확신했습니다. 이것이 우리의 신념이 되어야 할 것입니다.

Q 복음 전도를 주저한 적이 있습니까? 그 이유는 무엇이었습니까?

Q 바울의 증거는 복음 전도의 기회를 붙잡는 데 어떤 도움을 줍니까?

> Leader

"거의 그리스도인"들을 얼마나 많이 알고 있습니까? "거의 그리스도인"인 채로 머무는 데는 수많은 변명거리가 있습니다. 예컨대, 돈이나 교만이나 쾌락이나 동료 집단의 압박 때문에 아직 예수님을 믿지 않을 수 있습니다. 가족이나 친구를 잃을 위험 때문에 그럴 수도 있습니다. 또는 두둑한 은행 잔고나 명성이나 안락한 노후 생활을 포기하는 문제 때문에 주저할 수도 있습니다. 교회에도 하나님 말씀과 세상의 가치 사이에서 타협점을 찾고자 하는 사람들이 많습니다. 그들은 한 손에는 하나님을, 또 한 손에는 세상을 붙잡은 채로 살고 싶어 합니다.

'거의 기독교'는 가슴 아픈 진실입니다. 그것은 결코 기독교가 아닙니다. 지옥은 분명 모든 종류의 "거의 그리스도인"들로 가득 찰 것입니다. 아그립바처럼 복음을 듣고도 계속해서 예수 그리스도를 거절하는 사람들로 말입니다. 이것 아니면 저것, 곧 복음을 믿거나 거절하거나입니다. 이분법적 선택을 부인하는 세상에 내리는 이분법적 결정입니다.

그럼에도 불구하고 복음은 "거의 그리스도인"들도 예수 그리스도를 제대로 믿기만 하면 진정한 그리스도인이 될 수 있다는 희망을 전합니다. 생명이 있는 한 누구나 하나님의 구원의 손길 아래 있습니다.

Q "거의 그리스도인"들이 아직 예수님을 믿지 않는 다양한 이유들에 어떻게 답하며 복음을 전해야 할까요? 구체적인 사례를 가지고 토론해 보세요.

결론

목숨이 위태로운 상황에서 사도 바울에게 최선의 방어가 된 궁극의 정체성은 예수 그리스도께 있었습니다. 사람들이 그를 거짓 고소하고 그의 평판을 의심할 때, 바울은 당당하게 나아가 자기 왕, 그리스도께 충성을 선포했습니다. 그것 때문에 투옥되고 고문받고 조소와 조롱을 당하게 되더라도 말입니다. 결국 바울은 복음에서 비롯된 그리스도 중심의 정체성에서 한 치도 물러나지 않았습니다.

> Leader

그런데 하나님은 바울이 왜 한두 번도 아니고 세 번씩이나 통치자들 앞에서 자신을 변호해야 하는 고난을 당하도록 내버려 두셨을까요? 상상해 보십시오. 바울이 변호를 통해 복음을 증거하지 않았더라면, 과연 선교사나 신학자들이 지금의 복음서나 서신서들을 가질 수 있었을까요?

때로는 우리를 옭아맨 사슬이 평소에는 가지 않았을 곳으로 우리를 이끌기도 하듯이, 하나님은 바울을 구해 주지 않으셨습니다. 우리는 고난을 통해 평소에는 알지 못했을 사람들을 만나게 됩니다. 하나님은 바울에게 그러셨듯이 우리를 옭아맨 비참한 상황을 그대로 사용하십니다. 우리로 하여금 복음을 전할 기회로 삼게 하시기 위해서 말입니다. 우리가 처한 감옥에는 특별한 목적이 있습니다. 언뜻 이해하기 힘들 수도 있지만, 어두컴컴한 지하 감옥에서 빛이 더 잘 보이는 법입니다. 그리스도께서는 우리의 연약함을 통해 능력을 나타내십니다(고후 12:9).

하나님이 예수 그리스도 안에서 우리 정체성을 빚어 주시기를 소망합니다. 우리를 새롭게 하셔서 부패에 맞설 용기와 시련과 유혹에도 굳건히 설 수 있는 견고한 힘을 주시기를 바랍니다. 또한 하나님의 영광과 사람들의 구원을 위해 세상 문화와 왕들과 통치자들 앞에서도 우리의 정체성을 담대하게 선포할 수 있기를 바랍니다.

그리스도와의 연결
사도 바울은 세속의 왕들에게서 호의를 얻는 것보다 예수 그리스도를 통해 구원받는 것에 더 관심이 있었습니다. 바울은 거짓 고소와 부당한 구형에 맞서 변론했습니다. 바울은 구원의 복음이 가진 능력이 신앙인에게 어떤 확신을 주는지를 보여 주는 탁월한 본보기가 되었습니다.

하나님의 계획 우리의 사명

선교적 적용 하나님은 우리에게 자신이 처한 상황보다는 다른 이들의 구원에 더 큰 관심을 기울이라고 명령하십니다.

1. "의와 절제와 장차 오는 심판"에 관한 진실을 듣고도 믿지 않는 이들을 어떻게 대해야 할까요?
2. 지난날을 돌아보십시오. 오늘날 예수님을 증거하는 데 나의 경험을 어떻게 사용할 수 있을까요?
3. 어렵고 힘든 상황에 부딪혔을 때 공동체가 나에게 어떤 힘이 되어 줄 수 있을까요?

금주의 성경 읽기
행 20:1~3;
롬 1~8장

바울이 탄 배가 파선하다

Summary and Goal

사도 바울은 벨릭스와 베스도와 아그립바 앞에서 그리스도를 온전히 신뢰하며 자신을 변호했습니다. 그 후 그는 풍랑과 파선의 위기 가운데서도 확신을 보여 주었습니다. 바울의 확신은 복음과 그리스도의 약속에 근거한 것이었습니다. 그리스도의 약속은 그가 풍랑 속에서도 복음 사역을 계속해 나가는 데 필요한 희망을 주었습니다. 무풍지대에서는 시험에 들 일이 거의 없습니다. 그러나 바울이 깨달았듯이, 인생의 배 위에 예수님이 나와 함께 타고 계심을 믿는다면, 풍랑으로 믿음이 굳건해질 것이며 하나님의 약속이 입증될 것입니다. 또 다른 사람들에게 예수 그리스도를 전할 기회를 얻게 될 것입니다.

- **성경 본문**
  사도행전 27:13~44; 28:11~16

- **세션 포인트**
  1. 위기 가운데서도 하나님의 약속을 끝까지 붙들고 복음을 전하십시오 (행 27:13~32)
  2. 풍랑 가운데서도 신실함으로 사명을 감당하십시오(행 27:33~44)
  3. 하나님의 말씀은 성취될 것이니 용기를 가지십시오(행 28:11~16)

- **신학적 주제**
  하나님의 사역은 신비한 방식으로 이루어집니다.

- **그리스도와의 연결**
  사도 바울은 풍랑을 견디며 배에 머무는 것이 구조될 수 있는 유일한 길이라고 말했습니다. 이 이야기는 위기와 어려움 가운데에 하나님이 구원하신 성경의 여러 사건들을 떠올리게 합니다. 예컨대 노아의 방주나 이스라엘 자손이 홍해를 건넌 사건들이 그러합니다. 예수님이 우리를 대신해 십자가 위에서 죽으셨으므로, 우리는 풍랑 가운데서도 주님의 약속을 붙들 수 있습니다.

- **선교적 적용**
  하나님은 어떤 상황에서도 사명을 계속 감당해 나가야 한다고 말씀하십니다. 심지어 사역이 허망해 보이고, 미래가 불확실해 보일지라도 말입니다.

Session Plan

도입

타이태닉호에 관한 이야기를 나누고, 이 배가 얼마나 빨리 침몰했는지를 들려주십시오.

인생의 난파를 경험했거나 목격한 적이 있습니까?

타이태닉호 이야기와 인생의 '빙산' 이야기를 연결해 주십시오. 그러고 나서 사도 바울이 탄 배가 파선된 이야기를 다룬 이 세션을 요약해 주십시오.

전개

1 위기 가운데서도 하나님의 약속을 끝까지 붙들고 복음을 전하십시오 (행 27:13~32)

부록 5: '바울의 로마 여정 지도'를 이용하십시오. 바울이 가이사 앞에서 자신을 변호하기 위해 승선했던 로마행 배의 여정을 보여 주십시오. 그러고 나서 사도행전 27장 13~32절을 읽으십시오.

인생의 어려움과 곤경 속에서 하나님을 바라보기 위해서는 어떤 노력이 필요합니까?

인생의 '빙산'을 만나는 순간에 우리의 믿음이 어떠한지를 알게 된다는 사실을 나누어 주십시오. 그러므로 우리는 갈보리 십자가에 달려 음부에 내려갔으나 사흘 만에 다시 살아나신 주님을 붙들어야 합니다.

도무지 이해할 수 없는 상황에서 하나님의 약속을 붙잡았던 적이 있습니까?

하나님께 전적으로 순종하지 못하게 가로막는 요인들은 무엇입니까?

2 풍랑 가운데서도 신실함으로 사명을 감당하십시오 (행 27:33~44)

자원자에게 사도행전 27장 33~38절을 읽게 하십시오. 바울이 함께 배에 탄 사람들을 안심시키며 로마에 닿을 것을 확신했던 이야기를 설명해 주십시오.

최근에 하나님의 약속으로 누군가를 격려한 적이 있습니까? 또는 누군가에게서 격려를 받은 적이 있습니까?

그리스도를 믿으면 그리스도를 위해 행동하게 된다는 사실을 강조해 주십시오. 하나님의 선택을 믿는다면, 하나님께 영광을 올려드릴 수 있도록 행동해야 합니다. 하나님의 주권과 인간 책임의 교차점을 설명하는 인도자용 자료를 사용하십시오.
다른 자원자에게 사도행전 27장 39~44절을 읽게 하십시오. 여기서 나타난 하나님의 신실하심이 우리 삶과 복음 전도와 사역에 어떻게 연결되는지를 보여 주십시오.

하나님이 주신 사명을 더 잘 수행하려면 어떤 영적 훈련을 해야 할까요?

3 하나님의 말씀은 성취될 것이니 용기를 가지십시오 (행 28:11~16)

사도행전 28장 11~16절을 읽으십시오. 바울이 로마에 도착함으로써 하나님의 약속과 바울의 소망이 마침내 성취되었다는 사실에 주목하십시오. 하나님은 언제나 신실하십니다.

최근에 하나님의 신실하심을 경험한 적이 있습니까?

하나님이 신실하게 복음을 전할 수 있도록 당신을 어디로 이끄셨습니까?

재판을 받기 위해 로마로 향했던 바울에게 믿는 사람들의 사랑과 격려가 필요했다는 사실을 강조해 주십시오. 바울에게 교회가 중요한 역할을 한 것처럼, 우리에게도 역시 마찬가지입니다.

교회의 목사와 지도자들에게 어떻게 힘과 도움을 줄 수 있습니까?

결론

하나님의 구원이 단지 삶의 고난에서 벗어나는 것을 의미하지 않는다는 사실을 분명히 해 주십시오. 더 이상 구조 요청을 하지 않아도 될 날이 올 때까지, 우리는 하나님의 약속을 붙잡고 하나님의 신실하심으로 용기 있게 사역을 계속해 나가야 합니다. 이 세션에서 배운 진리를 '하나님의 계획, 우리의 사명'에서 적용해 보십시오.

Session Content

3. 바울이 탄 배가 파선하다

핵심교리 **99** **85. 교회의 사명**

교회는 십자가에 못 박히셨다가 부활하신 왕 예수님에 대한 복음 선포를 믿음으로써 연합된 백성을 말하며, 하나님 나라의 표시이자 도구입니다. 교회의 사명은 성령님의 권능으로 세상에 가서 제자 삼는 것입니다. 이를 위해 교회는 이 복음을 선포하고, 계속되는 회개와 믿음의 반응으로 사람들을 초대하고, 그리스도의 주권에 순복해 하나님의 영광과 세상의 선을 위해 삶으로써 복음의 능력과 진리를 나타내야 합니다.

"왕이신 하나님이 세상은 거의 들어보지 못한 진실을 나눌 수 있는 특별한 친구나 친지를 우리에게 주셨다는 사실을 생각하면 힘을 얻습니다."[1]
_세바스찬 트래거 & 그렉 길버트

도입

1909년 3월 31일, 거대한 타이태닉호가 지어지기 시작했습니다. 이 배는 하나님이라도 가라앉힐 수 없을 것으로 생각되었습니다. 3년의 공사 끝에 아일랜드인들이 300만 개 큰 못으로 길이 244미터, 무게 26,000톤의 괴물 선박을 주조해 공학 기술의 엄청난 업적을 달성해 냈습니다. 사우샘프턴에서 뉴욕까지 기록을 경신하며 나아가기 위해 선체 중심에서 24개 증기 보일러가 돌아갔습니다.

그런데 그와 동시에 그린란드 수역에서는 또 다른 거대한 물체가 생기고 있었습니다. 결국 1912년 4월 14일 오후 11시 40분, 타이태닉호는 길이가 1.6킬로미터 가량 되는 빙산과 충돌했습니다. 빙산의 대부분은 수면 아래 숨겨져 있었습니다. 2시간 반 뒤, 증기선 타이태닉호는 해저로 침몰했습니다.

> Leader 이처럼 우리 삶도 순식간에 침몰할 수 있습니다. 삶이 잠시 순항합니다. 그러나 어느 순간, 어떤 빙산과 정면충돌해 심연으로 빠져드는 자신을 발견하곤 합니다. 자신에게 무슨 일이 일어난 것인지 어리둥절해하면서 말입니다.

Q 인생의 난파를 경험했거나 목격한 적이 있습니까?

인생의 빙산이 종종 우리에게 역경과 고통을 난데없이 가져다주곤 하지만, 또한 우리가 소중히 여기는 것이 무엇인지를 드러내기도 합니다. 무풍지대보다는 고난이 신앙을 훨씬 더 잘 드러내 줍니다.

> Leader 예수님이 예루살렘 감옥에 있는 사도 바울을 찾아가셨습니다. 그리고 바울에게 그곳에 계속 두지 않을 것이라고 약속하셨습니다. "담대하라! 네가 예루살렘에서 나의 일을 증언한 것같이 로마에서도 증언하여야 하리라"(행 23:11)라고 말씀

하셨습니다. 이제 곧 예수님의 말씀이 입증될 것입니다. 바울이 가이사에게 호소했으므로 백부장이 그를 화물선에 태워 로마까지 호송했습니다.

그러나 바울은 위기에서 완전히 벗어난 것이 아니었습니다. 하나님이 그를 예루살렘과 가이사랴 감옥에서 건져 주셨지만, 광풍으로 그가 탄 배가 표류했습니다. 바울은 또 다른 감옥, 즉 침몰하는 배에 갇힌 신세가 되었습니다. 예수님을 믿는다는 이유로 마른 땅에서 고난당했고, 지금은 파도가 급격히 높아지면서 바다 한가운데서 또 다른 고난에 부딪힌 것입니다. 예수님이 전능하신 참하나님이심을 증명해 주셨기 때문에 바울은 그 사실을 기억하고 주님을 계속 신뢰할 수 있었습니다.

"하나님이 우리 하나님이시라면, 온 세상이 할 수 있는 것보다 더 많은 일을 우리를 위해 해 주실 것입니다. 곤경에 처할 때 평안을 주시고, 폭풍이 불어도 그 안에서 음악을 만들어 주실 것입니다. 세상은 평안할 때 문젯거리를 만들어 내지만, 하나님은 어려움이 닥쳤을 때 평안을 부어 주십니다."[2]
_토머스 왓슨

Session Summary

사도 바울은 벨릭스와 베스도와 아그립바 앞에서 그리스도를 온전히 신뢰하며 자신을 변호했습니다. 그 후 그는 풍랑과 파선의 위기 가운데서도 확신을 보여 주었습니다. 바울의 확신은 복음과 그리스도의 약속에 근거한 것이었습니다. 그리스도의 약속은 그가 풍랑 속에서도 복음 사역을 계속해 나가는 데 필요한 희망을 주었습니다. 무풍지대에서는 시험에 들 일이 거의 없습니다. 그러나 바울이 깨달았듯이, 인생의 배 위에 예수님이 나와 함께 타고 계심을 믿는다면, 풍랑으로 믿음이 굳건해질 것이며 하나님의 약속이 입증될 것입니다. 또 다른 사람들에게 예수 그리스도를 전할 기회를 얻게 될 것입니다.

1. 위기 가운데서도 하나님의 약속을 끝까지 붙들고 복음을 전하십시오(행 27:13~32)

> Leader

바울은 그들이 처한 문제와 항해할 시기를 놓친 것을 알았습니다. 바울은 항해를 지휘하는 임무를 맡은 백부장 율리오에게 타격을 입게 되리라고 경고했습니다. 그러나 율리오는 바울이 아닌 선장과 선주의 말을 믿었습니다. 미항은 겨울을 지내기에 불편하므로 배는 뵈닉스로 향했습니다. 그리고 그들의 뜻대로 바다 위에는 순풍이 불었습니다. 하지만 순풍이 계속되지는 않았습니다.

13 남풍이 순하게 불매 그들이 뜻을 이룬 줄 알고 닻을 감아 그레데 해변을 끼고

심화 주석 온화한 남풍과 함께 배가 뵈닉스로 향해 해안을 따라 서쪽으로 비스듬히 나아갔습니다. 아주 오래전에 '북동풍'이 섬 꼭대기에서부터 덮쳐서 배를 손쉽게 침몰시킨 적이 있습니다. 이런 폭풍우는 지역에 따라 다르게 불립니다. 텍사스에서는 하늘이 무시무시한 검보라색으로 변하면 '블루노더'(blue norther)가 닥칠 줄 알고 북서쪽 하늘을 주시하곤 합니다. 기온이 한두 시간 만에 10도나 떨어질 수 있기 때문입니다. 태평양 연안에서는 폭풍우를 '태풍'이라 부르고, 대서양이나 멕시코만에서는 '허리케인'이라 부릅니다. 여기서는 '동풍'을 뜻하는 그리스어와 '북풍'을 뜻하는 라틴어에서 파생된 '유라굴로'입니다. 그들은 아주 조심스럽게 북서쪽을 향해 나아가려고 했지만, 유라굴로가 뒤에 있는 바람에 배가 아프리카 해안 도시인 키레네를 향해 남서쪽으로 표류할 수밖에 없었습니다. 확신할 수는 없지만, 누가가 "내버리니라"고 쓴 것은 그들의 배가 아프리카 해안에서 벗어나는 데 필요한 앞 돛만 빼고 모든 돛을 버렸다는 뜻인지도 모릅니다.[3]
_케네스 O. 갱글

심화 주석 바울은 모두에게 체력을 얻기 위해 먹으라고 권면했습니다. 그들은 지난 2주 동안 제대로 먹지 못했습니다. 바울이 모두 살아남을 것이라고 안심시키기는 했지만, 앞으로 닥칠 시련을 위해서는 체력이 필요했습니다(행 27:33~34). 바울은 떡을 가져다가 축사하고, 떼어 먹기 시작함으로써 그들에게 본을 보여 주었습니다. …
예수님이 제자들과 나누신 최후의 만찬을 얼마나 반영하고 있는가가 주목할 만합니다. 아마도 이 단순한 행동이 바울과 다른 그리스도인들에게 예수님이 어떻게 떡을 떼어 제자들과 나누셨는지를 상기시켰을 것입니다. 떡을 떼는 행위는 오늘날 믿는 사람들의 삶 속에서 계속 이어지고 있습니다. 그러므로 이 식사는 그들에게 의미가 있었습니다. 그들과 함께했으나 믿지 않는 사람들은 알 수 없는 의미 말입니다. 하지만 배에 탔던 276명이 모두 격려를 받았고 구조되었습니다(행 27:35~44).[7]

_바부 임마누엘 벤카타라만

바울은 배에 오르기도 전에 무슨 일이 있어도 자신이 예수님의 말씀으로 인해 그 여정에서 살아남을 것을 알았습니다. 하나님은 바울에게 천사를 보내시어 배에 탄 다른 이들도 살아남을 것이라고 말씀하셨습니다. 바울은 좋은 소식을 혼자만 간직하지 않았습니다. 그는 동승한 다른 사람들을 매우 염려했습니다. 바울은 그들이 풍랑을 두려워하느라 하나님의 주권에서 비롯되는 소망을 놓치지 않기를 바랐습니다. 그와 동시에 예수님을 귀히 여길 기회를 놓치게 하고 싶지 않았습니다. 절망적으로 보이는 상황에서도 하나님이 그들을 지켜보고 계시다는 사실을 말할 수 있었으니 얼마나 좋은 기회입니까.

그래서 바울은 그리스도의 약속에 대한 믿음을 행동으로 옮겼습니다. 즉 동료 여행자들에게 음식을 먹으라고 권했습니다. 그들은 바울과 함께 불안과 두려움을 떨쳐낼 수 있었고, 하나님의 약속을 믿을 수 있었습니다.

Q 최근에 하나님의 약속으로 누군가를 격려한 적이 있습니까? 또는 누군가에게서 격려를 받은 적이 있습니까?

여기서 이것만은 잊지 말아야 합니다. 그리스도를 믿으면, 그리스도를 위해 행동하게 된다는 사실 말입니다. 우리가 하나님의 약속에 따라 행동할 때, 우리는 세상에 하나님에 대한 우리의 믿음을 증명하게 됩니다. 하나님은 우리 도움 없이도 세상의 구원을 성취하실 수 있습니다. 이것은 분명한 사실입니다. 그러나 주님은 다른 방식을 선택하셨습니다. 즉 하나님은 우리가 믿음대로 살아가도록 우리를 준비시키고 이끌고 부르기로 작정하셨습니다. 우리는 주님을 알리기 위해 우리에게 허락하신 시간과 에너지와 자원을 사용합니다. 이것이 우리가 존재하는 이유입니다. 이것이 우리가 이 땅에서 살아가는 이유이며, 하나님이 우리에게 숨을 불어넣어 주신 이유입니다. 우리는 사랑과 감사로 가득한 순종을 통해 하나님을 영화롭게 하려고 존재합니다.

> Leader

겸허한 마음이 들지 않습니까? 하나님이 우리를 사용하십니다. 예수님은 공회의 수장들이나 랍비들로 열두 제자를 삼지 않으셨습니다. 오히려 평범한 사람들이나 부적격자들을 제자로 부르셨습니다. 어부에서부터 열심당원과 세리에 이르기까지, 후에는 다소 출신의 살인자 사울까지도 제자로 부르셨습니다. 예수님은 오늘날도 그와 똑같은 방식으로 일하십니다. 물론, 하나님은 사회적으로 영향력 있는 사람들을 사용하기도 하시지만, 평범한 사람들도 많이 사용하셔서 자신의 사역을 이끌어 가십니다. 하나님은 엉망인 사람들을 통해 복음의 걸작을 만드시는 데 능하십니다. 예수님은 세상이 하찮게 여기는 사람들을 제자로 삼으셨고, 바울도 그렇게 이끄셨습니다. 그리고 우리도 그렇게 이끌어 가십니다.

그러나 여기서 긴장감이 감도는 것도 느낄 수 있습니다. 바울은 배에 탄 사람들 중 한 사람도 죽지 않을 것이며, 심지어 "머리카락 하나도 잃을 자"가 없을 것이라는 하나님의 약속을 따라 움직였습니다(행 27:24, 34). 그런데 사공들이 거룻배를 내려 도망치려 하자 바울이 백부장과 군인들에게 한 말에 주목해 보십시오. "이 사람들이 배에 있지 아니하면 너희가 구원을 얻지 못하리라"(행 27:31). 어느 쪽이 맞을까요? 그는 하나님의 약속을 믿었을까요? 아니면 믿지 못했을까요?

바울의 경고에서 우리는 하나님의 주권과 인간의 책임이 묘하게 교차하는 것을 보게 됩니다. 하나님은 배에 탄 모든 사람이 구조되리라고 약속하셨습니다. 이것은 틀림없는 사실입니다. 또한 바울은 사공들이 배에서 도망치고 나면 일손이 부족해질 것을 알았습니다. 안전하게 항해하기 위해서는 그들이 배에 남아 있어야 했습니다. 바울에게는 하나님의 약속을 믿는 것과 군인들에게 경고하는 것이 다른 이야기가 아니었습니다. 바울은 하나님이 자신과 동승자들에게 구원을 약속해 주셨음을 알았습니다. 그리고 사공들이 있어야 하나님의 구원 계획이 이루어지리라는 것도 알았습니다. 배가 안전하게 항해하려면 하나님의 신실하신 손길과 사공들의 노력이 함께 작용해야 했습니다.

"실로 그리스도는 모든 폭풍우를 잠재우실 수 있지만, 그리스도인들도 시련을 그대로 당하게 하십니다. 어떤 때는 그리스도인들을 재난에서 기적적으로 구해 주기도 하시지만, 또 어떤 때는 재난을 견뎌 내는 용기를 주십니다. 우리는 주님이 기적을 행해 주시는 것에 감사해야 하지만, 폭풍 한가운데서 인내할 수 있도록 충만한 은혜를 주시는 것에도 감사해야 합니다(고후 12:7~10)."[8]

_아지스 페르난도

*39날이 새매 어느 땅인지 알지 못하나
경사진 해안으로 된 항만이 눈에 띄거
늘 배를 거기에 들여다 댈 수 있는가
의논한 후 40닻을 끊어 바다에 버리는
동시에 키를 풀어 늦추고 돛을 달고
바람에 맞추어 해안을 향하여 들어가
다가 41두 물이 합하여 흐르는 곳을
만나 배를 걸매 이물은 부딪쳐 움직일
수 없이 붙고 고물은 큰 물결에 깨어져 가니 42군인들은 죄수가 헤엄쳐서 도망
할까 하여 그들을 죽이는 것이 좋다 하였으나 43백부장이 바울을 구원하려 하
여 그들의 뜻을 막고 헤엄칠 줄 아는 사람들을 명하여 물에 뛰어내려 먼저 육지
에 나가게 하고 44그 남은 사람들은 널조각 혹은 배 물건에 의지하여 나가게 하
니 마침내 사람들이 다 상륙하여 구조되니라*

"이 순간에 바다에 어떤 슬픔이 있을지 우리는 알지 못합니다. … 하나님은 물에 흠뻑 젖어 녹초가 된 불쌍한 사람들을 도우십니다. 내 기도가 땅과 바다의 위대한 주인께로 올라가오니 주님이 폭풍을 잠잠케 하실 것이며 소망하던 피난처로 데려다주실 것입니다. … 이곳은 우리 안식처가 아니라고 들썩이는 파도가 그렇게 말합니다. 더는 바다가 보이지 않는 땅이 있습니다. 우리 얼굴은 변함없이 그곳을 바라봅니다. 주님이 말씀해 오신 그곳을 향해 가고 있기 때문입니다. 그때까지는 우리 슬픔을 주님께 맡깁니다. 그분은 옛 바다를 걸으신 분이요 자기 백성이 깊은 물을 건널 수 있도록 길을 내셨던 분입니다."[9]

_찰스 스펄전

> Leader
> 우리 삶을 주관하는 전지전능하신 하나님이 우리를 영원한 나라의 백성으로 초대하십니다. 전능하신 하나님은 우리 삶의 진로를 정하시고, 주시는 사명에 우리가 순종해 따를 것을 명하십니다. 이것이 우리에게 큰 위로가 됩니다.

우리는 그리스도의 주권 아래 있음을 앎으로써 매일 주님을 따를 수 있습니다. 주님이 실망시키지 않으실 것임을 우리는 알며, 전도와 사역의 결과가 궁극적으로 주님께 달려 있음을 압니다. 하나님의 주권 아래서 살아야 참된 자유를 누립니다. 그러나 그와 동시에 우리에게는 책임이 따른다는 것을 인정해야 합니다. 우리는 순종해야 하고, 영적 훈련을 해야 하며, 믿음으로 성장해야 합니다. 또한 우리의 믿음을 나누어야 합니다. 우리는 승객이 아니라 선원이므로 해야 할 일이 있습니다.

Q 하나님이 주신 사명을 더 잘 수행하려면 어떤 영적 훈련을 해야 할까요?

3. 하나님의 말씀은 성취될 것이니 용기를 가지십시오

(행 28:11~16)

> Leader
> 배가 경사진 해안에 부딪히자, 276명 전원이 파선된 배를 버리고 멜리데 섬에 올랐습니다. 그리고 겨울이 끝나자 그들이 로마로 떠날 때가 되었습니다.

11 석 달 후에 우리가 그 섬에서 겨울을 난 알렉산드리아 배를 타고 떠나니 그 배의 머리 장식은 디오스구로라 12 수라구사에 대고 사흘을 있다가 13 거기서 둘러 가서 레기온에 이르러 하루를 지낸 후 남풍이 일어나므로 이튿날 보디올에 이르러 14 거기서 형제들을 만나 그들의 청함을 받아 이레를 함께 머무니라 그래서 우리는 이와 같이 로마로 가니라 15 그곳 형제들이 우리 소식을 듣고 압비오 광장과 트레이스 타베르네까지 맞으러 오니 바울이 그들을 보고 하나님께 감사하고 담대한 마음을 얻으니라 16 우리가 로마에 들어가니 바울에게는 자기를 지키는 한 군인과 함께 따로 있게 허락하더라

심화 주석 여기서 우리는 그리스도인의 교제가 얼마나 따스한지를 다시 한 번 볼 수 있습니다. 전에는 관계가 없던 로마에서 이렇게 영적 형제자매들을 만나 교제할 수 있으니 바울은 얼마나 기뻤겠습니까. 예루살렘에서 바울이 로마에 가게 되리라는 하나님의 약속을 받은 지 약 2년 반이라는 어려운 시기는 지났습니다. 마침내 도착한 것입니다. 바울은 죄수였지만 어느 정도 자유롭게 사역할 수 있었습니다.[10]

_토니 메리다

바울은 여행의 마지막 일정으로 보디올에 도착했습니다. 그곳은 이탈리아 서부 해안에 있는 유명한 로마의 항구였습니다.

> Leader
> 배가 보디올이 있는 나폴리만에 정박했을 때, 바울은 멀리 우뚝 솟은 베수비오 화산을 봤을 것입니다. 불과 10년 후인 AD 79년에 베수비오 화산이 폭발했습니

다. 그리고 그쪽으로 나 있는 길에 2천여 명이 한순간에 굳어 버린 도시 폼페이가 있었습니다.

바울은 여전히 율리오의 감시를 받았습니다. 그러나 바울은 그곳에서 마음에 맞는 성령 충만한 신자들과 교제하면서 일주일을 보냈습니다. 항구에서 만난 그리스도인들과 이야기를 나누면서 얼마나 힘을 얻었겠습니까. 바울이 그들과 나누었을 법한 이야기들을 상상해 보십시오. 예루살렘 공회에서 재판을 받았던 일, 가이사랴에서 벨릭스와 베스도와 아그립바에게 자신을 변호했던 일, 파선된 배에서 기적적으로 살아남은 이야기 등을 나누었을 듯합니다. 이로 인해 율리오가 경험했을 법한 수많은 복음의 순간들을 상상해 보십시오.

> Leader

사람들은 바울의 이야기를 계속 듣고 싶어 하지 않았을까요? 바리새파 출신의 바울이 "그리스도 안에서 하늘에 속한 모든 신령한 복을"(엡 1:3) 주시는 하나님을 묵상하고 히브리 성경을 해석하는 것을 자세히 알기 위해서 말입니다. 또 유대인과 이방인들을 믿음 안에서 하나 되게 하시는 "그 뜻의 비밀"(엡 1:9)을 깨닫기 위해서 말입니다.

일주일이 지나자 바울은 본래 가려고 했던 목적지 로마를 향해 떠났습니다. 여기서 로마는 베스도가 보낸 곳이긴 하지만, 사실 하나님이 그를 보내고자 하신 곳이었다는 게 더 중요합니다. 따라서 로마에 도착했을 때 바울이 얼마나 기뻐하며 기대했겠습니까. 하나님이 원하시는 곳에 제대로 왔으니 하나님이 원하시는 일을 하게 되리라는 것을 바울이 알고 있었으니 말입니다. 그는 제국의 중심에서 복음을 선포할 것입니다. 이것이 바로 바울로 하여금 예루살렘과 가이사라와 바다에서의 험난한 시험을 이겨 내게 했던 그의 소망이었던 것입니다. 이제 그 소망이 완전히 이루어졌습니다. 하나님은 바울과의 약속을 지키셨고, 자신의 신실하심을 다시 한 번 증명하셨습니다.

Q 최근에 하나님의 신실하심을 경험한 적이 있습니까?

Q 하나님이 신실하게 복음을 전할 수 있도록 당신을 어디로 이끄셨습니까?

바울은 하나님이 그를 이끄신 곳에서만이 아니라 하나님이 그를 보내신 상황 속에서도 용기를 잃지 않았습니다. 그는 로마에 입성함으로써 하나님의 약속이 성취되었음을 경험했고 용기를 얻었습니다. 또 압비오 광장에서 만난 그리스도인들 덕분에 힘을 얻었습니다(행 28:15). 보디올에서

심화 주석 어떤 사람들은 "우리는 이와 같이 로마로 가니라"(행 28:14)와 "우리가 로마에 들어가니"(16절)를 불필요한 중복이라 생각합니다. 그러나 14절은 일반적으로 로마라 불리는 지역에 들어간 것이고, 16절은 엄밀한 의미에서 로마에 도착한 것을 가리킨 것이라 할 수 있습니다. 또한 14절은 '이렇게 해서 로마에 왔다'는 뜻으로 이해될 수 있고, 16절은 실제 도착을 말하는 것일 가능성이 있습니다.
로마에 구금되어 있는 동안에 바울은 고작 군인 한 명의 감시를 받으며 자기 집에서 자비로 지냈던 것으로 보입니다(행 28:23, 30). 이것은 바울 사건이 이미 이런 단계에 와 있었음을 반영한 것일 수 있습니다. 아마도 베스도가 보낸 사건 정보 때문일 것입니다. 즉 그다지 중요한 사건은 아니며, 바울도 별로 위험한 인물이 아니라는 정보였을 것입니다. 바울이 로마 당국과 접촉했는지 또는 그의 사건이 어떻게 처리되었는지를 사도행전에서는 더 이상 알 수 없습니다.[11]

_스탠리 E. 포터

"축 처진 손에 힘을 주십시오. 믿음과 기도로 휘청거리는 다리를 떠받치십시오. 책망하고 격려하십시오. … 은혜의 보좌로 급히 나아가 그 안에서 인내하십시오. 그러면 자비가 내려올 것입니다."[12]
_존 웨슬리

"하나님은 우리와 사망의 음침한 골짜기를 지나지 않을 것이라고 말씀하신 적이 없습니다. 그러나 우리와 함께 가시겠다고 말씀하셨습니다."[13]
_R. C. 스프로울

처럼 하나님은 다른 신자들을 통해 바울을 다시 한 번 친절하게 격려해 주셨습니다. 바울은 일평생 교회를 양육하고 격려하는 사람이었습니다. 그는 지중해 지역을 여행하면서 교회들을 개척했고 다시 방문했습니다. 그들을 위해 기도했으며 교회들에 편지를 썼습니다. 이제 그는 그리스도 안에 있는 형제자매들의 격려가 필요한 사람이 되었습니다.

> Leader

바울은 앞으로 벌어질 일 때문에라도 격려가 필요했습니다. 그는 하나님이 원하시던 바로 그곳에 왔고, 하나님이 무엇을 원하시는지도 정확히 알고 있었습니다. 그러나 있어야 할 곳에서 해야 할 일을 하는 것이 쉽지만은 않습니다.

바울이 죄수의 신분으로 로마에 와 있다는 것을 잊어서는 안 됩니다. 그는 셋집에 머물렀지만(행 28:30) 여전히 쇠사슬에 매여 있었고(20절) 군인들의 감시를 받았습니다(16절). 그는 자유롭게 다닐 수 없었습니다(23, 30절). 그는 가이사가 그의 사건을 심리하게 될 날을 로마에서 계속 기다렸습니다. 심리 결과로 사형 집행이 내려질 수도 있는 상황이었습니다.

바울이 하나님을 믿고 복음 전파의 열망을 가졌다고 해서, 그의 마음이 연약해지지 않았던 것은 아닙니다. 그 역시 의심에서 자유로울 수 없었습니다. 두려움이나 걱정에 둔감했던 것도 아닙니다. 유혹과 죄를 완전히 이겨낸 것도 아닙니다. 우리와 마찬가지로 바울도 그를 지켜 줄 교회가 필요했습니다. 하나님의 약속을 상기시켜 주고 불순종의 위험을 경고해 줄 성도들이 필요했다는 뜻입니다.

바울에게 교회가 필요했듯이, 우리도 마찬가지입니다. 하나님은 우리를 복음 공동체와 분리해 살게 하지 않으셨습니다. 심지어 바울도 그렇게 살게 하지 않으셨습니다. 주님은 우리를 교회 공동체로 보내셨습니다. 따라서 우리는 주님의 사명을 완수할 수 있도록 사랑 안에서 서로 격려할 수 있습니다. 우리는 결코 혼자가 아닙니다. 그리스도께서 우리와 함께하십니다. 우리를 사랑하시는 하나님 아버지는 필요할 때 우리에게 믿는 사람들을 보내십니다.

Q 교회의 목사와 지도자들에게 어떻게 힘과 도움을 줄 수 있습니까?

결론

> Leader

사도 바울이 탄 배가 파선될 때, 예수님은 그의 생명을 구해 주리라고 약속하셨습니다. 그러나 배를 구해 주겠다고 약속하지는 않으셨습니다. 타이태닉호처럼 배가 바다 한가운데로 가라앉았습니다. 바울은 구조되었지만, 여전히 물에 흠뻑 젖은 채였습니다.

때때로 하나님은 우리를 물에 빠뜨리곤 하십니다. 하나님 외에는 달리 매달릴 곳이 없게끔 말입니다. 그러나 그로 인해 더 나은 삶을 살게 됩니다. 우리가 평안할 때보다 고난당할 때 그리스도는 우리 삶에서 더욱 빛을 발하십니다. 잔잔한 물에서보다는 거친 파도 가운데서 간증거리가 생기는 법입니다.

그런데 더는 구조 요청을 하지 않아도 될 때가 올 것입니다. 이미 우리는 온전히 구조된 상태일 것이기 때문입니다. 마침내 이루어진 온전한 구원의 날이 다가올 것입니다. 우리는 구원받았으므로 오늘도 안전합니다. 그러나 시험은 계속됩니다. 여전히 상처 입고 계속해서 눈물을 흘릴 것입니다.

폭풍우가 사라지는 날을 소망하며 우리는 믿음 안에서 그리스도를 계속해서 붙잡아야 합니다. 그날이 오면 그리스도께서는 "모든 눈물을 그 눈에서 닦아"(계 21:4) 주실 것입니다. 사도 바울이 고린도 교인들에게 상기시켰던 것처럼 우리는 주님을 "얼굴과 얼굴을 대하여"(고전 13:12) 보게 될 것입니다. 그날까지 우리는 하나님의 약속을 붙들고, 우리를 향한 하나님의 한없는 신실하신을 믿고 서로 간의 격려로 담대하게 사명을 완수해 가야 합니다.

그리스도와의 연결

사도 바울은 풍랑을 견디며 배에 머무는 것이 구조될 수 있는 유일한 길이라고 말했습니다. 이 이야기는 위기와 어려움 가운데에 하나님이 구원하신 성경의 여러 사건들을 떠올리게 합니다. 예컨대 노아의 방주나 이스라엘 자손이 홍해를 건넌 사건들이 그러합니다. 예수님이 우리를 대신해 십자가 위에서 죽으셨으므로, 우리는 풍랑 가운데서도 주님의 약속을 붙들 수 있습니다.

하나님의 계획 우리의 사명

선교적 적용 하나님은 어떤 상황에서도 사명을 계속 감당해 나가야 한다고 말씀하십니다. 심지어 사역이 허망해 보이고, 미래가 불확실해 보일지라도 말입니다.

1. 복음을 세상에 전하는 사명과 관련 있는 하나님의 약속들을 열거해 보십시오.
2. 믿음의 성장을 위해 어떤 영적 훈련을 받고 있습니까?
3. 고난과 어려움 속에서도 신실하게 사명을 감당할 수 있도록 성령님을 통한 하나님의 능력을 구하는 기도문을 써 보십시오.

금주의 성경 읽기
롬 9~16장

바울이 감옥에서도 기쁘하다

Summary and Goal

사도 바울은 감옥에서 빌립보 교인들에게 기쁨으로 편지를 썼습니다. 그가 기뻐할 수 있었던 것은 자기 발자취를 돌아볼 수 있었기 때문입니다. 지난날 그는 고통과 고난을 겪었지만, 그럼으로써 복음 전파에 진전이 있었습니다. 예수 그리스도께서 영광을 받으신다는 소식을 듣고 믿는 사람들이 믿음 위에 확고히 서 있음을 알게 되자, 바울은 크게 기뻐했습니다. 바울은 자신의 삶을 통해 빛을 발하시는 그리스도 안에서 커다란 기쁨을 발견했습니다. 또한 자신의 죽음을 통해 그리스도께서 빛나실 것을 알기에 더욱 기뻐했습니다.

- **성경 본문**
  빌립보서 1:12~30

- **세션 포인트**
  1. 복음이 전파되는 것을 보며 기뻐하십시오(빌 1:12~18)
  2. 살든지 죽든지 그리스도를 높이는 일을 기뻐하십시오(빌 1:19~26)
  3. 믿는 사람들이 고난 가운데 굳건히 서는 모습을 보고 기뻐하십시오(빌 1:27~30)

- **신학적 주제**
  우리는 어떤 상황에서도 그리스도 안에서 기뻐할 수 있습니다.

- **그리스도와의 연결**
  사도 바울은 자신의 투옥을 하나님의 사역에 장애물로 여기지 않았습니다. 그는 하나님이 주권적으로 자신의 삶을 통해 하나님 나라를 확장시키고 교회를 세울 계획을 세우셨음을 믿었습니다. 바울은 예수님의 고난을 통해 우리가 구원받았으니, 이와 같이 하나님의 백성도 고난을 통해 하나님의 사역을 이루어 갈 것이라고 확신했습니다.

- **선교적 적용**
  하나님은 우리에게 어떤 상황 속에서도 하나님의 뜻 안에서 기뻐하고 확신할 것을 명하십니다.

Session Plan

도입

그리스도를 믿는다는 이유로 박해받았던 리처드 범브란트 목사의 이야기로 시작하십시오.

당신 삶에서 그리스도를 위해 견뎌야 하는 고난은 무엇입니까?

옥중에서 사도 바울이 빌립보 교회에 기쁜 마음으로 보낸 편지에 관한 이 세션을 요약해 주십시오.

전개

1 복음이 전파되는 것을 보며 기뻐하십시오 (빌 1:12~18)

빌립보서 1장 12~18절을 읽으십시오. 바울이 고난 자체를 기뻐한 것은 아니었습니다. 그러나 그는 고난 덕분에 맺힐 열매, 즉 복음 전파를 기뻐했다는 사실을 명확히 해 주십시오. 자신이 투옥됨으로써 로마 시위대에게 복음을 들려줄 수 있었기 때문입니다.

하나님이 고난을 통해 복음을 전파하신다는 사실을 어떻게 경험했습니까?

바울이 갇혔다는 소식을 듣고 사람들이 보인 두 가지 다른 반응을 대조해 주십시오. 어떤 이들은 바울을 향한 사랑으로 복음을 전했고, 또 다른 이들은 투기하는 마음으로 복음을 전했습니다. 그러나 바울의 주요 관심사는 복음 전파에 있었습니다. 그래서 기뻐할 수 있었습니다.

바울의 주장(18절)은 사역의 목적이 수단을 정당화한다는 말일까요? 아니면 하나님을 섬기는 태도와 동기가 중요하다는 것일까요? 왜 그렇습니까?

2 살든지 죽든지 그리스도를 높이는 일을 기뻐하십시오 (빌 1:19~26)

빌립보서 1장 19~26절을 읽으십시오. 이생에서 그리스도를 위해 사는 것과 내세에서 그리스도와 함께 사는 것에 대한 바울의 내적 갈등에 관해 설명해 주십시오. 어떻게 하면 그리스도를 위해 살아갈 수 있을지 생각해 보도록 격려해 주십시오.

당신의 시간과 에너지와 열정을 그리스도를 위해 어떻게 사용하고 싶습니까?

우리가 죽음에 대해 가지는 관점은 믿지 않는 사람들에게 어떤 영향을 끼칠까요?

장차 예수 그리스도와 함께할 소망으로 그리스도인은 현재의 삶에서 기뻐할 수 있음을 알려 주십시오. 로버트 스미스 주니어의 이야기를 통해 역경 속에서도 그리스도로 인해 기쁘게 살 수 있음을 알려 주십시오.

그리스도인으로서 삶의 기쁨을 누리는 데 가장 큰 걸림돌은 무엇입니까?

3 믿는 사람들이 고난 가운데 굳건히 서는 모습을 보고 기뻐하십시오 (빌 1:27~30)

빌립보서 1장 27~30절을 읽게 하십시오. 본문에서 바울이 말한 '한 가지'가 무엇인지 강조해 주십시오. 그 한 가지란, "그리스도의 복음에 합당하게 살라"는 것입니다. 빌립보 교인들은 그리스도를 위해 고난을 당하게 될 것입니다. 그러니 그들은 복음을 위한 고난에 동참할 준비가 되어 있어야 합니다.

바울이 빌립보 교인들에게 보낸 격려의 편지에서 어떤 교훈을 배울 수 있습니까?

성도들이 교회 안에서 한마음으로 믿음 위에 굳건하게 서는 것이란 구체적으로 어떤 삶의 방식입니까?

이 편지에서 볼 수 있는 쌍방의 유익에 주목해 주십시오. 바울은 성도들이 고난을 잘 견뎌 내도록 격려했고, 그들은 그리스도께 순종함으로써 바울을 격려했습니다. 결국 바울은 예수님을 믿는다는 이유로 죽게 될 것입니다. 이제 우리 자신이 어떤 증인이 될지 결정해야 합니다.

그리스도를 위한 삶을 살았던 위대한 순교자나 신앙인의 이야기를 나누어 봅시다.

결론

예수님 안에서 누리는 기쁨이야말로 세상의 박해와 육체의 유혹과 마귀의 악랄한 공격을 막아 낼 최고의 방어책임을 말해 주십시오. 이 세션에서 배운 진리를 '하나님의 계획, 우리의 사명'에서 적용해 보십시오.

Session Content

4. 바울이 감옥에서도 기뻐하다

"아버지와 아들의 친교는 가장 생생하고 달콤하며, 십자가가 가장 무거울 때 그리스도인의 기쁨이 가장 커집니다."[2]

_제임스 패커

"여기 이 땅의 좋은 것들에 너무 만족하다가 안주하지 맙시다. 그것들은 단지 오케스트라가 떠들썩하게 연습하는 소리에 불과합니다. 진정한 연주가 이제 막 천상의 심포니로 울려 퍼지려고 합니다. 서곡이 시작되기까지 몇 분 안 남았습니다."[3]

_조니 에릭슨 타다

도입

1966년 5월 6일, 루마니아 출신의 리처드 범브란트 목사가 미국 상원에 나갔습니다. 나치와 공산주의자들로부터 받았던 고문을 증언하기 위해 서였습니다. 그는 의식을 잃을 때까지 거꾸로 매달려 매를 맞았고 불에 달군 꼬챙이에 찔렸으며, 칼에 베이고 굶주렸습니다. 또 그는 못이 박힌 관 안에서 오랫동안 서 있어야 했으며, 냉동고에 던져지기까지 했습니다. 만약 그가 믿음을 포기하고 하나님의 말씀을 전하는 일을 그만두지 않는다면, 그의 아내와 아들까지도 고문하고 죽일 것이라는 말을 듣게 되었습니다.

그러나 그는 끝내 믿음을 저버리지 않았습니다. 범브란트 목사는 자신의 회고록, 《그리스도를 위한 고난》(*Tortured for Christ*)에서 14년간 감옥에서 경험했던 예수 그리스도 안에서의 기쁨을 돌아보았습니다.

> Leader

"다른 죄수들에게 설교하는 것은 엄격히 금지되었습니다. 이 금지사항을 어기는 사람은 누구든지 심한 구타를 당할 것을 알았습니다. 그러나 우리 가운데 많은 이가 설교하는 특권에 따르는 대가를 치르기로 결심했고, 금지 조건을 받아들였습니다. 이것은 일종의 거래와도 같았습니다. 우리는 설교했고, 그들은 우리를 때렸습니다. 우리는 설교하면서 행복해했고, 그들은 우리를 때리면서 행복해했습니다. 그래서 모두 행복할 수 있었습니다."[1]

Q 당신 삶에서 그리스도를 위해 견뎌야 하는 고난은 무엇입니까?

> Leader

사도 바울의 이력서에도 똑같이 피가 흩뿌려졌습니다. 바울은 다섯 번이나 매질을 당했고, 태장으로 맞았습니다. 그는 돌에 맞았으며 세 번이나 파선을 경험했습니다. 그는 굶고 춥고 헐벗는 등 지속적으로 죽음의 위협에 노출되었습니다(참조, 고후 11:23~27). 그는 2년간 로마 감옥에 있었습니다(참조, 행 28:30~31). 그리고 AD 64년경 결국 처형당했습니다. 가이사랴에서부터 바울이 로마에서 재판받게 해 달라고 요청했던 가이사(참조, 행 25:11), 즉 네로 황제가 박해를 일으켰던 무렵입니다. 많은 학자가 바울이 로마에서 빌립보 교회에 기쁨의 편지를 썼다고 믿고 있습니다.

Session Summary

사도 바울은 감옥에서 빌립보 교인들에게 기쁨으로 편지를 썼습니다. 그가 기뻐할 수 있었던 것은 자기 발자취를 돌아볼 수 있었기 때문입니다. 지난날 그는 고통과 고난을 겪었지만, 그럼으로써 복음 전파에 진전이 있었습니다. 예수 그리스도께서 영광을 받으신다는 소식을 듣고 믿는 사람들이 믿음 위에 확고히 서 있음을 알게 되자, 바울은 크게 기뻐했습니다. 바울은 자신의 삶을 통해 빛을 발하시는 그리스도 안에서 커다란 기쁨을 발견했습니다. 또한 자신의 죽음을 통해 그리스도께서 빛나실 것을 알기에 더욱 기뻐했습니다.

1. 복음이 전파되는 것을 보며 기뻐하십시오(빌 1:12~18)

> Leader

바울이 이달리야로 갈 때 탔던 알렉산드리아 배는 필리포스 2세의 아들 알렉산드로스 대왕의 이름을 따서 지어졌습니다(빌립보는 필리포스 2세의 이름을 따서 지어졌습니다). 바울은 AD 49년경에 빌립보를 방문했을 때 루디아를 만났습니다. 그녀는 자색 옷감을 팔며 하나님을 경외하던 여인이었습니다. 루디아는 결국 그리스도를 믿고 세례를 받았으며, 바울과 동역자들을 강권해 자기 집에 머물게 했습니다. 그 집은 바울의 선교 사역을 위한 임시 본부가 되기도 했습니다.

바울은 빌립보 교인들에게 보내는 편지를 "내가 너희를 생각할 때마다 나의 하나님께 감사하며 간구할 때마다 너희 무리를 위하여 기쁨으로 항상 간구함은"(빌 1:3~4)이라는 인사로 시작했습니다. 또한 "너희가 내 마음에"(7절) 있고, "내가 예수 그리스도의 심장으로 너희 무리를 얼마나 사모하는지"(8절) 아느냐고 따뜻하게 말했습니다. 격려의 말은 여기서 끝나지 않았습니다. 감옥에 갇힌 사도는 이제 말하기 시작한 것입니다.

12 *형제들아 내가 당한 일이 도리어 복음 전파에 진전이 된 줄을 너희가 알기를*

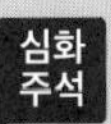

심화 주석 복음 증거를 위한 두 번째 기회는 교회와 관련 있습니다. 그리스도인들은 바울의 투옥에 관해서 지지하는 쪽과 반대하는 쪽으로 나뉘었습니다. 바울의 투옥은 두 그룹 모두에게 설교의 열정을 새롭게 불러일으켰습니다.

그러나 그를 대적하는 무리는 "투기와 분쟁"(빌 1:15)의 마음으로 복음을 전했습니다. 그들은 바울이 더 큰 어려움에 빠지기를 바랐습니다. 아마도 재판에서 불리한 판결을 받기를 원했던 것 같습니다. "순수하지 못하게 다툼으로"(17절) 사회적 혼란을 일으키려는 것이 동기였습니다. 바울은 분쟁의 요인에 관해 말하지 않았지만, 그들은 기독교에 바울 대신 다른 대변자가 필요하다고 생각했던 것 같습니다.

바울을 지지하던 무리는 "착한 뜻"(15절)과 "사랑"(16절)으로 복음을 전했습니다. 그들은 바울이 특히 이방인들에게 복음을 변호하기 위해 하나님께로부터 "세우심을" 받았다는 사실을 깨달았습니다.

두 그룹 모두 정체가 밝혀지지는 않았습니다. 모두 교리를 정확하게 지키고 그리스도를 선포한 것으로 보이지만, 바울에 대한 그들의 서로 다른 입장 차이는 믿음의 사람들도 때때로 잘못 행동할 수 있다는 것을 보여 줍니다.[4]

_리처드 R. 멜릭 Jr.

"당신이 우리를 살육하면 할수록 우리는 그 수가 더 늘어날 것입니다. 그리스도인의 피는 곧 씨앗이기 때문입니다."[5]

_터툴리안

> **심화 주석** 바울이 머물며 가르치는 동안에 로마 군인들은 복음을 들을 수 있었습니다. 약 9,000명의 군인이 있었는데, 바울의 메시지가 많은 사람에게 영향을 미쳤을 것으로 보이며, 아마도 로마의 관리나 이교도들을 포함한 다른 많은 사람에게도 영향을 미쳤을 것입니다. 이 짧은 책에서 복음이라는 명사가 아홉 번이나 나옵니다. 바울은 복음에 사로잡혀 있었습니다. 그에게 복음은 가장 사랑하는 대상이며 최우선순위였습니다. 바로 우리에게 주는 교훈입니다. 인간관계나 이웃사랑에서 복음을 최우선순위에 두십시오. 모든 상황에서 복음을 최우선으로 여기십시오. 예수님의 죽음과 부활과 다스리심과 재림의 기쁜 소식을 항상 들려주십시오. 바울은 복음을 소중히 여겼기 때문에 투옥되면서도 기뻐하며 그리스도를 찬양할 수 있었습니다.[6]
>
> _토니 메리다 & 프랜시스 챈_

원하노라 13이러므로 나의 매임이 그리스도 안에서 모든 시위대 안과 그 밖의
모든 사람에게 나타났으니 14형제 중 다수가 나의 매임으로 말미암아 주 안에서
신뢰함으로 겁 없이 하나님의 말씀을 더욱 담대히 전하게 되었느니라 15어떤 이
들은 투기와 분쟁으로, 어떤 이들은 착한 뜻으로 그리스도를 전파하나니 16이
들은 내가 복음을 변증하기 위하여 세우심을 받은 줄 알고 사랑으로 하나 17그
들은 나의 매임에 괴로움을 더하게 할 줄로 생각하여 순수하지 못하게 다툼으
로 그리스도를 전파하느니라 18그러면 무엇이냐 겉치레로 하나 참으로 하나 무
슨 방도로 하든지 전파되는 것은 그리스도니 이로써 나는 기뻐하고 또한 기뻐
하리라

바울은 자신의 상황을 돌아보면서 육체적인 고난이 도리어 기쁨이 되었다고 썼습니다. 그가 비방이나 반대나 매임이나 파선당한 경험에 감사했다고 할 수 없습니다. 그보다 그것들 덕분에 얻은 열매, 즉 복음 전파의 진전에 바울은 감사했습니다. 바울은 힘겨웠던 만큼 자신의 고통에 목적이 있음을 알았습니다. 자신의 고난을 통해 복음을 듣지 못한 이들이 그리스도를 믿게 됨을 알았습니다. 시위대가 바로 그러한 증거입니다(13절).

시위대는 로마 황제를 보호하고 황제의 뜻에 따라 활동하는 군대입니다. 이 엘리트 군인들이 예루살렘에서 온 황제의 죄수들을 교대로 지키게 되자, 바울은 그들에게 자기 이야기와 함께 복음을 들려주었습니다. 죄수 바울은 하나님이 그를 지켜야 하는 사람들을 청중으로 주시자 그것을 기회로 활용했습니다. 그는 지체 없이 자신을 감시하는 군인들에게 예수님을 전했습니다. 그가 수감된 이유가 분명해지도록 말입니다. 바울은 그리스도를 전하기 위해 투옥된 것입니다.

> Leader
>
> 우리는 바울을 이례적인 인물로 보고 싶어 합니다. 또 바울이 수감됨으로써 복음 전파에 방해를 받았다고 믿고 싶어 합니다. 그러나 한 번 상상해 보십시오. 그가 자유로웠더라면 더 많은 사람에게 복음을 전할 수 있었을까요?. 그것은 바울이 복음을 보는 방식이 아니며, 우리가 저항해야 할 마음가짐입니다. 하나님은 바울의 역경에도 불구하고 일하신 것이 아니라 오히려 그 역경을 통해 일하셨습니다. 어려운 상황이 종종 우리에게도 찾아옵니다. 하나님은 바울에게 그러셨던 것처럼 우리로 하여금 고난을 통해 그리스도를 알게 하십니다.

빛은 환할 때보다 어두울 때 더 밝게 빛나는 법입니다. 바울은 감옥살이라는 어둠 속에서 기쁨을 발견했습니다. 어둠 덕분에 세상의 빛 되시는 예수님을 더욱 또렷이 볼 수 있게 되었음을 고백했습니다. 바울의 고통과 우리의 고난을 통해 십자가가 더 높이 들린 것입니다.

Q 하나님이 고난을 통해 복음을 전파하신다는 사실을 어떻게 경험했습니까?

> Leader

하나님은 바울에게만 선교적인 기반을 주셨던 것은 아니었습니다. 다른 사람들에게도 주셨습니다. 바울의 역경으로 인해 도리어 다른 사람들이 복음을 전파했으므로, 고난과 복음의 연결점은 더 많았다고 할 수 있습니다. 바울은 고난을 당할 때마다 복음을 전할 수 있었습니다.

바울의 투옥이 교회로 하여금 두려워 숨게 만들지 않았습니다. 오히려 믿는 사람들에게 하나님의 말씀을 담대하게 전할 수 있는 확신을 심어 주었습니다(14절). 위대한 선교사 바울이 로마의 셋집에 감금되었다고 해서 복음 전파가 막히지 않았습니다. 도리어 바울이 4차 선교 여행에서 나눴을 법한 것보다 더 많은 사람에게 복음이 선포되었습니다. 한 사람의 선교사가 매임으로써 선교의 불길이 붙은 것입니다.

"신성한 장면은 우리로 하여금 하나님의 드라마에 주의를 기울이게 하려고 존재합니다. '드라마란 그런 것입니다.' 신학이란 하나님의 드라마가 드리우는 그림자에 불과합니다. 하나님의 역사, 즉 하나님의 말씀과 행위는 교회의 반응보다 앞섭니다. 교회를 구성하는 복음은 예수 그리스도를 따르는 사람들이 참여할 특권과 책임이 있는 신성한 희극입니다."[7]
_케빈 J. 밴후저

교회는 바울이 갇혔다는 소식을 듣고 일어났지만, 하나로 모이지는 못했습니다. 복음 전파라는 새로운 열정으로 결속했지만, 정작 하나님이 열정의 불씨로 사용하신 바울을 두고 나뉘었습니다. 어떤 이들은 바울을 향한 사랑으로 복음을 전했고, 또 어떤 이들은 투기와 분쟁으로 복음을 전했습니다. 그렇게 함으로써 감옥에 갇힌 바울을 곤경에 빠뜨릴 수 있다고 생각했기 때문입니다.

바울은 그 소식을 듣고 괴로워했습니다. 다른 이들이 자신을 해하기 위해 악의적으로 행동하는 것을 알게 되자 그의 마음은 분명 상했을 것입니다. 그리스도 안에서 사람들을 하나 되게 하는 복음을 선포하면서 그랬다는 것에 대해 말입니다. 그러나 바울의 진정한 관심사는 그들이 자신에게 행한 고통이나 곤경이 아니라, 오직 그리스도였습니다. 바울은 그리스도가 선포되고 있다는 사실만이 중요하다는 사실을 인식했습니다. 그리고 만약 그러한 악의적 동기에서 비롯된 복음 선포가 그에게 더 많은 시련을 가져다준다 할지라도, 그는 더욱 기뻐했을 것입니다.

하나님은 복음을 전하는 데 있어서 어떤 상황이나 사람도 사용하실 수 있습니다. 복음이 진전되는 데 있어서 어떤 상황과 어떤 모양도 사용하실 수 있습니다. 우리를 들어 사용하시는 하나님의 은혜를 경험하는 가운데 참된 기쁨을 발견해 봅시다.

심화 주석 바울이 빌립보서를 쓸 때, 그는 그리스도께 삶을 바쳤다는 이유로 가택 연금되어 있었습니다. 하지만 그는 낙담하지 않았습니다. 오히려 그의 편지는 기쁨으로 가득 차 있습니다. 죽음에 직면했을 때조차 그는 절망하지 않았습니다. 비결은 "이는 내게 사는 것이 그리스도니 죽는 것도 유익함이라"(빌 1:21)였습니다. 바울은 온전히 예수 그리스도를 위해 살았습니다. 그의 기쁨은 주변 상황이 아닌 복음의 영원한 진리에 근거한 것이었습니다.
그리스도를 사랑하고 섬기는 것이 인생의 목적이 되면, 위험과 어려움에 부딪혀도 하나님이 우리에게 기쁨을 주실 것입니다. 그리고 삶의 모든 순간에서 하나님을 영화롭게 하고, 하나님의 소원을 이루어 드리는 길로 여길 것입니다. 바울은 집 밖으로 나갈 수 없었지만 그리스도를 위해 사는 것이 기뻤습니다. 그런 삶이 그리스도를 영화롭게 하고 사람들을 복음으로 이끌었기 때문입니다. 눈앞에 닥친 문제들에만 집중한다면 우리 삶은 비참해질 것입니다. 그러나 그리스도께 집중한다면, 어떤 것도 우리 기쁨을 빼앗아 가지 못할 것입니다. 바울은 자기의 고난을 정직하게 기록하고 복음 안에서 계속해서 기뻐했습니다.[8]

_Africa Study Bible

Q 바울의 주장(18절)은 사역의 목적이 수단을 정당화한다는 말일까요? 아니면 하나님을 섬기는 태도와 동기가 중요하다는 것일까요? 왜 그렇습니까?

2. 살든지 죽든지 그리스도를 높이는 일을 기뻐하십시오

(빌 1:19~26)

> Leader

바울은 낙천주의자가 아니었습니다. 감옥 생활을 장밋빛 안경으로 바라보지도 않았습니다. 한밤중에 지진이 일어난다거나 하나님의 사자가 나타나 감옥에서 구해 줄 것이라고 기대한 적도 없었습니다. 그는 하나님이 그렇게 하실 수 있는 분임을 알고 있었지만, 그렇게 해 주시겠다는 약속을 받은 적이 없었기 때문입니다. 하나님은 바울에게 "로마에서도 증언하여야 하리라"라고 약속해 주셨습니다. 그리고 이제 그 약속이 이루어졌습니다. 하지만 그가 감옥을 어떻게 떠나게 될지는 아직 밝혀지지 않았습니다.

19이것이 너희의 간구와 예수 그리스도의 성령의 도우심으로 나를 구원에 이르게 할 줄 아는 고로 20나의 간절한 기대와 소망을 따라 아무 일에든지 부끄러워하지 아니하고 지금도 전과 같이 온전히 담대하여 살든지 죽든지 내 몸에서 그리스도가 존귀하게 되게 하려 하나니 21이는 내게 사는 것이 그리스도니 죽는 것도 유익함이라 22그러나 만일 육신으로 사는 이것이 내 일의 열매일진대 무엇을 택해야 할는지 나는 알지 못하노라 23내가 그 둘 사이에 끼었으니 차라리 세상을 떠나서 그리스도와 함께 있는 것이 훨씬 더 좋은 일이라 그렇게 하고 싶으나 24내가 육신으로 있는 것이 너희를 위하여 더 유익하리라 25내가 살 것과 너희 믿음의 진보와 기쁨을 위하여 너희 무리와 함께 거할 이것을 확실히 아노니
26내가 다시 너희와 같이 있음으로 그리스도 예수 안에서 너희 자랑이 나로 말미암아 풍성하게 하려 함이라

바울과 마찬가지로 우리도 본문을 읽으면서 번민에 빠질 수 있습니다. 그는 두 세계 사이에 끼어서 고민합니다. 한편으로는 가이사에게 호소함으로써 처형될 수 있다는 것은 그가 예수님과 함께하게 되리라는 것을 의미했습니다. 바로 그 생각이 바울의 마음과 정신을 사로잡았습니다. 가이사 앞에 서게 되는 날은 아마도 구세주 앞에 서서 그분의 "얼굴을 대하여"(고전 13:12) 보는 날이 될 것이기 때문입니다.

> Leader

얼마나 멋진 생각입니까. 다메섹으로 가는 길에서 마주쳤던 그리스도를 눈으로 뵙는다니 말입니다. 슬픔은 사라지고 천상의 축하연을 받게 된다니 말입니다. 쇠사슬과 면류관을 맞바꾸게 된다니 말입니다. 바울이 "죽는 것도 유익함이라"(빌 1:21)라고 말한 것도 당연합니다.

그러나 또 한편으로 그는 살고 싶었습니다. 바울은 관에 실리는 게 아니라 두 발로 감옥에서 걸어 나가고 싶었습니다. 죽음이 두려워서가 아니었습니다. 우리는 그가 그리스도와 함께하고 싶어 했다는 것을 이미 알고 있습니다. 바울에게는 그리스도를 위해 할 일이 아직 좀 더 남아 있었기 때문입니다.

복음을 널리 전하기 위해 바울은 자신에게 주어진 사명을 계속해 나가길 바랐습니다. 죽음은 그에게 유익한 것이 되겠지만, 삶은 그리스도께 유익한 것이 될 것입니다. 하나님이 허락하신 매일 매 순간이 예수님을 드러내는 삶이 될 것이기 때문입니다.

어느 쪽이 더 낫습니까? 이생에서 그리스도를 위해 사는 것과 내세에서 그리스도와 함께 사는 것 중에 말입니다. 바울에게는 어느 한 쪽이 더 확실히 우세하지 않았습니다. 둘 다 그가 원하는 것을 가져다줄 것이기 때문입니다.

언젠가 우리 삶은 하나의 마침표로 요약될 것입니다. 묘비에 태어난 날과 죽은 날을 가르는 것은 짧은 가로줄 단 하나뿐일 것입니다. 그러니 스물여섯 살에 죽든 아흔여섯 살에 죽든 그것은 중요하지 않습니다. 묘비의 가로줄 길이는 모두가 비슷할 것이기 때문입니다. 중요한 것은 얼마나 오래 살았는가가 아니라 어떻게 살았는가, 더 중요하게는 누구를 위해 살았는가 하는 것입니다.

> Leader

바울은 자신의 짧은 가로줄을 헛되이 쓰지 않았습니다. 흙투성이 길 위에서 새로운 피조물이 된 순간부터 선교 여행을 했고 시련을 겪었습니다. 투옥되기까지 바울은 전적으로 그리스도를 위해 살고자 했습니다. 이것이 바로 그가 로마 감옥에서 계속 살아가고자 한 방식이었습니다. 이것이 하나님이 그를 감옥에서 내보내시는 것을 합당하게 여기실 때, 그 후에 바울이 살기로 계획한 방식이기도 했습니다. 무슨 일이 일어나거나 죽든지 살든지 상관없이, 바울의 기쁨은 줄어들지 않을 것입니다. 어떤 일이 있어도 그는 기쁨의 근원이 되시는 예수 그리스도와 함께할 것이기 때문입니다.

"하나님은 잘못 계산하시는 일이 결코 없습니다. 흔들리지도 않으시고 놓치지도 않으십니다. 우리 삶의 모든 세밀한 이야기는 우리를 세심히 돌보시는 하나님의 계획에서 비롯됩니다. 모든 희망이 사라진 것처럼 보일지라도 주님은 '죽은 자를 살리시며 없는 것을 있는 것으로 부르시는 이'(롬 4:17)이심을 기억해야 합니다. 그리고 주님은 우리를 위해 그렇게 하실 것입니다."[9]

_조나단 파넬

심화 주석 모든 것에 앞서 예수님을 예배하는 길은 이것입니다. 자기 영광보다 주님의 영광을 위하며 담대하게 살아가는 것입니다. 예수님 외에 다른 사람이나 다른 무엇인가를 찬미하고자 합니까? 겁쟁이로 살겠습니까? 아니면 담대하게 살겠습니까? 빌립보서 1장 12~30절은 담대함을 몇 가지 방식으로 보여 줍니다(14, 20, 28절). 사도행전에서 초대 교회가 보여 주었던 것처럼(참조, 행 4:29~31) 담대함은 그리스도의 영으로부터 나옵니다. 용기 있게 예수님을 내변하고자 생각한다면 21절을 다시 보십시오. "이는 내게 사는 것이 그리스도니 죽는 것도 유익함이라" 그리고 이 말씀이 지닌 요소들 곧 공공성, 은혜, 막을 수 없는 정신력을 생각해 보십시오.[10]

_토니 메리다 & 프랜시스 챈

Q 당신의 시간과 에너지와 열정을 그리스도를 위해 어떻게 사용하고 싶습니까?

핵심교리 99

88. 교회의 덕을 세움

'교회의 덕을 세운다'는 것은 개별적으로나 집단적으로 성장과 성숙을 기하는 것을 의미합니다. 성경은 성장이나 성숙이 일어날 수 있는 여러 방식에 관해 이야기합니다. 예를 들면, 그리스도인의 상호 교제와 같은 것입니다(고전 12:26; 갈 6:2). 또한 교회는 성경 말씀을 선포하고 가르침으로써(엡 4:11) 성도들이 하나님의 온전하신 뜻을 이해하고 받아들일 수 있도록 돕습니다. 결국 '교회의 덕을 세운다'는 것은 성도들이 하나님 나라의 사명을 감당하며 살 수 있도록 준비시킴으로써 그리스도의 몸을 세우는 것입니다.

"만 가지 축복과 함께 자신의 독생자를 주신 분께 당신의 마음을 드리십시오. 그분이 당신의 하나님이 되고 당신의 모든 것이 되게 하십시오. 눈의 욕망과 마음의 기쁨과 당신의 분깃으로 그분을 영원히 섬기십시오."[12]
_존 웨슬리

Q 우리가 죽음에 대해 가지는 관점은 믿지 않는 사람들에게 어떤 영향을 끼칠까요?

우리는 머리로 아는 것과 마음으로 느끼는 것 사이의 불일치로 씨름할 때가 많습니다. 모든 상황에서 그리스도를 위해 살아야 함을 아는 것이 한 가지고, 어려운 상황에서도 그리스도를 위해 사는 기쁨을 느끼는 것이 또 다른 한 가지입니다. 그 차이를 줄이기 위해 할 수 있는 일이 있을까요?

만약 오늘 기쁨이 느껴지지 않는다면, 내일의 몫에서 그 기쁨을 가져옵시다. 그리스도를 위해 사는 기쁨을 지금 여기에서 누리려면 장차 그리스도와 함께할 소망을 품으십시오. 이 땅의 어둠에 갇혀 지금 기쁨을 찾지 못하겠다면, 우리는 그때 그곳에 있을 빛 가운데 있는 기쁨을 미리 가져와야 합니다. 시편 기자는 이렇게 말했습니다.

"저녁에는 울음이 깃들일지라도 아침에는 기쁨이 오리로다"(시 30:5).

> Leader

2010년 10월 30일, 비슨신학교(Beeson Divinity School)의 설교학 교수인 로버트 스미스 주니어 목사는 아들 토니가 신시내티에서 살해되었다는 소식을 들었습니다. 4년 뒤에 그는 자신의 책 《하나님의 오아시스: 애도에서 아침으로》(*The Oasis of God: From Mourning to Morning*)에서 그동안 겪었던 갈등과 기쁨을 이렇게 전했습니다.

"아들 토니의 끔찍한 죽음에서 4년여 만에 헤어났으므로, 나는 암울한 경험에서 벗어나 그간 내가 배운 것들을 건설적인 방식으로 나누고 싶습니다. … 2010년 10월 30일, 우리 아들 토니가 … 나보다 먼저 무덤으로 들어갔습니다. 캄캄한 밤 11시 56분이었습니다. 그러나 새벽이 올 것입니다."[11]

'애도'와 '아침'으로 번역되는 'mourning'과 'morning'은 딱 한 글자 "u"로 달라집니다. 언젠가 하나님은 애도에서 "u"를 들어 없애실 것입니다. 그러면 "새벽이 올 것입니다." 그리스도와 함께 새로운 아침을 맞이하듯, 모든 슬픔이 기쁨으로 바뀔 것입니다. 이것이 바로 우리가 지금 씨름하면서도 누릴 수 있는 소망이요 기쁨입니다.

하지만 우리의 기쁨은 그것보다 훨씬 더 심오합니다. 빛은 지평선에서 우리를 그냥 기다리고 있지 않습니다. 그분은 지금 어둠 속에서 우리와 함께 계십니다. 예수님은 감옥에 갇혀 있는 우리를 찾아오셔서 언젠가 천국에서 함께하리라는 것을 일깨워 주십니다. 바울과 마찬가지로, 우리도 두 세계 사이에서 끌려다니고 있습니다.

Q 그리스도인으로서 삶의 기쁨을 누리는 데 가장 큰 걸림돌은 무엇입니까?

3. 믿는 사람들이 고난 가운데 굳건히 서는 모습을 보고 기뻐하십시오(빌 1:27~30)

27 오직 너희는 그리스도의 복음에 합당하게 생활하라 이는 내가 너희에게 가 보
나 떠나 있으나 너희가 한마음으로 서서 한뜻으로 복음의 신앙을 위하여 협력
하는 것과 28 무슨 일에든지 대적하는 자들 때문에 두려워하지 아니하는 이 일을
듣고자 함이라 이것이 그들에게는 멸망의 증거요 너희에게는 구원의 증거니 이
는 하나님께로부터 난 것이라 29 그리스도를 위하여 너희에게 은혜를 주신 것은
다만 그를 믿을 뿐 아니라 또한 그를 위하여 고난도 받게 하려 하심이라 30 너희
에게도 그와 같은 싸움이 있으니 너희가 내 안에서 본 바요 이제도 내 안에서 듣
는 바니라

바울이 빌립보 교인들에게 말합니다.

"당신들이 나의 경험과 삶과 죽음 사이에서 갈등했던 일들로부터 얻어가길 원하는 한 가지는 그리스도의 복음에 합당하게 살라는 것입니다."

> Leader

그러자 빌립보 교인이 모두 서로를 돌아보게 되었습니다. 모두가 "나는 복음에 합당하게 살고 있는가?"라며 궁금해했습니다. 아마도 자신이 부당하게 대했던 동료나 배신했던 이웃이나 용서를 구해야 할 친구들이 눈에 들어왔을 것입니다. 과연 그들은 자신을 둘러싼 세계의 사람들을 내버려둔 채 복음에 합당한 삶을 살고 있노라고 바울의 눈을 쳐다보며 말할 수 있었을까요?

이것이 바로 그들의 친구이자 신앙의 스승인 바울이 로마 감옥에서 그리스도를 계속 선포하면서 그들에게 요구했던 한 가지입니다. "천국 시민이라는 진정한 정체성에 따라 살라 그러면 세상이 우리 안에 있는 복음을 보게 되리라"라는 단 하나의 요구였습니다.

바울은 교회가 경청해야 할 내용을 정확히 말합니다. 그는 빌립보 교인들이 그의 역경을 거리가 먼 것으로, 자신과 무관한 것으로 여기기를 원하지 않았습니다. 그들은 준비해야 했습니다. 만약 준비되어 있지 않다면, 대적이 다가오고 있으니 대비할 필요가 있습니다. 즉 "한마음으로 서서 한뜻으로 복음의 신앙을 위하여 협력"(27절)해야 합니다. 그들은 그리스도를 위해 고난을 당하게 될 것입니다. 그리고 바울과 똑같은 갈등을 겪게 될 것

바울이 예상한 질문에 대한 답으로 빌립보서 1장 29절이 최상일 텐데, 그 질문이란 이런 것일 것입니다. "우리는 왜 그리스도인이라는 이유로 고난을 받아야 합니까?" 그는 하나님이 자기 목적을 위해 고난을 사용하심을 알 수 있도록 그들을 격려합니다. 그러니 그들은 그들에게 "은혜로 주신 것"을 특권으로 알아야 할 것이며, "그를 믿을 뿐 아니라 또한" 그리스도를 "위하여 고난도 받게 하려 하심"임을 알아야 합니다(29절). 바꿔 말해 주님이 십자가에 못 박히셨다면, 제자들도 주님처럼 고통을 받으리라는 예상을 해야 하지 않겠습니까?

바울은 복음에 나타난 고난을 십자가에서 죽으신 그리스도와 하나가 되는 경험의 일부로 간주합니다. 그는 다른 편지, 특히 고린도후서에서 이와 같은 것을 지적합니다. 서신 전반에 걸쳐 바울은 그리스도를 위해 고난을 겪을 때 우리는 하나님의 위로를 경험할 뿐만 아니라 오직 하나님을 더욱 의지하는 법을 배우게 된다고 강조합니다.[13]

_브라이언 윈틀

입니다. 그들은 그럴 준비가 되어 있었을까요?

> Leader

이것은 초대교회 그리스도인이라면 누구나 답해야만 했던 질문입니다. AD 64년 네로 황제가 로마의 상당 지역을 불태우고 오히려 그리스도인들에게로 그 탓을 돌렸습니다. 그리고 네로는 지중해 전역의 교회에 끔찍한 박해를 시작했습니다. 바로 네로의 통치 당시에 베드로와 바울이 순교했습니다. 역사학자 타키투스는 이렇게 기록했습니다.

"네로는 그리스도인이라 불리던 사람들에게 엄청나게 무시무시한 고문을 가했다. 그들은 대개 극악무도한 범죄자로 미움을 받았다. 그리스도인이라는 이름의 기원이 된 '그리스도'는 본디오 빌라도에 의해 사형에 처한 죄인이었다. 그런 이유로, 맨 먼저 믿음을 고백해 체포된 이들을 그리스도인이라 불렀다. 그다음으로는 그들의 정보에 따라, 수많은 무리가 유죄 판결을 받았다. … 그들의 죽음은 일종의 스포츠가 되었다. 그들은 들짐승의 가죽으로 뒤덮였고, 십자가에 못 박히거나 화형에 처했다. 날이 저물 때면 저녁 불빛을 밝히느라 불태워졌다."[14]

곧 박해가 일어날 테니, 빌립보 교인들은 그들 생각보다 훨씬 더 바울의 편지를 필요로 했습니다. 교인들 대부분이 바울과 같은 곤경에 처하게 될 것이기 때문입니다. 이것이 바로 바울이 그들과 우리에게 도전한 이유입니다. "그를 믿을 뿐만 아니라 또한 그를 위하여 고난도"(29절) 받아야 한다는 것입니다.

그 이유가 무엇입니까? 바울이 투옥됨으로써 복음이 널리 전해진 것처럼, 박해를 통해 복음이 세계적으로 퍼지기 때문입니다. 세상 사람들은 그리스도를 위해 그리스도인들이 고난을 받고 죽어 가는 모습을 봅니다. 그리고 그들은 비로소 하나님을 믿는 것이 진정 무엇인가를 생각하게 될 것입니다.

심화 주석 "너희에게도 그와 같은 싸움이 있으니 너희가 내 안에서 본 바요 이제도 내 안에서 듣는 바니라"(빌 1:30)라는 바울의 말은 그가 감옥에서 고통을 당하지 않아서 기뻐할 수 있었다는 생각을 약화시킵니다. 그리스도인은 세상이 우호적일 것이라고 기대해서는 안 됩니다. 세상의 영과 그리스도의 영은 상충합니다. 세상은 자기를 사랑하며, 그리스도께 속한 사람들을 핍박합니다. 빌립보 교인들은 바울과 함께 믿음으로 말미암아 다가오는 고난을 나누어 짊어졌습니다.[15]

_에세투 아바테

"우리는 구원받기를 원하면서도 죽는 일은 모두 그리스도께서 하셔야 한다고 주장합니다."[16]
_A. W. 토저

Q 바울이 빌립보 교인들에게 보낸 격려의 편지에서 어떤 교훈을 배울 수 있습니까?

Q 성도들이 교회 안에서 한마음으로 믿음 위에 굳건하게 서는 것이란 구체적으로 어떤 삶의 방식입니까?

바울이 빌립보에 보낸 편지는 쌍방에 유익한 것이었습니다. 바울이 교인들에게 고난을 잘 견뎌 내도록 격려했다면, 그들은 그리스도께 순종함으로써 바울을 격려했습니다. 예수님은 승천하시기 전에 제자들에게 "오직 성령이 너희에게 임하시면 너희가 권능을 받고 예루살렘과 온 유대와 사마리아와 땅끝까지 이르러 내 증인이 되리라"(행 1:8)라고 말씀하셨습니다. 여기서 "증인"은 헬라어로 '마르튀스'인데, '순교자'(martyr)의 어원입니다.

바울은 예루살렘과 가이사랴의 법정에서 증언했습니다. 그리고 그는 이제 곧 또 다른 방식으로 증언하게 될 것입니다. 순교자가 됨으로써 말입니다. 그러나 순교는 바울로 끝나지 않을 것입니다. "구름같이 둘러싼 허다한 증인들이"(히 12:1) 바울처럼 죽을 것이기 때문입니다. 구름같이 허다한 증인들이 곧 로마 제국을 온통 뒤덮게 될 것입니다.

언젠가 예수 그리스도께서 이 땅에 "구름을 타고 큰 권능과 영광으로"(막 13:26) 다시 오실 것입니다. 그분이 오시기 전에 오늘날 어떤 증인이 될지 결정하십시오.

"구원과 관련된 말씀에는 느낌에 관한 말은 없습니다. '느낀다'고 말하지 않고, '믿는다'라고 말합니다. 느낌에 관해서는 한마디도 없습니다. 나는 하고 싶지 않은 일을 엄청나게 많이 합니다. 순종이란 내가 좋다고 느끼든 안 느끼든 곧장 나아가는 것을 의미합니다. 우리는 느낌에 거스를 때가 많습니다. 믿음과 감정은 다른 것입니다. 그러니 느낌은 신경 쓰지 마십시오. 느낌일랑 그냥 그대로 내버려두십시오. 우리가 바랄 바는 순종입니다."[17]

_D. L. 무디

Q 그리스도를 위한 삶을 살았던 위대한 순교자나 신앙인의 이야기를 나누어 봅시다.

"하나님은 오늘 백성의 연약함과 고통을 통해 계속해서 복음을 진전시키십니다. 물론 이 사실이 고통을 좋은 것으로 만들지는 않습니다. 우리는 어디서나 그리스도의 형제자매들의 고통을 경감시키기 위해 노력해야 합니다. 그러나 아름답게 지어진 건물이나 큰 주차장이나 쇼핑하듯 돌아다니며 까다롭게 구는 교인들을 끌어들이기 위해 마련한 프로그램이 하나님의 역사를 보장하지는 않는다는 사실을 보여 줍니다. 하나님은 늘 그렇듯이 세상이 거절하는 방식으로 역사하십니다."[18]

_프랭크 티엘만

결론

> Leader

1517년 10월 31일, 마르틴 루터가 독일 비텐베르크 교회 성문에 〈95개조 반박문〉을 붙였습니다. 그것은 전 세계를 울리는 망치 소리였습니다. 이때부터 16세기 종교개혁의 위대한 신학과 신앙이 울려나게 되었습니다. 그것은 "오직 그리스도만으로"(*soli Christo*), "오직 믿음만으로"(*sola Fide*), "오직 은혜만으로"(*sola Gratia*), "오직 성경만으로"(*sola Scriptura*)입니다. 이러한 네 가지 신앙의 원리에 따라 종교개혁의 물결은 참된 의미에 "오직 하나님께만 영광이 있나이다"(*soli Deo Gloria*)를 외칠 수가 있었습니다. 이 다섯 가지 '오직'을 소리 높여 외치기를 부끄러워해서는 안 됩니다. 저는 5세기가 지난 현세대에 여섯 번째 '오직', 즉 '오직 기쁨으로'(*Solus Gaudium*)가 더해져야 한다고 생각합니다.

예수님 안에서 누리는 기쁨이야말로 세상의 박해와 육체의 유혹과 마귀의 악랄한 공격을 막아 낼 최고의 방어책입니다. 그리스도인은 고난 앞에서 아름다운 빛을 내는 사람들입니다. 박해가 시작되면 못 박힌 그리스도의 손을 기억하십시오. 세상의 문에 '오직 기쁨으로'를 걸고 단단히 못 박으십시오. 오늘 우리가 예수님 안에서 누리는 기쁨이 내일의 교회를 어떻게 변화시킬지 기대하십시오.

그리스도와의 연결

사도 바울은 자신의 투옥을 하나님의 사역에 장애물로 여기지 않았습니다. 그는 하나님이 주권적으로 자신의 삶을 통해 하나님 나라를 확장시키고 교회를 세울 계획을 세우셨음을 믿었습니다. 바울은 예수님의 고난을 통해 우리가 구원받았으니, 이와 같이 하나님의 백성도 고난을 통해 하나님의 사역을 이루어 갈 것이라고 확신했습니다.

하나님의 계획 우리의 사명

선교적 적용 하나님은 우리에게 어떤 상황 속에서도 하나님의 뜻 안에서 기뻐하고 확신할 것을 명하십니다.

1. 어떻게 하면 고난을 피하지 않고 믿음의 시련을 견디고 있는 이들을 격려해 줄 수 있을까요?
2. 어떻게 하면 그리스도를 높이는 삶을 살 수 있을까요?
3. 어떻게 하면 내 안에 있는 그리스도에 대한 소망을 다른 이들에게 전할 수 있을까요?

금주의 성경 읽기
행 20:4~26:32

바울이 감옥에서도 그리스도를 영화롭게 하다

Summary and Goal

사도 바울은 에바브라를 통해 이단의 가르침이 교회 안에 빠르게 퍼지고 있다는 소식을 듣고, 골로새 교회에 편지를 썼습니다. 그는 편지에서 예수 그리스도의 인격과 사역에 대해 말합니다. 그리스도의 십자가를 단지 이론의 차원에서만 생각해서는 안 됩니다. 하나님의 치유와 회복과 화해가 일어나는 구체적 삶과 생생한 현실 속에서 받아들여야 합니다. 그리스도는 십자가를 통해 우리를 아버지와 화목하게 하시고, 그분 안에 있는 만물과 화목하게 하시며, 우리를 서로 화목하게 하십니다.

- **성경 본문**
  골로새서 1:15~2:3

- **세션 포인트**
  1. 만물의 으뜸이신 그리스도께서 우리를 만물과 화목하게 하십니다 (골 1:15~20)
  2. 만물의 으뜸이신 그리스도께서 우리를 하나님과 화목하게 하십니다 (골 1:21~23)
  3. 만물의 으뜸이신 그리스도께서 우리를 서로 화목하게 하십니다 (골 1:24~2:3)

- **신학적 주제**
  그리스도께서는 십자가 사역으로 세상을 회복하시고, 우리로 하여금 하나님과 화목하게 하십니다.

- **그리스도와의 연결**
  사도 바울은 감옥에서 그리스도의 위엄을 선포함으로써 하나님의 백성에게 용기를 주었습니다. 하나님의 아들이신 그리스도께서는 십자가 사역으로 우리를 하나님과 화목하게 하셨습니다. 그리스도인의 성장과 성숙은 오직 그리스도께 집중함으로써 일어납니다. 그리스도는 성경의 중심이자 교회의 머리이십니다.

- **선교적 적용**
  하나님은 그리스도인들을 세상에 화목을 전하는 전령으로 부르십니다.

Session Plan

도입

9.11 테러가 어떻게 사람들에게 진지하고 중요한 질문을 던졌는지를 회상하면서 이 세션을 시작하십시오.

하나님에 대해 답하기 어려운 질문들에는 어떤 것들이 있습니까?

당신은 그러한 질문들 앞에서 어떤 반응을 보입니까?

골로새 교회에 이단의 가르침이 퍼졌습니다. 사도 바울이 이 어려운 문제에 관해 답하기 위해 편지를 보냈다는 사실을 요약해 주십시오. 바울의 가르침은 위와 아래와 옆 세 방향으로 향했습니다.

전개

1 만물의 으뜸이신 그리스도께서 우리를 만물과 화목하게 하십니다 (골 1:15~20)

골로새 교회에 유입된 이단 세력에 주목해 주십시오. 바울은 만물을 화목하게 하시는 그리스도를 바라볼 것을 교회에 촉구했습니다. 그러고 나서 골로새서 1장 15~20절을 읽으십시오. 하나님의 아들은 피조물이 아니라 창조주이시고 다스리는 분이시니 만물 위에 뛰어나십니다.

그리스도께서 세상을 창조하고 유지하신다는 사실을 아는 것은 당신의 삶의 방식에 어떤 영향을 미칩니까?

본문에서 그리스도를 가리킨 "먼저 나신 이"라는 용어를 설명해 주십시오. 그리스도는 모든 피조물 위에 계신 분이시며, 만물의 첫 번째가 되신다는 뜻입니다. 또한 "죽은 자들 가운데 먼저 나신 이"로서 새로운 피조물 위에 계신 분이기도 합니다.

타락한 창조 세계에서 하나님의 좋은 선물을 누리려 할 때 부딪힌 장애물은 무엇이었습니까?

그리스도께서 만물을 화목하게 하시리라는 생각이 중요한 이유는 무엇입니까?

2 만물의 으뜸이신 그리스도께서 우리를 하나님과 화목하게 하십니다 (골 1:21~23)

바울이 골로새 교인들의 관심을 하나님과 사람을 화목하게 하시는 그리스도의 사역으로 돌렸다는 것을 말해 주십시오. 그리스도의 사역은 그들로 하여금 믿음의 터를 보도록 이끌 것입니다. 자원자에게 골로새서 1장 21~23절을 읽게 하십시오. 그러고 나서 그리스도께서 어떻게 우리를 구원 가운데 하나님과 화목하게 하셨는지를 들려주십시오.

당신은 그리스도 앞에서 어떤 사람으로 변화되었습니까?

그리스도께서 당신을 어떻게 변화시켜 가고 계십니까?

23절의 "만일"이라는 단어를 강조해 주십시오. 이는 믿음에 거하는 것의 중요성에 관해 주의를 환기합니다. 또한 그리스도를 통한 화목의 증거가 됩니다. 골로새 교회에 들어온 거짓 가르침과 에바브라가 읽어 줄 바울의 편지에 담긴 진리를 대조해 주십시오.

어떻게 하면 우리 안에 믿음의 뿌리가 깊게 내릴 수 있을까요?

3 만물의 으뜸이신 그리스도께서 우리를 서로 화목하게 하십니다 (골 1:24~2:3)

골로새서 1장 24절에서 2장 3절을 읽으십시오. 본문에서 바울이 지적한 핵심을 지적해 주십시오. 우리를 하나님 아버지와 화목하게 하신 그리스도께서 또한 우리를 서로 화목하게 하신다는 것이 핵심입니다. 예수님이 우리를 사랑하신 것처럼 우리도 서로 사랑해야 합니다.

그리스도인이 사랑을 행할 때 세상은 교회에 대해 어떤 평가를 할까요?

화목하게 하는 그리스도의 사랑을 세상에 어떻게 나타낼 수 있을까요?

서로 화목하는 것과 관련된 어려움에 관해 설명해 주십시오. 그럼에도 불구하고 그리스도의 사랑을 위해 노력할 만한 가치가 있음을 보여 주십시오.

바울이 당신의 교회 안에서 이루어지는 사랑에 관해 편지를 쓴다면, 어떤 내용을 담을까요?

결론

그리스도께서 다시 오실 그날까지 우리가 그리스도의 십자가를 붙들어야 한다는 진리로 마무리해 주십시오. 이 세션에서 배운 진리를 '하나님의 계획, 우리의 사명'에서 적용해 보십시오.

Session Content

5. 바울이 감옥에서도 그리스도를 영화롭게 하다

"믿음은 질문을 없애지 않습니다. 그 대신에 어디서 물어야 할지를 압니다."[1]
_엘리사벳 엘리엇

"주님, 주님이 응답하지 않으신 이유를 이제야 알겠습니다. 주님이 곧 응답이십니다. 주님 면전에서 질문은 사라져 버립니다."[2]
_C. S. 루이스

도입

2001년 9월 11일, 납치된 보잉 767기 두 대가 뉴욕의 세계무역센터 쌍둥이 빌딩에 충돌했고, 얼마 후 비행기 두 대는 펜타곤과 펜실베이니아 남서부에 있는 들판에 추락했습니다. 세계는 이 장면들을 공포에 떨며 지켜봤습니다. 제2차 세계대전 당시에 있었던 진주만 공습 이래로 미국이 받은 가장 치명적인 공격이었습니다.

> Leader 타워에 갇힌 사람들은 대단히 어려운 결정을 내려야만 했습니다. 몇몇은 사랑하는 사람과 마지막 통화를 하며 죽음을 기다려야 했습니다. 몇몇은 사나운 불길을 뚫고 붐비는 계단을 내려가려고 애썼습니다. 또 몇몇은 100층 건물에서 뛰어내리는 상상할 수도 없는 일을 감행했습니다.

이윽고 쌍둥이 빌딩이 전 세계 사람들의 마음과 함께 무너져 버렸습니다.

> Leader 맨해튼 사람들은 어느 누구도 활활 피어오르는 연기와 화학 물질이 타는 역겨운 냄새를 잊지 못할 것입니다. 또 다른 사람들을 구하기 위해 자기 목숨을 희생한 용감한 소방관들과 도시 대부분을 뒤덮었던 종잇조각과 재를 결코 잊지 못할 것입니다. 젊은 세대들은 9.11 테러를 교과서에서만 배우겠지만, 그날 이 장면을 목격한 사람들에게는 화요일의 이 비극적인 사건이 기억 속에 영원히 남겨질 것입니다.

그 주 일요일인 9월 16일, 교회에 출석한 사람이 급증했습니다. 평소에 비어 있던 교회 의자들이 종교적 해답을 구하러 찾아온 사람들로 가득 찼습니다. 그들은 다음과 같이 물었습니다. "하나님은 왜 이렇게 악한 일이 일어나도록 허락하셨을까요? 쌍둥이 빌딩이 무너질 때 예수 그리스도는 어디에 계셨나요? 나는 죽으면 어떻게 될까요?"

Q 하나님에 대해 답하기 어려운 질문들에는 어떤 것들이 있습니까?
Q 당신은 그러한 질문들 앞에서 어떤 반응을 보입니까?

> Leader 로마 감옥에 수감된 사도 바울은 이단의 가르침으로 분열될 위기에 처한 골로새 교회에 편지를 보내야 했습니다.
골로새 교회는 빌립보 교회와 달리 바울이 직접 세운 교회가 아니었습니다. 그렇지만 바울은 이 교회를 자신이 세운 교회처럼 생각했습니다. 골로새 교회를 방문하기 원했고, 빌레몬이라는 친구에게 숙소를 마련해 달라고 부탁하기도 했습니다(몬 1:22). 하지만 그는 골로새에 가지 못한 것 같습니다.

심화 주석 "형상"이란 단어는 어떤 사물이나 사람을 시각적으로 정확하게 표현한 것을 가리킵니다. 그리하여 성자 예수님은 구약의 보이지 않는 하나님의 모습을 나타내셨습니다(요 1:18). 예수님은 또한 죄가 없는 인간을 보여 주셨습니다(창 1:26~27). "먼저 나신 이"(골 1:15)란 호칭은 예수님이 피조물이시라는 뜻이 아니라(16절), 모든 피조물 중의 으뜸이시라는 뜻입니다.[3]

_안드레아스 J. 쾨스텐버거

Session Summary

사도 바울은 에바브라를 통해 이단의 가르침이 교회 안에 빠르게 퍼지고 있다는 소식을 듣고, 골로새 교회에 편지를 썼습니다. 그는 편지에서 예수 그리스도의 인격과 사역에 대해 말합니다. 그리스도의 십자가를 단지 이론의 차원에서만 생각해서는 안 됩니다. 하나님의 치유와 회복과 화해가 일어나는 구체적 삶과 생생한 현실 속에서 받아들여야 합니다. 그리스도는 십자가를 통해 우리를 아버지와 화목하게 하시고, 그분 안에 있는 만물과 화목하게 하시며, 우리를 서로 화목하게 하십니다.

"주님은 모든 곳에서 으뜸이 되십니다. 무엇보다도 교회의 으뜸이십니다. 주님이 머리이시기 때문입니다. 또한 주님은 부활의 첫 열매이십니다."[4]

_요한 크리소스톰

1. 만물의 으뜸이신 그리스도께서 우리를 만물과 화목하게 하십니다(골 1:15~20)

> Leader 지금의 터키 지역에 위치한 골로새는 당시 부유한 이웃 도시 라오디게아와 히에라볼리와 더불어 3대 도시 중 하나였습니다. 골로새인들은 리쿠스 계곡 주변에서 방목된 양의 털을 염색하는 일을 했습니다. 골로새는 붉게 물들인 양털로 유명했습니다. 1세기 중반에는 자색 양모가 사치품이 되었고, 골로새 사람들은 지리적 이점을 활용해 양모를 쉽게 수출할 수 있었습니다. 그러나 바울은 골로새의 유명 수출품보다 이단 세력의 유입에 더 큰 관심이 있었습니다.

골로새 교회에 어떤 종류의 이단이 유입되었는지는 알 수 없습니다. 다만 최소한 세 종류를 꼽아 볼 수 있습니다. 그 세 종류란 헬라 철학(골 2:8)과 이교도의 관습(골 2:23; 3:5)과 영지주의의 뿌리(골 2:9)입니다. 영지주

*"구세주가 하나님이 아니라면
결국은 부서진 다리일 뿐입니다."[5]
_핸들리 모울*

심화 주석 많은 사람이 삶에서 비종교적인 영역은 예수님과 별개라고 여깁니다. 노골적으로 영적인 존재만이 하나님 나라에 속한다고 믿기 때문입니다. 그러나 만물은 예수님을 통해 창조되었습니다. 예수님은 만물 위에 뛰어나신 분입니다(요 1:3; 골 1:15~16). 만일 그리스도께서 만물을 창조하셨다면, 모든 학문 연구는 하나님의 진리 추구를 우선해야 합니다. 화학이나 지리학을 가르치는 사람은 하나님이 지으신 우주를 세세히 설명함으로써 하나님께 영광을 드립니다. 만물이 주님을 통해 그리고 주님을 위해 창조되었다면, 우리는 신학에 경의를 표하듯이 비종교적 사실이나 우주에 관한 연구에도 똑같이 경의를 표해야 합니다.[6]

_Africa Study Bible

의는 이후 몇 세기 동안 사람들을 미혹하고 기독교 신앙의 뼈대를 뒤흔들려 했던 이단입니다. 바울은 이런 종류의 이단이 가진 위험성을 인식했습니다. 그래서 바울은 골로새 교회에 참되신 그리스도만을 바라보라고 촉구합니다.

*15그는 보이지 아니하는 하나님의 형상이시요 모든 피조물보다 먼저 나신 이시
니 16만물이 그에게서 창조되되 하늘과 땅에서 보이는 것들과 보이지 않는 것들
과 혹은 왕권들이나 주권들이나 통치자들이나 권세들이나 만물이 다 그로 말
미암고 그를 위하여 창조되었고 17또한 그가 만물보다 먼저 계시고 만물이 그
안에 함께 섰느니라 18그는 몸인 교회의 머리시라 그가 근본이시요 죽은 자들
가운데서 먼저 나신 이시니 이는 친히 만물의 으뜸이 되려 하심이요 19아버지께
서는 모든 충만으로 예수 안에 거하게 하시고 20그의 십자가의 피로 화평을 이
루사 만물 곧 땅에 있는 것들이나 하늘에 있는 것들이 그로 말미암아 자기와
화목하게 되기를 기뻐하심이라*

그리스도에 관한 골로새 교인들의 오해를 바로잡기 위해 바울은 창조주로서 그리스도의 우월성을 표현한 초대교회의 찬송을 이용했습니다. 하나님의 아들은 피조물이 아니시며, "만물보다 먼저"(17절) 계셨던 창조주이십니다. "만물이 그에게서 창조"되었고, "만물이 다 그로 말미암고 그를 위하여 창조"되었습니다(16절). 게다가 "만물이 그 안에 함께"(17절) 섰으니, 이는 그리스도께서 만물을 창조하시고, 만물을 내버려둔 채 떠나지 않으셨다는 뜻입니다. 그분은 계속해서 자기의 피조물에 적극적으로 관여하십니다. 하나님의 아들은 창조주이시며 만물을 다스리시는 분입니다.

> Leader

바울은 왜 그리스도께서 만물의 창조주이시자 모든 것의 시작이심을 확인하는 것으로 골로새 교회를 어지럽히던 이단 세력을 맹공격하기 시작했을까요? 영지주의 사상의 핵심이 영과 육의 뚜렷한 구분에 있었기 때문입니다.

영지주의자들은 오직 영적인 것만이 선하다고 믿었습니다. 그들에게 모든 육적인 것, 즉 피조물은 악입니다. 이것이 바로 그들이 예수님의 인성을 부인한 이유입니다. 그들은 하나님의 아들이라면 몸을 취하실 수 없었을 것이라고 믿었습니다. 그것은 그리스도께서 스스로 악을 입는 것과도 같다고 여겼습니다. 그 대신에 그들은 예수님이 참인간이 아니라 단지 그렇게만 보이셨을 뿐이라고 주장합니다. 바울은 골로새서 1장에서 이것을 직접적으로 언급합니다. "이제는 그의 육체의 죽음으로 말미암아 화목하게 하사"(골 1:22). 그리고 다음 장에서는 "그 안에

는 신성의 모든 충만이 육체로 거하시고"(골 2:9)라고 썼습니다. 이후 사도 요한이 복음서와 요한일서에서 이러한 이단의 가르침을 더욱 거세게 공격할 것입니다. 이것이 바로 바울이 그리스도를 창조주로 소개하며 이단의 가르침을 논박한 이유입니다.

그리스도께서 만물을 창조하시고 유지하신다는 것을 기억하십시오. 그분은 심지어 피조물이 타락한 뒤에도 계속해서 돌봐 주십니다. 하나님이 어떤 분이신지 알려 주실 뿐만 아니라 피조물로서 어떻게 살아야 하는지도 알려 주십니다. 그리스도는 피조물 위에 뛰어난 분이시며, 피조물의 세포 하나하나가 그분의 영광을 위해서 존재합니다. 그분은 우리를 둘러싼 세상을 돌보십니다. 그러니 우리도 그래야 합니다.

"그리스도의 속죄에 관한 정통적인 견해는 현대인의 관점에서 보면 매우 불편합니다. 오늘날 현대인이 필요로 하는 것이 오로지 근 2,000년 내내 인류에게 제공되어 온 어떤 것이라고 제안한다면 현대인에게는 우스운 소리일 것입니다. 실로 모든 지식과 진보와 세련됨을 갖춘 현대인이 오랜 인류 역사에 걸쳐 영적으로 계속 같은 상태에 머물러 있다고 이야기한다면 모욕적으로 들릴 것입니다."[7]
_마틴 로이드 존스

Q 그리스도께서 세상을 창조하고 유지하신다는 사실을 아는 것은 당신의 삶의 방식에 어떤 영향을 미칩니까?

그리스도는 하나님 아버지께서 모든 충만으로 그분 안에 거하게 하신 분이며(19절) "모든 피조물보다 먼저 나신 이"(15절)이십니다. "먼저 나신 이"란 영원하신 하나님에 관해 말할 때 쓰이는 특별한 용어입니다. 그리스도께서 창조주시라면 어떻게 먼저 나실 수 있을까요? 답은 이 용어가 문자 그대로의 뜻이 아니라는 것입니다.

그리스도께서 "먼저 나신 이"라는 것은 그분이 맨 먼저 태어나셨다는 의미가 아닙니다. 그리스도께서는 순위에서 첫 번째가 되신다는 뜻입니다. 그분은 모든 피조물 위에 계신 최고로 높은 분이십니다. 창조주라면 피조물보다 당연히 뛰어날 테니 이것은 타당한 표현입니다.

그리스도는 자신이 창조한 만물보다 뛰어나십니다. 또한 그리스도는 화목하게 하시는 하나님 아버지의 사역에서도 탁월하십니다.

> Leader

영지주의자들은 인류와 피조물이 타락해 죄의 저주 아래 있다는 점에서는 완전히 빗나간 것이 아니었습니다. 그러나 피조물에 문제가 있기는 하지만, 그 문제가 소망을 갖지 못할 정도로 악하다는 뜻이 아닙니다. 하나님은 그리스도를 통해 "자기와 화목하게 되기를"(골 1:20) 원하십니다. 사람뿐만 아니라 모든 피조물을 포함한 것이 만물입니다. 그리스도는 만물을 창조하셨으니, 그리스도께는 만물이 중요합니다. 만물이 그리스도를 통해 하나님과 화목하게 될 것입니다.

예수님은 "모든 피조물보다 먼저 나신 이"(15절)이실 뿐만 아니라 "죽은 자들 가운데서 먼저 나신 이"(18절)이시기 때문입니다. 예수님은 피조물

심화 주석 골로새 교인들은 하나님과 완전히 화목하게 된 것에 기뻐해야 하지만, 무분별하게 성장해서는 안 되며 "믿음에 거하고 터 위에 굳게"(골 1:23) 서야 합니다. 그리스도인의 삶은 영적 전쟁입니다. 마귀는 비록 패배했을지라도 무장을 해제하지 않았기 때문입니다. 마귀는 그들이 '복음 안에 있는 소망에서 벗어나는 모습'을 너무나 보고 싶어 합니다. 그러므로 골로새 교인들은 끊임없이 경계해야 합니다. 새 예루살렘으로 가는 길에는 복병이 많기 때문입니다.[9]

_솔로몬 안드리아

위에 뛰어나신 분이시며 십자가와 부활로 새로워진 피조물보다도 뛰어나십니다.[8] 그리스도로 말미암아 만물이 창조되었듯이 재창조 또한 그리스도로 말미암을 것입니다.

Q 타락한 창조 세계에서 하나님의 좋은 선물을 누리려 할 때 부딪힌 장애물은 무엇이었습니까?

Q 그리스도께서 만물을 화목하게 하시리라는 생각이 중요한 이유는 무엇입니까?

2. 만물의 으뜸이신 그리스도께서 우리를 하나님과 화목하게 하십니다(골 1:21~23)

바울은 모든 피조물을 화목하게 하시는 그리스도의 사역을 바라보도록 골로새 교인들을 인도하면서 이야기를 시작했습니다. 이제 하나님과 사람을 화목하게 하시는 그리스도의 사역에 초점을 맞출 때가 되었습니다. 그리스도의 사역은 그들로 하여금 믿음의 터를 내려다보도록 이끌 것입니다.

21 전에 악한 행실로 멀리 떠나 마음으로 원수가 되었던 너희를 22 이제는 그의 육체의 죽음으로 말미암아 화목하게 하사 너희를 거룩하고 흠 없고 책망할 것이 없는 자로 그 앞에 세우고자 하셨으니 23 만일 너희가 믿음에 거하고 터 위에 굳게 서서 너희 들은 바 복음의 소망에서 흔들리지 아니하면 그리하리라 이 복음은 천하 만민에게 전파된 바요 나 바울은 이 복음의 일꾼이 되었노라

> Leader

십자가의 빛은 어두운 죄를 등지고 있을 때 가장 밝게 빛납니다. 자기 죽음을 통해 인간을 화목하게 하시는 그리스도의 광채를 골로새 교인들이 보려면 먼저 하나님과 화목해야만 했습니다. 그래서 바울은 친절하게 그들로 하여금 그리스도 앞에서 자신이 누구인가를 상기할 수 있도록 했습니다. 그들은 하나님을 "멀리 떠나" "원수"가 되었습니다. 그들은 이러한 적대감을 "악한 행실"로 드러냈습니다. 피조물만이 화목해야 하는 것은 아니었습니다. 이단 세력만이 교회에 침투했던 것도 아니었습니다. 골로새 교인들은 하나님과의 올바른 관계가 필요한 존재임을 날마다 기억해야 했습니다.

그리스도는 피조물을 화목하게 하는 데 뛰어나신 것처럼 우리로 하여금 하나님과 화목하게 하는 데도 뛰어나십니다. 그분은 육신을 입으시고 우리를 대신해 자기 몸을 내어 주심으로써 이 모든 것을 이루셨습니다. 그리스도께서 십자가에서 흘리신 피로 말미암아 우리는 더 이상 하나님과 멀어진 원수이거나 악한 존재가 아닙니다. 옛 사람은 이미 그리스도와 함께 십자가에 못 박혔기 때문입니다.

옛 사람이 이제 그리스도 안에서 새로운 생명과 정체성을 얻었습니다. 이 새 사람은 거룩하고 흠 없고 책망할 것이 없는 자로 선포됨으로써 그리스도께서 그를 하나님 아버지께 올려드립니다. 이것이 그리스도의 화해가 가져오는 근본적인 변화입니다. 주님이 죄의 저주를 없애셨습니다. 깨어진 것을 회복하시고 잘못된 것을 바로잡으셨습니다. 우리가 아니라 그리스도께서 화목하게 하는 사역을 성취하셨습니다. 그리고 이것이 바로 주님이 우리 구원의 영광을 받으시는 이유입니다.

심화 주석 바울은 골로새 사람들에게 그리스도인이 되기 전의 지위와 지금 그리스도인으로 살아가는 유익한 상황을 극명하게 대조해서 보여 줍니다. 그들은 전에 하나님에게서 "멀리 떠나" 있었습니다(골 1:21). 죄는 하나님에게서 멀어진 결과이며(엡 2:12; 4:18), 나아가 화해의 필요를 만들어 냅니다. 이것은 믿지 않는 사람들이 하나님께 적대적이라는 사실에 어느 정도 기인합니다(롬 1:21). 화해의 결과는 그리스도께서 하나님 앞에서 거룩함과 흠 없음을 보여 주시기 위해 모든 믿는 사람들 안에서 일하고 계신다는 사실입니다. 이것은 구약의 레위 지파 제사장이 하나님께 바치던 흠 없는 제물을 묘사하는 데 사용되던 것과 똑같은 표현입니다. 그리스도께서 자신을 따르는 이들을 아버지께 데려와 검열을 받게 하실 때, 그들은 책망할 것이 없는 자들로 나타날 것입니다.[10]

_클린턴 E. 아놀드

Q 당신은 그리스도 앞에서 어떤 사람으로 변화되었습니까?

Q 그리스도께서 당신을 어떻게 변화시켜 가고 계십니까?

23절은 "만일"이라는 짧은 단어로 시작합니다. 그 뜻을 알아챘습니까? 만일 우리가 믿음의 터에 거한다면 하나님과 화목할 것이며, 거룩하고 흠 없고 책망할 것이 없는 자가 될 것입니다. 바울이 믿음의 터에 거하는 우리의 능력으로 화목하게 된다고 말한 것일까요? 그와 반대로 그는 믿음에 거함이란, 즉 뿌리내림이란 우리가 어떻게 구원받았는지를 아는 것이라 말하고 있습니다. 십자가에서 이루신 그리스도의 화목이 우리 삶에 나타난 증거라는 것입니다.

> Leader

이것이 바로 '근본적'(radical)이라는 단어가 진정 의미하는 바입니다. '근본적'이라는 것은 확실히 달라진다는 것입니다. 그리스도인은 세상과 다르게 보고, 다르게 생각하며, 다르게 행동하도록 부름 받았습니다. 우리는 거룩해야 합니다. 그러나 '근본적'이라는 단어에는 더 깊은 의미가 있습니다. 이것은 '뿌리'를 뜻하는 라틴어 '래딕스'(radix)에서 유래했습니다. 래딕스는 '서양 무'라고 불리는 래디쉬(radish)의 어원이기도 합니다. 바울은 골로새 교인들에게 "복음의 소망에서 흔들리지" 않도록 구원의 토양에 깊이 뿌리내릴 것을 권면했습니다(23절).

그들에게 영향을 끼친 거짓 가르침에 비추어 볼 때, 바울은 골로새 교인들에게 "들은" 복음의 터에 거하라고 격려한 것입니다(23절). 기억하

핵심교리 **99**

62. 화목 제물이신 그리스도

에덴동산에서 첫 번째 남녀가 타락한 이후에 하나님과 인류는 멀어졌습니다. 죄의 결과로 인간은 하나님과의 관계가 소원해졌을 뿐만 아니라 적대적이 되었습니다. 죄는 무한하신 하나님에 대한 무한한 도발입니다. 감사하게도 하나님은 원수를 사랑하셔서 그리스도를 보내 우리와 하나님 사이를 화목하게 하셨습니다. 하나님은 그리스도의 죽음을 통해 깨어진 관계를 회복하고 새롭게 하십니다(롬 6:23; 고후 5:18~19).

"믿음이란 그리스도의 복음 전체에 대한 동의일 뿐만 아니라 그리스도의 보혈에 대한 완전한 의존입니다. 그리스도의 삶과 죽음과 부활의 공로를 믿으며, 우리를 위해 대속하고 생명을 주신 그리스도께 의지하는 것입니다. 우리가 하나님 안에서 갖는 확신은 바로 그리스도의 공로로 인해 우리 죄가 용서받았고, 하나님의 은혜로 화목하게 되었다는 사실입니다."[11]

_찰스 웨슬리

십시오. 당시 골로새 교인들은 우리처럼 신약성경의 사복음서를 갖고 있지 않았습니다. 복음서는 바울이 처형되고 난 다음까지도 기록되지 않았을 가능성이 큽니다. 골로새 교인들은 말씀을 읽고 그리스도를 믿은 것이 아니라 설교를 듣고 믿었던 것입니다.

> Leader
> 바울은 로마서에서 "듣지도 못한 이를 어찌 믿으리요"(롬 10:14)라고 묻고, "믿음은 들음에서 나며, 들음은 그리스도의 말씀으로"(롬 10:17) 말미암는다고 말한 바 있습니다.

바울의 편지는 골로새 교인들에게 들은 복음에 의지해 믿음을 굳건히 하라는 도전이 되었을 것입니다. 또한 바울의 편지를 그들에게 읽어 줄 에바브라에게도 격려가 되었을 것입니다. 바울의 말은 기본적으로 이런 것이었습니다.

"함께 종 된 이 사람의 말을 경청하십시오. 그가 전하는 그리스도에 관한 메시지나 화목에 관한 메시지가 모두 사실이기 때문입니다. 한때 여러분은 복음에서 멀리 떨어져 있었으나 그리스도의 '육체'가 죽었다가 다시 살아남으로써 하나님이 여러분을 가족의 일원으로 접붙여 주셨습니다. 게다가 여러분이 '악한 행실로 멀리 떠나 마음으로 원수가'(21절) 되었음에도 불구하고, 그리스도께서는 여러분을 그분처럼 '거룩하고 흠 없고 책망할 것이 없는 자'(22절)로 만들어 주셨습니다."

> Leader
> 예수님은 "아름다운 열매를 맺지 아니하는 나무마다 찍혀 불에 던져지느니라"(마 7:19)라고 말씀하셨습니다. 거룩한 입에서 끔찍한 말이 튀어나오다니요! 그래서 뿌리가 필요한 것입니다. 뿌리가 없다면 열매도 없을 것입니다. 그런데 좋은 소식이 있습니다. 열매가 절대로 말라죽지 않는 나무가 있다는 것입니다. 바울이 그것을 우리에게 가리켜 보여 주는데, 바로 "피와 물"로 심긴 갈보리 십자가입니다(요 19:34; 참조, 시 1:3).
> 그 나무 덕분에 골로새 교인들은 죄의 저주에서 벗어날 수 있었습니다. 바울은 그들에게 필요한 것은 심판이 아니라 목표와 훈련과 제자도임을 알았습니다. 그리스도께서 이미 그들을 위해 심판을 받으셨기 때문입니다.

Q 어떻게 하면 우리 안에 믿음의 뿌리가 깊게 내릴 수 있을까요?

3. 만물의 으뜸이신 그리스도께서 우리를 서로 화목하게 하십니다(골 1:24~2:3)

*24나는 이제 너희를 위하여 받는 괴로움을 기뻐하고 그리스도의 남은 고난을
그의 몸된 교회를 위하여 내 육체에 채우노라 25내가 교회의 일꾼 된 것은 하나
님이 너희를 위하여 내게 주신 직분을 따라 하나님의 말씀을 이루려 함이니라
26이 비밀은 만세와 만대로부터 감추어졌던 것인데 이제는 그의 성도들에게 나
타났고 27하나님이 그들로 하여금 이 비밀의 영광이 이방인 가운데 얼마나 풍성
한지를 알게 하려 하심이라 이 비밀은 너희 안에 계신 그리스도시니 곧 영광의
소망이니라 28우리가 그를 전파하여 각 사람을 권하고 모든 지혜로 각 사람을
가르침은 각 사람을 그리스도 안에서 완전한 자로 세우려 함이니 29이를 위하여
나도 내 속에서 능력으로 역사하시는 이의 역사를 따라 힘을 다하여 수고하노
라 2:1내가 너희와 라오디게아에 있는 자들과 무릇 내 육신의 얼굴을 보지 못한
자들을 위하여 얼마나 힘쓰는지를 너희가 알기를 원하노니 2이는 그들로 마음
에 위안을 받고 사랑 안에서 연합하여 확실한 이해의 모든 풍성함과 하나님의
비밀인 그리스도를 깨닫게 하려 함이니 3그 안에는 지혜와 지식의 모든 보화가
감추어져 있느니라*

본문에서 바울이 지적한 핵심은 이것입니다. 우리를 하나님 아버지와 화목하게 하신 그리스도께서 우리로 하여금 서로 화목하게 하십니다. 십자가의 상징적 의미는 수직적인 동시에 수평적인 확장을 가리킵니다. 하나님과의 화목은 바깥쪽으로 곧 다른 사람들과의 화목으로 연결됩니다. 사실, 예수님도 제자들에게 "우리가 우리에게 죄지은 모든 사람을 용서하오니 우리 죄도 사하여 주시옵고"(눅 11:4)라고 기도하라 하셨습니다.

> Leader

바울은 골로새와 그 근방 도시인 라오디게아의 교인들을 크게 염려했습니다. 비록 그들을 한 번도 만나 본 적은 없었지만, 바울은 그들의 유익을 위해 열심히 일했습니다. 바울은 믿는 사람들의 몸 된 자매 교회로서 사랑으로 연합해 하나 되기를, 그리고 "확실한 이해의 모든 풍성함"과 "하나님의 비밀인 그리스도를"(골 2:2) 깨닫는 데서 서로 연결되기를 권면했습니다. 바울은 골로새 교인들과 라오디게아 교인들이 함께 모여 편지를 읽기 바랐습니다(골 4:15~16).

지중해 지역의 모든 교회가 똑같은 죄로 씨름하거나 엇비슷한 자원을 자랑한 것이 아닙니다. 골로새와 라오디게아는 인접해 있었지만, 역사적 배경이나 경제적 상황은 분명히 달랐습니다. 바울에 따르면, 골로새 교회는 이단 문제로 고심하고

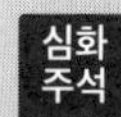
심화 주석

바울은 '고난'(롬 8:18; 고후 1:5; 갈 5:24; 빌 3:10) 중에도 기뻐했습니다. 그것이 교회에 유익이 되었기 때문입니다. 바울은 고난을 통해 "그리스도의 남은 고난"을 자기 "육체에 채우노라"라고 말했습니다(골 1:24). 이 수수께끼 같은 구절이 그리스도의 대속 사역에 부족함이 있었다는 의미일 리 없습니다(20절). 오히려 바울의 고난이 복음 전파를 진전시키는 데 있어서 교회에 유익이 되었다는 것을 의미합니다.[12]

_안드레아스 J. 쾨스텐버거

심화 주석 바울이 겪은 모든 고난은 "하나님의 말씀을 이루려"(골 1:25)고 받은 거룩한 사명의 한 부분입니다. 그는 자신의 메시지를 그리스도의 "비밀"(골 1:26)로 묘사하는데, 이 비밀은 선택된 무리에게뿐만 아니라 이방인들에게도 완전히 드러났습니다(롬 11:25~26; 16:25~26). 여기서 바울은 "이 비밀의 영광이 얼마나 풍성한지를"(골 1:27) 구원을 약속하는 비밀스러운 종교들이 선포하는 믿음과 대조한 것일 수 있습니다. 그러나 탐구할 가치가 있는 유일한 비밀은 바로 예수 그리스도 안에서 드러나는 비밀입니다. 그분만이 장차 올 영광에 대한 확실한 소망을 주십니다.[13]

_산유 이랄루

"바울은 '사랑 안에서'(골 2:2) 영적인 연합이 최우선순위가 되기를 바랐습니다. 만일 이런 최상의 조건이 이루어진다면, 그릇된 가르침으로 인한 심각한 분열의 위험은 거의 없을 것입니다. 사랑의 연합은 분열의 영과 부적절한 교리 논쟁에 맞설 수 있는 최선의 안전장치입니다."[14]

_E. Y. 멀린스

있었고, 예수님은 라오디게아 교회가 미지근한 믿음 탓에 고생하게 될 것이라고 말씀하셨습니다(계 3:14~22). 그러나 그들은 "몸인 교회의 머리"(골 1:18)이신 예수 그리스도를 공유했습니다.

예수님은 "새 계명을 너희에게 주노니 서로 사랑하라 내가 너희를 사랑한 것같이 너희도 서로 사랑하라 너희가 서로 사랑하면 이로써 모든 사람이 너희가 내 제자인 줄 알리라"(요 13:34~35)라고 말씀하심으로 제자들에게 화목의 동기를 불어넣어 주셨습니다. 바울도 예수님이 주신 이 화목의 동기를 교인들에게 불어넣었습니다.

Q 그리스도인이 사랑을 행할 때 세상은 교회에 대해 어떤 평가를 할까요?

Q 화목하게 하는 그리스도의 사랑을 세상에 어떻게 나타낼 수 있을까요?

> Leader

하나님과 화목해야 다른 사람과도 화목할 수 있습니다. 요한은 이 점을 잘 알았습니다. "예수께서 사랑하시는 그 제자"가 에베소 인근 도시에서 쓴 글을 한번 읽어 보십시오.

"사랑하는 자들아 하나님이 이같이 우리를 사랑하셨은즉 우리도 서로 사랑하는 것이 마땅하도다"(요일 4:11).

말하기는 쉬워도 행동하기는 어렵습니다. 우리는 가족이나 동료나 상사나 직원이나 학생이나 이웃이 우리를 좌절시키거나 도전하게 하고, 또 반대하기도 한다는 것을 잘 압니다. 심지어 대적들이 노골적으로 우리가 실패하는 꼴을 보려 할 수도 있습니다. 교회도 별반 다르지 않습니다.

바울은 교회가 사랑으로 연결되고 긴밀하게 연합할 것을 권면했습니다. 교회가 얼마나 적대적이 될 수 있는지를 알았기 때문입니다. 특히 타락하거나 깨어진 형제나 자매를 치유하는 데 있어서는 더욱 그렇습니다. 바울은 가정해서 말하지 않았습니다. 그는 개인적인 목회의 경험으로 말했습니다. 그의 교회를 관계 문제의 실험실로 봐 주십시오. 바울은 고린도 교회 안에 "분쟁이 있다"(고전 1:11)는 사실을 알게 되었습니다. 그는 갈라디아 교회에 보내는 편지에서 이렇게 말했습니다. "그리스도의 은혜로 너희를 부르신 이를 이같이 속히 떠나 다른 복음을 따르는 것을 내가 이상하게 여기노라"(갈 1:6). 데살로니가 교회에는 "조용히 자기 일을" 하라며 질책하기도 했습니다(참조, 살전 4:11~12).

그리스도께서는 우리로 하여금 서로 화목하게 해 주셨지만, 여전히 우리가 해야 할 일이 있습니다. 그리고 그것은 쉽지 않은 일입니다. 다른 사람을 사랑하는 일은 어렵습니다. 다른 사람들이 우리를 사랑하는 일도 어려울 것입니다. 그러나 노력할 만한 가치가 있습니다. 그리스도의 교회가 사랑으로 하나 될수록, 우리의 가장 귀한 보물이신 그리스도를 우리는 더 잘 알게 되고, 그분이 받기에 합당하신 영광을 올려 드리며 살 수 있습니다.

Q 바울이 당신의 교회 안에서 이루어지는 사랑에 관해 편지를 쓴다면, 어떤 내용을 담을까요?

"복음은 화목을 전제로 하며 화목을 지시하기도 합니다. 즉 개인의 구원과 공동체의 구원을 선포하는 것입니다. 우리는 서로를 필요로 합니다. 그리스도인의 삶은 공동체의 격려와 교화와 책임 안에서 이루어져야 합니다. … 우리는 예수님이 우리를 대하지 않았으면 하는 방식으로 적당히 거리를 둔 상태로 교회를 대합니다. 우리는 이상하거나 엉망이거나 사회적으로 서투른 사람들이기 때문입니다. 그러나 만일 우주를 다스리는 거룩하신 하나님이 모든 실패자들을 다정하게 환대해 주신다면, 그렇게 하려고 거부하는 우리는 대체 어떤 사람이란 말입니까?"[15]

_제러드 C. 윌슨

"주 예수 그리스도께서 당신을 용서해 주셨다면, 당신도 누군가를 용납해야 합니다."[16]

_찰스 H. 스펄전

결론

세상의 악, 고통, 죽음이라는 문제에 관해 쉽고 빠른 해답은 없습니다. 하나님은 왜 폭력이나 테러리즘이나 삶의 비극적인 상실을 허락하실까요? 우리의 질문은 언젠가 주님이 "사망을 영원히" 멸하시고, "모든 얼굴에서 눈물을" 씻기실 날에 온전히 답을 얻을 것입니다(사 25:8). 그러나 지금은 그리스도의 십자가를 붙들어야 할 때입니다. 이것이 기독교와 다른 모든 종교 운동과의 차이점입니다.

그리스도인은 십자가를 통해 참하나님이자 참인간이신 나사렛 출신의 인자와 개인적인 관계를 맺습니다. 예수님은 우리와 함께 고난받으셨고, 우리를 위해 고난을 당하셨으며, 우리가 "우는 자들과 함께"(롬 12:15) 울 때 우리와 함께 고통을 겪으십니다. 십자가의 빛은 우리로 하여금 위로는 그리스도를 바라보게 하고, 아래로는 믿음의 터를 보게 하며, 바깥쪽으로는 다른 이들을 향한 사랑을 바라보게 합니다. 이 세 가지 빛을 조심스럽게 간직하십시오. 그중 하나라도 결핍되면, 나머지가 부서져 버릴 수 있기 때문입니다. 우리는 세상을 향해 온전하신 그리스도의 전적인 구원을 선포해야 합니다.

그리스도와의 연결

사도 바울은 감옥에서 그리스도의 위엄을 선포함으로써 하나님의 백성에게 용기를 주었습니다. 하나님의 아들이신 그리스도께서는 십자가 사역으로 우리를 하나님과 화목하게 하셨습니다. 그리스도인의 성장과 성숙은 오직 그리스도께 집중함으로써 일어납니다. 그리스도는 성경의 중심이자 교회의 머리이십니다.

하나님의 계획 우리의 사명

선교적 적용 하나님은 그리스도인들을 세상에 화목을 전하는 전령으로 부르십니다.

1. 그리스도께 영광을 돌리기 위해 우리가 할 수 있는 일은 무엇입니까?
2. 과거의 죄와 실수에 대한 죄책감을 그리스도의 십자가 앞에서 어떻게 극복할 수 있습니까?
3. 사랑과 화목이 어떻게 그리스도의 구원에 관한 우리의 간증에 힘을 북돋워 줍니까?

금주의 성경 읽기
행 27~28장;
빌 1~4장

바울이 빌레몬에게 오네시모를 부탁하다

6

Summary and Goal

빌레몬서를 공부할 때, 그리스도인의 하나 됨을 위한 바울의 전략을 놓치지 마십시오. 하나님의 종인 바울은 빌레몬에게 율법이나 의무나 책임이 아닌 사랑을 숙고하라고 충고합니다. 오네시모를 종이 아닌 형제로 받아들이라는 바울의 말은 타인에 대한 우리의 관점을 그리스도의 관점에 맞추어 조정하도록 도전합니다. 그렇게 함으로써 바울은 우리로 하여금 그리스도께서 말씀하신 근원적인 구속의 화목을 되돌아보게 합니다.

- **성경 본문**
  빌레몬서 1:8~22

- **세션 포인트**
  1. 의무감이 아닌 사랑에 호소하십시오(몬 1:8~14)
  2. 종이 아닌 형제로 받아들이십시오(몬 1:15~17)
  3. 의무감이 아닌 은혜에 대한 감사로 행하십시오(몬 1:18~22)

- **신학적 주제**
  그리스도의 십자가를 본받아 그리스도인은 화목을 이룹니다.

- **그리스도와의 연결**
  사도 바울은 도망한 종 오네시모를 대신해 빌레몬에게 호소하며, 그들의 관계를 중재하고자 했습니다. 그는 화평을 위해 자진해서 오네시모의 빚을 내신 갚겠다고 했습니다. 바울의 행동은 예수 그리스도의 본을 따른 것입니다. 그리스도는 하나님과 죄 된 인간 사이에서 화평케 하시는 분입니다. 예수님은 우리 죗값을 기꺼이 대신 갚아 주심으로써 우리를 하나님과 화목하게 하셨고, 우리가 서로 화목하게 하셨습니다.

- **선교적 적용**
  하나님은 우리에게 십자가에 달리신 주님의 뜻을 따라 화평하게 하는 자가 되라고 명하십니다.

Session Plan

도입

노예로 태어나 자유인이 된 토마스 L. 존슨이 찰스 스펄전과 우정을 나누었던 이야기를 들려주십시오. 이 이야기는 그리스도인의 하나 됨은 '동일성'이 아니라 '일치'에 관한 것임을 보여 줍니다.

교회는 어떻게 해서 서로 다름을 유지하면서 하나 됨을 경험할 수 있을까요?

'동일성'이 하나님이 그리신 교회의 진정한 모습이 될 수 없는 이유는 무엇입니까?

그러고 나서 종을 형제로 대해야 함을 말하기 위해 사도 바울이 빌레몬에게 쓴 편지에 관한 이 세션을 요약해 주십시오.

전개

1 의무감이 아닌 사랑에 호소하십시오 (몬 1:8~14)

AD 1세기 로마 제국에서 종살이가 어땠는지 분명히 말해 주십시오. 그 후에 빌레몬서 1장 8~14절을 읽고, 본문을 소개해 주십시오. 바울의 목표는 종의 반란을 일으키는 것이 아니었음을 강조해 주십시오. 바울은 내적 변화로 점차 외적 세상을 변화시켜가는 복음을 신뢰했습니다.

때로는 세상을 변화시키기 위해 '내부에서 외부로의 전략' 대신 '외부 전략'을 써야 할 때가 있습니다. 이 '외부 전략'에는 어떤 것이 있을까요?

바울은 세상적인 생각이 아닌 사랑에 근거해 도망친 종 오네시모와 빌레몬이 화해하기를 호소했다는 점을 지적해 주십시오. 사랑이 순종을 불러일으키고, 순종이 사랑을 입증합니다.

타인과의 관계에서 우리가 저지를 수 있는 잘못에는 어떤 것들이 있습니까?

어떻게 하면 의무감이 아닌 사랑으로 타인을 대할 수 있을까요?

2 종이 아닌 형제로 받아들이십시오 (몬 1:15~17)

'우연'과 '섭리'라는 개념을 대조해 주십시오. 그러고 나서 자원자에게 빌레몬서 1장 15~17절을 읽게 하십시오. 서너 명씩 짝지어 표의 질문에 답하게 하십시오. 몇 분 뒤에 전체 모임에서 발표하게 하십시오.

요셉이 애굽에서 종살이한 것과 오네시모가 로마로 도망친 것 사이에 비슷한 점은 무엇입니까?

하나님은 우리 인생의 어떤 고된 경험을 하나님의 영광과 우리의 유익을 위해 사용하셨습니까?

도망친 종 오네시모를 통해 하나님이 빌레몬에게 선하게 역사하고 계심을 강조해 주십시오. 오네시모는 예수님을 믿음으로써 더 이상 종이 아닌 그리스도 안에서 형제가 되었습니다.

하나님의 자녀이자 그리스도의 형제자매라는 정체성을 인식하면 우리는 일상에서 어떤 삶을 살게 될까요?

3 의무감이 아닌 은혜에 대한 감사로 행하십시오 (몬 1:18~22)

빌레몬서 1장 18~22절을 읽으십시오. 바울이 오네시모로 인해 벌어진 상황을 온전히 받아들이기를 빌레몬에게 권고할 때 "만일"이라는 단어를 쓴 것에 주목해 주십시오.

우리는 종종 말의 내용보다는 말하는 방법 때문에 갈등을 겪습니다. 디지털 문화 속에서 이런 갈등이 더 자주 일어나는데 그 이유는 무엇일까요?

부당한 일에 은혜로 대하는 것이 어려울 수 있는데 그 이유는 무엇일까요?

복음의 복에 비추어 은혜를 베풀어 달라고 바울이 빌레몬에게 요청한 것을 주목해 주십시오. 우리의 죗값을 대신 치러 주신 예수님을 본받아 바울이 오네시모의 빚을 대신 갚겠다고 나섰음을 지적해 주십시오.

하나님은 당신의 상처를 통해 어떻게 다른 사람들에게 은혜를 전하셨나요?

결론

화목하게 하는 복음의 능력을 보여 준 스펄전과 존슨의 뜻밖의 우정 이야기로 다시 돌아가십시오. 예수님이 우리를 위해 예비하신 미래의 거처는 오늘날 교회가 주님의 사랑과 은혜를 세상에 전하는 동기가 됩니다. 이 세션에서 배운 진리를 '하나님의 계획, 우리의 사명'에서 적용해 보십시오.

Session Content

6. 바울이 빌레몬에게 오네시모를 부탁하다

"친애하는 스펄전 목사님께. … 지난 9월 대서양을 가로질러 오는 동안에 휘몰아치는 거대한 파도와 천태만상의 물결들을 보면서 가족의 다양성에 관해 생각해 봤습니다. 우리는 파도처럼 많지만 결국 하나의 바다와도 같다는 걸 깨달았습니다."[1]
_프레더릭 더글라스

"복음에서 그리스도께서 이루신 구원은 단지 칭의만이 아닙니다. 더 포괄적입니다. 그것은 그리스도인 공동체 안의 형제자매들에게 회개와 온전함과 사랑을 가져다줍니다."[2]
_D. A. 카슨

도입

토마스 L. 존슨은 자신의 회고록《노예, 28년》(*Twenty-Eight Years a Slave*)에서 포로됨에서 자유까지 예기치 않았던 여정을 되돌아봤습니다. 1840년대 버지니아 농장에서 자란 존슨은 미국 노예들의 온갖 참상을 목격했습니다. 그들은 기둥에 매여 채찍을 맞거나 느닷없이 처형되거나 노예 시장에서 팔려 나갔습니다. 존슨은 에이브러햄 링컨이 미국 내 모든 노예의 해방을 선포한 남북전쟁 이후에 자유인이 되었습니다.

이후 그는 저명한 설교가이자 노예제 폐지론자로 급부상하던 찰스 스펄전이 쓴 기도에 관한 소책자를 읽게 되었습니다. 스펄전의 글에서 도움을 받은 노예 출신의 존슨은 그에게 편지를 썼습니다.

스펄전은 존슨의 영국행 경비를 사비로 지원했고, 그를 신학교에 입학시켰습니다. 그리고 그는 그 학교 최초의 흑인 학생이 되었습니다. 스펄전은 존슨의 수업료를 면제해 주었고, 신앙의 멘토가 되어 주었습니다. 두 사람은 떼려야 뗄 수 없는 친구가 되었습니다.

> Leader
> 스펄전이 우울증, 류머티즘, 통풍 등으로 고생할 때, 존슨은 밤새 그의 침대를 지키며 잠들 때까지 "천국에서 내 집을 차지하리라"(Steal Away Home)라는 노래를 자장가로 들려주곤 했습니다. 이것은 그가 버지니아에서 노예 생활을 할 때 배웠던 노래였습니다.

존슨과 스펄전의 우정은 복음의 초상을 생생하게 보여 줍니다. 복음은 출신 배경이나 피부색이나 계급이나 문화적인 차이에 상관없이 하나님의 자녀들을 하나 되게 하고, 십자가의 능력으로 화목하게 합니다. 그러나 그리스도인의 하나 됨은 '동일성'이 아닌 '일치'에 관한 것입니다.

Q 교회는 어떻게 해서 서로 다름을 유지하면서 하나 됨을 경험할 수 있을까요?

Q '동일성'이 하나님이 그리신 교회의 진정한 모습이 될 수 없는 이유는 무엇입니까?

Session Summary

> Leader

바울은 빌레몬에게 보내는 25절짜리 짧은 편지에서 예수 그리스도 안에서의 하나 됨과 연합을 호소했습니다. 그는 빌레몬과 그에게서 도망친 종 오네시모의 관계를 회복시키고자 노력했습니다. 화목과 은혜와 낮아지심에 관한 이 이야기에 담긴 것이 바로 복음입니다.

빌레몬서를 공부할 때, 그리스도인의 하나 됨을 위한 바울의 전략을 놓치지 마십시오. 하나님의 종인 바울은 빌레몬에게 율법이나 의무나 책임이 아닌 사랑을 숙고하라고 충고합니다. 오네시모를 종이 아닌 형제로 받아들이라는 바울의 말은 타인에 대한 우리의 관점을 그리스도의 관점에 맞추어 조정하도록 도전합니다. 그렇게 함으로써 바울은 우리로 하여금 그리스도께서 말씀하신 근원적인 구속의 화목을 되돌아보게 합니다.

"성령님이 우리 마음에 거하시면, 세상의 어떤 힘도 우리를 그리스도 안에 있는 하나님의 사랑에서 떼어 놓을 수 없습니다. 우리는 교회에 속한 모든 사람과 그들이 속한 가시적인 기관의 어느 곳에서도 교제를 나눌 수 있고 교제하고 있습니다. … 영적 교제는 성령님 안에 살고 있는 사람들에게 자연스럽게 이루어집니다. 전 세계 사람들이 자신의 개인적 경험을 증언할 수 있기 때문입니다."[4]
_제럴드 브레이

"나는 깊은 수렁에 누운 돌덩이와도 같았습니다. 전능하신 분이 오셔서 자비의 손길로 나를 일으키시고, 실로 다시 도우시어 자기 일부가 되게 해 주실 때까지 그랬습니다."[5]
_아일랜드의 성 패트릭

1. 의무감이 아닌 사랑에 호소하십시오(몬 1:8~14)

> Leader

노예제도 문제는 꺼내기 힘들지만 꼭 다루어야 할 문제입니다. 초대교회 당시 노예제도는 어땠을까요? 우리는 오늘날의 관점에서 빌레몬서를 읽으려고 하는 경향이 있습니다. 노예제도는 마틴 루터 킹 주니어와 흑인 민권 운동이 보여 준 용기를 떠올리게 합니다. 또 노예제도는 인종 차별과 식민지화와 미국 남부의 목화 농장으로 상징되는 악을 떠올리게 합니다. 노예제도를 낳은 인종 차별이 과거에만 있었던 것은 아닙니다. 오늘날에도 이러한 비극적인 문제가 세계 곳곳에서 여전히 자행되고 있습니다. 교회는 이 문제를 가슴 아프게 생각해야 합니다.

그런데 AD 1세기 로마 제국의 노예제도는 피부색에 기인한 것이 아니었습니다. '인종 프로파일링'이나 '인종 간 화합'이라는 개념이 바울에게는 생소할 것입니다. 그러나 그는 갈라디아 교인들에게 "너희는 유대인이나 헬라인이나 종이나 자유인이나 남자나 여자나 다 그리스도 예수 안에서 하나이니라"(갈 3:28)라고 말한 바 있습니다.

바울이 빌레몬에게 편지를 쓸 당시에 로마 제국에는 셋 중 하나의 비율로 노예가 많았습니다.[3] 많은 사람이 갖가지 이유와 다양한 방법으로 노예가 되었습니다.

심화 주석 바울은 빌레몬에게 "마땅한 일"(몬 1:8)을 행하라고 명령할 수도 있었습니다. 이것은 헬라어 '아네콘'을 번역한 것으로, 골로새서 3장 18절에서 남편에 대한 아내의 태도를 말할 때 이 단어가 또 등장합니다. '아네콘'은 기독교적 질서로 말미암아 마땅한 것을 말합니다. 그리스도인은 하나님의 경륜이 인간의 경륜과 다르고, 어떤 것들은 본래부터 옳다는 것을 깨닫습니다. 형제를 공정하고 친절하게 대하는 것이 이러한 범주에 들어갑니다. 인간은 다른 인간을 학대할 권리가 없습니다. 바울은 오네시모를 풀어 달라고 요청하지 않았습니다. 그는 빌레몬에게 자신의 기독교적 헌신을 호소하고, 하나님이 기대하시는 일을 할 것을 촉구했습니다. 바울은 지혜롭게도 오네시모를 받아들이는 문제에 대해 먼저 언급했습니다.[7]

_리처드 R. 멜릭 Jr.

파선당한 선원들이나 전쟁에서 패한 도시의 수감자들이나 심지어 전쟁 영웅도 종종 검투사의 경기에 불려 가 노예가 될 수 있었습니다. 그밖에 로마 제국의 누구라도 자발적으로 고용 노예가 될 수 있었습니다. 어떤 이들은 빚을 갚거나 수입을 창출하기 위해 자발적으로 노예가 되기도 했습니다. 고등교육을 받은 노예들은 흔히 로마 가정의 어린 자녀들의 가정교사로 일했습니다.[6]

당연하게도 주인은 노예를 언제나 잘 대해 주지 않았습니다. 바울은 에베소서에서 이 문제를 다뤘습니다(참조, 엡 6:9). 노예들은 종종 반항하거나 조직적으로 봉기하거나 도둑질하거나 훔쳤고, 기회가 되면 탈출하기도 했습니다.

바울은 또한 노예제도를 따르고 있는 고린도 교인들에게도 "종들아 모든 일에 육신의 상전들에게 순종하되 사람을 기쁘게 하는 자와 같이 눈가림만 하지 말고 오직 주를 두려워하여 성실한 마음으로 하라"(골 3:22; 참조, 딛 2:9)라고 편지했습니다.

바울은 교인들에게 보내는 편지에서 주인과 종 사이에 일어난 문제를 다루었습니다(엡 6:9; 골 3:22. 참조, 딛 2:9). 그런데 바울은 왜 노예제도를 명쾌하게 비판하지 않았을까요? 이 문제를 다시 다루게 될 테지만, 잠시 로마에서 가택 연금되어 있던 바울에게로 돌아가 봅시다. 그는 골로새 교회에서 온 에바브라를 맞아들였습니다. 그러고 나자 다른 누군가가 찾아왔는데, 에바브라와 같은 도시에서 도망쳐 온 노예 오네시모였습니다. 바울이 오네시모의 주인 빌레몬에게 호소한 내용을 읽어 보십시오.

8 이러므로 내가 그리스도 안에서 아주 담대하게 네게 마땅한 일로 명할 수도 있으나 9 도리어 사랑으로써 간구하노라 나이가 많은 나 바울은 지금 또 예수 그리스도를 위하여 갇힌 자 되어 10 갇힌 중에서 낳은 아들 오네시모를 위하여 네게 간구하노라 11 그가 전에는 네게 무익하였으나 이제는 나와 네게 유익하므로 12 네게 그를 돌려보내노니 그는 내 심복이라 13 그를 내게 머물러 있게 하여 내 복음을 위하여 갇힌 중에서 네 대신 나를 섬기게 하고자 하나 14 다만 네 승낙이 없이는 내가 아무것도 하기를 원하지 아니하노니 이는 너의 선한 일이 억지같이 되지 아니하고 자의로 되게 하려 함이라

골로새에서 종의 반란을 준비하는 것은 바울의 관심사가 아니었습니다. 사실, 로마는 반란을 무력화하는 데 능숙했습니다.

> Leader
바울이 이 편지를 쓰고 난 몇 년 뒤 AD 70년에 티투스 황제의 로마 군대가 유대인의 반란을 빌미로 예루살렘을 약탈했습니다.

예수님은 제자들을 동원해 반란을 일으키는 데 시간을 허비하지 않으셨고, 바울도 마찬가지였습니다. 그보다 더 좋은 방법이 있었습니다. 복음은 외적인 힘이 아니라, 내적인 변화로 외부 세상을 바꾸어 갑니다.

> Leader
> 바울은 개인적인 경험을 통해 복음의 효력이 죄의 근원, 즉 심장부에 도달해야만 몸 전체로 퍼질 수 있다는 것을 알았습니다. 이러한 '내부에서 외부로의 전략'은 개인, 가족, 교회, 도시, 국가, 및 문명을 변화시키는 데 훨씬 더 효과적입니다.

바울은 빌레몬이 마음에서부터 오네시모와 화해해야 함을 이해했습니다.

심화 주석 복음의 개종하게 하는 능력을 통해(참조, 몬 1:10, "아들"), 전에는 "무익"했던(헬라어로 '아크레스토스') 사람이 "유익"하게(헬라어로 '유크레스토스') 되었고, 이제 자기 이름으로 살아가게 되었습니다(오네시모라는 이름은 헬라어로 '유익한'이란 뜻입니다).[8]

_머레이 J. 해리스

Q 때로는 세상을 변화시키기 위해 '내부에서 외부로의 전략' 대신 '외부 전략'을 써야 할 때가 있습니다. 이 '외부 전략'에는 어떤 것이 있을까요?

> Leader
> 바울은 이러한 목양 문제를 큰 망치나 철구를 휘두르며 다룰 수도 있었습니다. 이전에 그랬던 적도 있었습니다(참조, 갈 5:12). 그러나 바울은 깨지기 쉽고 감정적으로 격양된 관계를 무너뜨릴 수 있는 위험을 감수하고 싶지 않았습니다. 그래서 "나이가 많은"(몬 1:9) 바울은 보다 유연한 방식으로 접근하려 했습니다.
> 그는 1절에서 자신을 "그리스도 예수를 위하여 갇힌 자"라는 종 된 신분으로 밝혔습니다. 바울이 자기 비하적인 말로만 엮어서 썼더라도 빌레몬을 설득하기에 충분했을 것입니다. 그는 기본적으로 이렇게 말한 셈입니다. "빌레몬, 만약에 당신이 오네시모에게 화를 낸다면, 내게 화내는 것이나 마찬가지입니다. 왜냐하면 오네시모나 나나 둘 다 이곳 로마에서는 종의 신분인데다가, 당신의 종을 내가 매우 아끼기 때문입니다."

바울은 사회적 기대나 로마의 관습이나 종교적 의무에 근거해 빌레몬에게 호소하지 않았습니다. 그 대신에 사랑에 기초해 친구 빌레몬에게 호소했습니다(9절). 바울은 빌레몬에게 순종을 명하지도 않았습니다. 물론 그렇게 할 수도 있었지만 말입니다. 빌레몬은 사랑을 나타내려면 "자의로"(14절) 선택해야 했습니다.

사랑은 모든 면에서 하나님을 위한 순종의 동기가 되어야 합니다. 우리는 주로 의무감으로 하나님께 순종하는 함정에 빠지기가 쉽습니다. 우리는 마땅히 해야 하기에 순종하곤 합니다. 표면적으로 보면, 성경에서 하나님은 제안이 아닌 명령을 내리셨으니 그렇게 생각할 수도 있습니다. 그러나 순종을 불러일으키는 것은 의무감이 아니라 사랑이어야 합니다.

예수님은 "너희가 나를 사랑하면 나의 계명을 지키리라"(요 14:15)라

> **심화 주석** 신약 시대에는 노예를 소유하는 것이 악습이기는 했지만 일반적인 일이었습니다. 바울은 빌레몬의 집에서 모이는 교회에 가르침을 주었습니다. 그는 그들이 사는 곳에서 이러한 악습을 어떻게 변화시킬 수 있는지를 보여 주었습니다. 또한 빌레몬에게 오네시모를 형제로 받아줄 것을 권했는데, 그리스도인 공동체에서는 지위가 중요하지 않기 때문입니다. 만일 빌레몬 시대에 노예를 소유한 모든 그리스도인이 그들을 형제로 대한다면, 그리스도인 가운데 노예제도를 끝낼 수도 있었을 것입니다.[9]
>
> _*Africa Study Bible*

> **심화 주석** 노예제도의 부당함을 생각한다면, 바울이 왜 오네시모의 해방을 직접 요구하지 않았을까요? 바울은 로마의 상원의원이 아닌 시골 마을의 중산층 사업가에게 권면하는 것입니다(참조, 고전 7:21~23). 이 시점에서 그의 최우선 과제는 그리스도의 사랑과 용서에 근거해 기독교 공동체 안에 관계를 재구성하는 것이었습니다.[10]
>
> _*클린턴 E. 아놀드*

고 말씀하셨습니다. 사랑은 순종을 불러일으키고, 순종은 사랑을 입증합니다. 사랑할수록 순종의 마음이 더해 가는데, 의무감은 어느 시점에서 그 마음을 고갈시킬 것입니다. 이것이 바로 예수님이 사랑과 순종을 융합하신 이유입니다. 하나님을 향한 사랑이 순종을 낳습니다. 세상이 우리가 기쁘게 순종하는 모습을 본다면, 그것은 우리가 하나님을 기쁘시게 하고 영광스럽게 해 드리는 것입니다.

Q 타인과의 관계에서 우리가 저지를 수 있는 잘못에는 어떤 것들이 있습니까?

Q 어떻게 하면 의무감이 아닌 사랑으로 타인을 대할 수 있을까요?

2. 종이 아닌 형제로 받아들이십시오(몬 1:15~17)

> Leader
>
> 우리 사전에 없어야 할 단어가 있습니다. 아니, 정확히 말해 내버려야 할 단어입니다. 몇 년 전에 저는 그것을 가위로 싹둑 잘라내 버렸습니다. 바로 '우연'이라는 단어입니다. 이것은 '계획에 없던 뜻밖의 사건이나 상황, 즉 고의성이나 필연성의 결여'를 의미합니다.
>
> '우연'이란 단어를 자기 사전에서 빼낸 사람이 저뿐만이 아니었습니다. 바울도 그랬습니다. 바울은 '우연'을 믿지 않았습니다. 그는 '섭리'를 믿었습니다. 바울은 빌레몬과 오네시모의 심드렁한 관계와 같은 어려운 상황에서도 하나님이 역사하시는 섭리의 손길을 알아차렸습니다.

15아마 그가 잠시 떠나게 된 것은 너로 하여금 그를 영원히 두게 함이리니 16이 후로는 종과 같이 대하지 아니하고 종 이상으로 곧 사랑받는 형제로 둘 자라 내게 특별히 그러하거든 하물며 육신과 주 안에서 상관된 네게랴 17그러므로 네가 나를 동역자로 알진대 그를 영접하기를 내게 하듯 하고

바울은 로마의 교인들을 떠올렸습니다. 로마는 빌레몬에게 편지를 쓸 때 살았던 도시입니다. 바울은 로마서에서 이렇게 선포했습니다.

"우리가 알거니와 하나님을 사랑하는 자 곧 그의 뜻대로 부르심을 입은 자들에게는 모든 것이 합력하여 선을 이루느니라"(롬 8:28).

그런데 정말 그럴까요? 모든 것이 합력해 선을 이룰 수 있을까요? 심지어 비극과 혼란과 마음의 고통과 깨어진 관계와 질병과 고난과 투옥이 합력해 선을 이룰 수 있을까요? 도망친 노예의 경우도 말입니다.

창세기 50장 20절에서 요셉이 형제들에게 한 말을 되새겨 보십시오.	요셉이 애굽에서 종살이한 것과 오네시모가 로마로 도망친 것 사이에 비슷한 점은 무엇입니까?
"당신들은 나를 해하려 하였으나 하나님은 그것을 선으로 바꾸사 오늘과 같이 많은 백성의 생명을 구원하게 하시려 하셨나니"(창 50:20).	

하나님은 우리 인생의 어떤 고된 경험을 하나님의 영광과 우리의 유익을 위해 사용하셨습니까?

'모든'은 짧은 단어입니다. 그러나 이 두 글자에는 그리스도인들이 인류 역사에서 직면해 온 온갖 문제들이 거대한 은하처럼 담겨 있습니다. 바울을 보십시오.

> Leader 그는 매 맞고 파선당하고 좌초를 경험했으며, 수면 부족에 시달렸고 굶주렸을 뿐만 아니라 뱀에 물리기까지 했습니다.

수년간 덫에 걸려 재판을 받은 뒤 나이가 든 바울은 이렇게 쓸 수 있었습니다. "아마 그가 잠시 떠나게 된 것은 너로 하여금 그를 영원히 두게 함이리니"(15절)

> Leader 영국의 신학자 존 위클리프는 1382년에 라틴어 성경을 영어로 옮길 때, "아마"(15절)를 '혹시나'라는 뜻의 "퍼러드벤처"(peradventure)라는 고어로 번역했습니다. 이 고어를 잘 살펴보십시오. '퍼-어드벤처'(Per-adventure)입니다. 이것은 중세 영국 노르만 왕조에서 사용했던 프랑스어 표현 '*par aventure*'에서 유래한 것으로, 여기서 '*par*'는 '…으로, …을 통해서'라는 뜻입니다. 따라서 "퍼러드벤처"는 '모험을 통해서'를 의미합니다. 하나님은 이 세상의 모험을 통해 역사하십니다. 즉 인생의 기복, 시련과 고난, 기쁨과 슬픔으로 울퉁불퉁해진 길을 걷는 순례를 통해 역사하십니다. 하나님은 모든 상황 뒤에서 보이지 않게 일하십니다. 은혜라는 섭리의 도구로 악한 데서 선한 것으로 바꾸어 가고 계십니다.

그렇다면 빌레몬에게는 무슨 유익이 있습니까? 바울은 노예 오네시모를 이제 "아들"(10절)이라고 부릅니다. 그에게 오네시모는 "내 심복"(12절)이며 "종 이상"(16절)이고, "사랑받는 형제"(16절)였습니다. 바울은 오네시모

핵심교리 99

91. 가족 관계

하나님은 가정을 인간 사회의 기본 조직으로 정하셨습니다. 가정은 결혼이나 혈연이나 입양으로 맺어진 사람들로 구성됩니다. 결혼이란 한 남자와 한 여자가 평생 유효한 헌신의 계약으로 연합하는 것으로 하나님의 특별한 선물입니다. 결혼은 성경 기준에 부합하는 성적 표현의 통로요 인류 보존을 위한 생식 수단이 됩니다. 남편이나 아내나 둘 다 하나님의 형상대로 창조되었으므로 하나님 앞에서 동등합니다. 부부 관계는 하나님이 자기 백성과 관계 맺으시는 방식을 따라야 합니다. 남편은 그리스도께서 교회를 사랑하시듯 아내를 사랑해야 합니다. 하나님은 그에게 가족을 부양하고 보호하며 인도해야 할 책임을 주셨습니다. 아내는 교회가 그 머리 되신 그리스도께 기꺼이 순종하듯이 남편이 보여 주는 섬김의 리더십에 기쁜 마음으로 순종해야 합니다. 아내는 남편처럼 하나님의 형상대로 지음 받았으므로 남편과 동등합니다. 하나님은 아내에게 남편을 존중하고 가정을 꾸려 나가며, 다음 세대를 양육하는 일에 있어 남편의 돕는 자로 섬겨야 할 책임을 주셨습니다(엡 5:22~33; 벧전 3:1~7). 자녀들은 잉태된 순간부터 주님이 주신 기업이자 복입니다. 부모는 자녀에게 하나님의 뜻 안에서 이루어지는 결혼생활이 어떤 것인지를 보여 주어야 합니다. 그리고 자녀가 성경 진리에 근거한 선택을 할 수 있도록 일관된 삶의 모범과 사랑의 훈육을 통해 영적이고 도덕적인 가치를 가르쳐야 합니다(신 6:4~9). 자녀는 부모를 공경하고 부모에게 순종해야 합니다(엡 6:1~3).

"모든 사람을 심지어 원수까지도 사랑하십시오. 그들이 형제이기 때문이 아니라 형제가 될 수 있도록 사랑하십시오. 늘 형제애로 불탈 수 있도록 사랑하십시오. 원수도 사랑하면 형제가 될 수 있습니다."[11]
_어거스틴

가 그리스도 안에서 얻은 새로운 정체성을 확고히 해 주는 말을 왜 그렇게 구구절절이 썼을까요? 빌레몬에게는 자존심의 문제였기 때문입니다. 오네시모는 빌레몬보다 못한 존재가 아니었습니다. 그는 이제 빌레몬의 종으로 정의되지 않습니다. 그도 빌레몬처럼 하나님의 가족으로서 하나님 나라의 양자권과 시민권을 갖습니다. 우리 역시 마찬가지입니다.

> Leader

바울과 오네시모가 저녁 식사를 하며 대화하는 모습을 한번 상상해 보십시오. 바울이 "오네시모, 자네도 알겠지만, 하나님은 우리를 '또 함께 일으키사 그리스도 예수 안에서 함께 하늘에'(엡 2:6) 앉히신다네"라고 말합니다. 그러면 오네시모는 "그러나 종은 주인의 식탁에 앉지 못하는 법이지요. 종은 음식을 날라야 하니 말입니다"라고 말할 것입니다. 바울은 이렇게 답할 것입니다. "그렇지. 하지만 그리스도께서는 종이 되셨다네. '오히려 자기를 비워 종의 형체를 가지사 사람들과 같이 되셨고 사람의 모양으로 나타나사 자기를 낮추시고 죽기까지'(빌 2:7~8) 순종하셨지. 이게 바로 복음의 메시지일세. 자네가 받아야 할 십자가 고난의 잔을 그리스도께서 대신 받으셨으니, 오네시모, 자네는 받을 필요가 없다네."

그리스도께서는 우리의 잔도 대신 받으셨습니다. 비록 예수님이 잠시 우리와 떨어져 계시지만, 그분은 곧 다시 오실 것입니다. 빌레몬처럼 우리도 주님 곁에 영원히 있게 될 것입니다. 그래서 현실의 장벽이 우리를 가로막을 수는 있어도 결코 옭아맬 수는 없습니다. 그리스도께서 하나님의 사전에서 '죄의 종'을 가위로 잘라내고, '아들과 딸'로 바꾸어 넣어 주셨기 때문입니다.

Q 하나님의 자녀이자 그리스도의 형제자매라는 정체성을 인식하면 우리는 일상에서 어떤 삶을 살게 될까요?

3. 의무감이 아닌 은혜에 대한 감사로 행하십시오(몬 1:18~22)

> Leader

식당에서 남몰래 대신 계산해 본 적이 있습니까? 저는 한두 번 해 봤습니다. 사실 그리스도인이라면 그것보다는 좀 더 많이 해야 하겠죠? 오늘이라도 불시에 복음적인 관대한 행동으로 누군가를 깜짝 놀라게 해 보십시오.

바울이 그랬습니다. 그는 오네시모가 진 빚을 자신이 대신 갚겠다고 빌레몬에게 말함으로써 사심 없는 관대함이 무엇인가를 보여 주었습니다. 바울이 로마에서 로마 교인들에게 보낸 편지를 기억하십시오.

"형제를 사랑하여 서로 우애하고 존경하기를 서로 먼저 하며"(롬 12:10).

그리고 이제 바울은 자신이 썼던 대로 실천합니다.

18그가 만일 네게 불의를 하였거나 네게 빚진 것이 있으면 그것을 내 앞으로 계
산하라 19나 바울이 친필로 쓰노니 내가 갚으려니와 네가 이 외에 네 자신이 내
게 빚진 것은 내가 말하지 아니하노라 20오 형제여 나로 주 안에서 너로 말미암
아 기쁨을 얻게 하고 내 마음이 그리스도 안에서 평안하게 하라 21나는 네가 순
종할 것을 확신하므로 네게 썼노니 네가 내가 말한 것보다 더 행할 줄을 아노라
22오직 너는 나를 위하여 숙소를 마련하라 너희 기도로 내가 너희에게 나아갈
수 있기를 바라노라

> Leader

이 얼마나 선한 사마리아인입니까. 이번에는 깨지고 상처 입은 사람을 치유하기 위해 멀리 여행하지 않아도 되었습니다. 오히려 피해자가 자신을 찾아왔으니 말입니다. 바울은 "내 앞으로 계산하라"(18절)라고 말합니다. 예수님이 들려주셨던 선한 사마리아인의 말을 그대로 옮긴 듯합니다.

"이 사람을 돌보아 주라 비용이 더 들면 내가 돌아올 때에 갚으리라"(눅 10:35).

"그가 만일 네게 불의를 하였거나"(18절)라는 바울의 말은 미묘합니다. 오네시모가 빌레몬에게 어떤 잘못을 했는지 우리는 모릅니다. 이 노예는 어쩌면 자취를 감췄거나 탈출하면서 누군가를 해쳤거나 여행 경비를 충당하기 위해 주인의 돈을 훔쳤는지도 모릅니다. 우리는 그 죄를 알지 못하지만, 바울은 아마도 알았을 것입니다. 오네시모는 자기 죄를 분명히 상세하게 고백했을 것입니다.

그러니 바울은 가정법을 쓸 만큼 현명합니다. "만약"은 오네시모의 비밀을 지켜 주는 동시에 빌레몬에게 은총을 구하는 표현입니다. 이 단어 덕분에 빌레몬은 상황 파악에 완만히 임할 수 있었습니다. 그가 정말로 잃은 것은 무엇입니까? 그리고 바울이 보여 준 사랑과 은혜, 더 중요하게는 그리스도께서 보여 주신 사랑과 은혜를 확장함으로써 그가 진정으로 얻은 것은 무엇입니까?

Q 우리는 종종 말의 내용보다는 말하는 방법 때문에 갈등을 겪습니다. 디지털 문화 속에서 이런 갈등이 더 자주 일어나는데 그 이유는 무엇일까요?

Q 부당한 일에 은혜로 대하는 것이 어려울 수 있는데 그 이유는 무엇일까요?

바울은 편지에서 자기 생각을 부드럽게 전하면서도 19절에서는 문

심화 주석 "네가 순종할 것을"(몬 1:21)은 친구이자 "그리스도 예수를 위하여 갇힌 자"(1절)인 자기의 요청에 순종하는 것이나 "마땅한 일"(8절)에 순종하는 것을 가리켜 한 말일 수 있습니다. 절정에 이르러서 모호하게 "네가 내가 말한 것보다 더 행할 줄을 아노라"(21절)라고 한 말은 오네시모를 용서하고, 그를 빌레몬 가정의 노예로 복직시켜 주는 것을 의미할 수 있습니다. 또한 그것은 아마도 오네시모를 해방시켜 그가 로마나 골로새에서 바울과 함께 예배에 참여할 수 있도록 허락하는 것을 의미할 수도 있습니다.[12]

_머레이 J. 해리스

심화 주석 바울의 제안은 대속의 교리를 훌륭하게 보여 줍니다. 그는 주인의 물건을 훔쳤을지도 모르는 도망자 오네시모를 대신하겠다고 제안합니다. 바울은 그를 변호하려고 노력하지 않습니다. 그는 오네시모의 행동을 설명하거나 정당화하려고도 하지 않습니다. 그 대신에 "그가 만일 네게 불의를 하였거나 … 그것을 내 앞으로 계산하라 … 내가 갚으려니와"(18~19절)라고 말합니다. 그리고 이것에 관해서는 의심의 여지가 없을 테지만, 그는 자신의 약속을 보증하기 위해 편지에 직접 서명합니다. 얼마나 멋진 사랑의 예입니까! 화해하고 싶은 사람은 누구나 대가를 치를 준비가 되어 있어야 하고, 직접 뛰어들어야 합니다. 이것이 그리스도께서 우리 죗값을 친히 짊어지신 방법입니다. 하나님이 우리를 자기 아들딸로 맞아 주시니 얼마나 은혜롭습니까![13]

_소로 성갈로

제를 깊숙이 파고듭니다. "네 자신이 내게 빚진 것은 내가 말하지 아니하노라"라며 빌레몬을 상기시킨 것입니다. 이 말이 빌레몬에게 어떤 기억을 떠올리게 했는지 알고 싶지 않습니까? 오네시모만 빚진 게 아닌 것처럼 보입니다.

사실, 바울은 은혜라는 중요한 가치에 기대어 개인적인 호의를 청하고 있습니다. 세상이 지켜보고 있습니다. 빌레몬은 오네시모를 어떻게 받아들이느냐라는 문제로 복음을 어떻게 드러내게 될까요? 그들은 은혜와 용서와 정체성과 사랑에 관해 무엇을 배우게 될까요?

그리스도인이 의무감에서 하나님께 복종한다면, 바리새파가 지은 죄를 답습하는 셈입니다. 즉 의로운 마음 없이 의를 행하는 것입니다. 이전에 바리새파 사람이었던 바울은 그러한 죄를 너무나 잘 알고 있었습니다. 하나님은 마음으로부터 우러나오는 순종을 원하십니다.

> Leader

바울이 "할례는 마음에 할지니"(롬 2:29)라고 로마 교인들을 일깨웠고, 하나님은 이사야를 통해 "헛된 제물을 다시 가져오지 말라"(사 1:13)라고 꾸짖으시며, "너희가 많이 기도할지라도 내가 듣지 아니"(사 1:15)하겠다고 말씀하셨습니다. 다윗은 밧세바와 간음한 뒤에 이렇게 고백했습니다.

"하나님께서 구하시는 제사는 상한 심령이라 하나님이여 상하고 통회하는 마음을 주께서 멸시하지 아니하시리이다"(시 51:17).

하나님은 상한 심령을 그냥 지나치지 않으십니다. 상한 심령들을 돌보시며 고쳐 주십니다. 의무감은 가혹하게 주인 노릇 하지만, 성령님이 상한 영혼의 상처를 통해 우리 안에 들어오시어 구석구석 은혜를 베풀어 주십니다. 바울은 상한 마음으로 편지를 썼습니다. 빌레몬이 오네시모에게 그리스도의 은혜를 베푼다면 그 마음이 치유될 것입니다. 바울은 "내 마음이 그리스도 안에서 평안하게"(몬 1:20) 해 달라고 요청했습니다.

바울처럼 우리도 서로 죄를 감싸 줄 수 있습니다. 예수 그리스도께서 우리 죗값을 대신 갚아 주셨기 때문입니다. 그리스도께서는 최후의 만찬 후에 "자기를 비워"(빌 2:7) 인류 역사상 가장 큰 거래가 일어날 계산대로 나아가셨습니다. 그리고 그곳에서 자신의 죽음으로써 우리의 빚을 청산해 주셨습니다. 예수님이 갈보리 언덕에서 우리의 죗값이 적힌 회계 장부를 폐기하셨습니다. 그리고 우리에게 자유를 선물로 주셨습니다.

Q 하나님은 당신의 상처를 통해 어떻게 다른 사람들에게 은혜를 전하셨나요?

결론

토마스 L. 존슨이 런던의 신학교를 졸업했습니다. 찰스 스펄전은 그가 품은 열망을 보고 노예 출신의 그를 서아프리카 선교사로 파송했습니다. 그리고 이렇게 기도해 주었습니다.

"주님! 이 진실한 형제가 자기 조상의 땅에서 불타올라 빛을 발하게 하소서!"

스펄전과 존슨의 뜻밖의 우정은 사도 바울과 오네시모의 우정을 떠올리게 합니다. 또한 하나님의 가족을 하나 되게 하는 복음 안에 깃든 화평의 힘을 보여 줍니다. 바울은 빌레몬의 집에 다시는 들르지 못할 것입니다. 그가 여행을 떠나기 전에 처형당했기 때문입니다. 하지만 예수님이 그를 위해 더 좋은 방을 준비해 두셨습니다. 그것은 손님의 방이 아니었습니다. 예수님은 "가서 너희를 위하여 거처를 예비"(요 14:3)하리라고 약속하셨습니다. 이는 골로새의 조식이 포함된 최고급 호텔에 비할 바가 아닙니다. 예수님이 형제자매들을 위해 하늘나라에 준비해 두신 집은 그 무엇과도 비교할 수 없습니다.

> Leader

바울은 육로와 해로로 수천 마일을 여행했습니다. 그는 예루살렘에서 담대히 복음을 선포했고, 가이사랴의 통치자들 앞에서 자신을 변호했으며, 파선당했으나 살아남았고, 이달리야에 도착했습니다. 로마에서 수감 생활하는 동안에 그는 로마 제국에 퍼져 있는 그리스도인들을 격려했습니다. 그러나 선교사 바울은 얼마 안 있어 오네시모처럼 대탈출 작전에 들어갔습니다. 지상을 벗어나 천상으로 향하는 모험을 감행한 것입니다.

예수님은 우리를 위해서도 거처를 예비하고 계십니다. 일생의 수고를 마치고 나면, 하나님이 우리에게도 해방을 선언해 주실 것입니다. 바울처럼 우리도 "이 사망의 몸"(롬 7:24)을 벗고 홀연히 영광의 집으로 들어갈 것입니다. 그 거처는 "좀이나 동록이 해하지 못하며 도둑이 구멍을 뚫지도 못하고 도둑질도"(마 6:20) 못하는 곳입니다.

장차 천국에서 살 것이라는 사실이 이 땅에서 사는 우리에게 믿음의 삶을 살 수 있는 동기를 부여합니다. 우리는 그리스도의 임재로 들어가 주님의 형제자매로서 주님의 사랑과 은혜를 누릴 것을 기대합니다. 그러므로 그때 우리가 받게 될 것을 오늘 주변 사람들에게 나누어 줄 수 있습니다. 이것은 이전에 죄의 종이었으나 지금은 그리스도의 가족이 된 우리가 다른 이들을 위해 할 수 있는 최소한의 일입니다.

"집은 꼭대기에서부터 밑으로 내려오면서 짓지 않습니다. 꼭대기에 오르기 위해서는 기초부터 다지기 시작해야 합니다. … 기초란 집을 짓기 시작하는 지점, 바로 우리가 반드시 만나야 할 이웃입니다. 그리스도의 모든 계명은 이것에 달려 있습니다."[14]

_존 콜로버스

"우리에게는 하나의 주된 목표가 있습니다. 우리가 염두에 두고 있는 다른 모든 것은 종속적이고 부차적인 것입니다. 그것들은 모두 의도적이며 전적인 우리 욕구에 대한 것입니다. 주님께 헌신하고 은혜로 주님을 택해 주님께 자신을 내어 드리는 것이 우리의 진정한 목표입니다. 곧 주님 안에 행복을 두고, 주님의 영광과 뜻을 따라 행하는 것입니다."[15]

_존 뉴턴

그리스도와의 연결

사도 바울은 도망한 종 오네시모를 대신해 빌레몬에게 호소하며, 그들의 관계를 중재하고자 했습니다. 그는 화평을 위해 자진해서 오네시모의 빚을 대신 갚겠다고 했습니다. 바울의 행동은 예수 그리스도의 본을 따른 것입니다. 그리스도는 하나님과 죄 된 인간 사이에서 화평케 하시는 분입니다. 예수님은 우리 죗값을 기꺼이 대신 갚아 주심으로써 우리를 하나님과 화목하게 하셨고, 우리가 서로 화목하게 하셨습니다.

하나님의 계획 우리의 사명

선교적 적용 하나님은 우리에게 십자가에 달리신 주님의 뜻을 따라 화평하게 하는 자가 되라고 명하십니다.

1. 의무감이 아닌 사랑에서 우러나온 전도란 어떤 것일까요?
2. 그리스도인이 서로 돌보기 위해 회개하고 극복해야 할 장애물에는 어떤 것들이 있을까요?
3. 어떻게 하면 다른 사람에게 그리스도의 은혜를 나타낼 수 있을까요?

금주의 성경 읽기
골 1~4장;
몬 1장;
엡 1~4장

Summary and Goal

데살로니가전서를 통해 그리스도인이 소망을 품고 살아가는 것이 얼마나 중요한가를 살펴볼 것입니다. 우리는 부활과 그리스도의 재림과 최후 심판을 고대하고 소망합니다. 예수님이 다시 오셔서 자기 백성을 죽은 자 가운데서 다시 살리시고, 악한 자들을 심판하실 것입니다. 바로 이것이 현재의 고난을 이겨 낼 소망이 되고, 신실하게 살아가도록 서로 격려할 근거가 됩니다.

교회여, 소망을 잃지 말라

- **성경 본문**
  데살로니가전서 4:13~5:11

- **세션 포인트**
  1. 부활을 고대하고 소망하십시오(살전 4:13~14)
  2. 그리스도의 재림을 고대하고 소망하십시오(살전 4:15~18)
  3. 주의 날을 고대하고 소망하십시오(살전 5:1~11)

- **신학적 주제**
  그리스도께서 이 땅에 돌아와 자기 백성을 죽은 자 가운데서 다시 살리실 것입니다.

- **그리스도와의 연결**
  구약의 선지자들은 주의 날을 줄기차게 선포했습니다. 하나님이 세상을 심판하고, 자기 백성을 구하기 위해 다시 오시는 날이 주의 날입니다. 사도 바울은 장차 예수님이 다시 오셔서 죽은 자 가운데서 자기 백성을 일으키시고, 악한 자들을 심판하실 주의 날에 관해 말합니다. 그리스도인은 그리스도의 재림의 관점에서 살아가야 합니다.

- **선교적 적용**
  하나님은 우리에게 소망의 말로 서로 격려하라고 말씀하십니다.

Session Plan

도입

사람들이 생존자 이야기에 왜 매료되는가에 관한 이야기로 시작하십시오. 소망이야말로 어려운 상황에서도 살아남을 수 있는 비결임을 말해 주십시오.

어려운 시절을 견디게 한 소망은 무엇이었습니까?

그리스도인이 소망을 가지고 살아가는 법에 관한 데살로니가전서의 내용을 요약해 주십시오.

전개

1 부활을 고대하고 소망하십시오 (살전 4:13~14)

본문의 배경을 설명하고 나서 데살로니가전서 4장 13~14절을 읽으십시오. 그리스도 안에서 죽은 자들이 부활하리라는 소망이 왜 실제적인 문제인가를 설명해 주십시오. 그 소망이 오늘을 살아가는 동기를 부여해 주기 때문입니다.

그리스도를 위한 삶을 살다가 난관들에 부딪혔을 때 부활의 소망은 어떤 도움을 줍니까?

사도 바울이 데살로니가 교인들에게 장차 죽은 자들이 부활하리라는 소망을 가지라고 격려했음을 언급해 주십시오. 그러면서도 그는 슬픔이 갖는 암울한 면을 간과하지 않았습니다. 그리스도인은 죽음을 슬퍼해야 합니다. 그러나 예수님이 부활하셨으니 세상이 슬퍼하는 것처럼 슬퍼해서는 안 됩니다.

지인의 죽음으로 슬퍼하는 사람을 위로한 적이 있습니까? 또는 위로를 받아 본 적이 있습니까? 그것은 어떤 위로였습니까?

2 그리스도의 재림을 고대하고 소망하십시오 (살전 4:15~18)

데살로니가전서 4장 15~18절을 읽게 하십시오. 바울은 예수님이 다시 오실 때 여전히 살아 있는 믿는 사람들에 대해 격려의 메시지를 줍니다. 죽은 자들이 먼저 일어나고 이후에 살아 있는 자들이 그들과 함께합니다. 그래서 모든 믿는 사람들이 예수님과 함께할 것입니다.

주님이 다시 오실 때 그리스도 안에서 죽은 자와 산 자가 주님과 함께 있으리라는 바울의 가르침에 대해 어떻게 생각합니까?

그리스도의 재림을 더 잘 이해할 수 있도록 바울이 덧붙인 두 가지 사항을 알려 주십시오.

첫째, 주께서 호령과 천사장의 소리와 하나님의 나팔 소리로 친히 임하실 것입니다. 둘째, 예수님이 돌아오실 때 우리는 영원히 주님과 함께 일어날 것입니다.

예수님의 재림에 대한 소망은 다른 사람을 사랑하는 데 어떤 영향을 줄까요?

예수님의 재림이 믿는 사람들에게는 좋은 소식이지만, 믿지 않는 사람들에게는 두려운 소식입니다. 예수님의 재림이 전도에 대한 이해와 실천에 어떤 영향을 줄까요?

3 주의 날을 고대하고 소망하십시오 (살전 5:1~11)

데살로니가전서 5장 1~11절을 읽으십시오. 예수님의 재림과 도둑을 어떻게 비교해야 할지 밝혀 주십시오. 깨어서 주님의 재림에 준비되어 있어야 함을 뜻합니다.

그리스도의 재림이라는 관점에서, 하나님이 우리에게 주신 시간이나 소유와 같은 자원들을 어떻게 하면 더 잘 관리할 수 있을까요?

주의 날과 그 의미를 구약성경과 관련지어 들려주십시오. 사탄과 죄와 죽음에 내려질 예수 그리스도의 심판을 우리가 왜 고대해야 하는지 설명해 주십시오.

사탄과 죄와 죽음에 내려질 심판은 우리로 하여금 어떻게 살아가도록 격려합니까?

하나님은 당신 삶의 어떤 영역에서 당신을 그리스도의 신부로서 거룩하고 깨끗하게 해 주고 계십니까?

결론

그날에 우리가 살아 있든지 죽어 있든지 간에 우리를 위해 그리스도께서 오셔서 세상을 심판하시리라는 소망을 재차 강조하며 마무리해 주십시오. 이 세션에서 배운 진리를 '하나님의 계획, 우리의 사명'에서 적용해 보십시오.

Session Content

7. 교회여, 소망을 잃지 말라

"소망이 없으면 사랑도 없고, 사랑이 없으면 소망도 없습니다. 믿음이 없이는 사랑도 소망도 없습니다."[3]
_어거스틴

도입

> Leader

어니스트 섀클턴이 1914년부터 1916년까지 남극을 탐험하고 살아 돌아온 이야기에 많은 사람이 매료되었습니다. 1915년 1월, 남극을 향하던 인듀어런스호가 부유하던 빙하에 부딪히게 되었습니다. 배가 빙하를 깨부수며 전진하기를 바랐지만, 이내 선체가 부서지고 가라앉기 시작했습니다. 1916년 4월, 대원들이 얼음 위에 캠프를 차렸고, 그들은 얼음 위에서 표류했습니다. 그 후 그들은 구명정을 타고 엘리펀트섬에 도착했습니다. 섀클턴은 다섯 명을 데리고 구조를 요청하러 떠났고, 나머지 대원들을 그곳에 남겨 두었습니다. 그들은 16일간 망망대해를 지나 1,300km 떨어진 사우스조지아섬의 포경 기지에 도착했습니다. 결국 1916년 8월, 한 명의 낙오자도 없이 모든 대원이 구조되었습니다.[1]

살아남은 사람들의 이야기를 들으면, 그들의 생존법에 놀라며 경탄하게 됩니다. 그들이 어떻게 그러한 상황을 견뎌 낼 수 있었을까요? 아마도 스톡데일 제독이 그 답을 가장 잘 설명해 줄 것입니다. 베트남 포로수용소에서 8년이나 갇혀 지냈지만, 결국 그가 살아남았기 때문입니다. 그는 자신이 처한 냉혹한 현실에 직면할 줄 알았고, 살아남을 수 있다는 믿음도 잃지 않았습니다.[2] 결코 소망을 잃지 않는 것이야말로 생존 비결입니다. 가장 어려운 상황일지라도 소망이 있으면 살고, 소망을 잃으면 죽음을 재촉하게 됩니다. 이것이 바로 소망의 능력입니다.

Q 어려운 시절을 견디게 한 소망은 무엇이었습니까?

Session Summary

데살로니가전서를 통해 그리스도인이 소망을 품고 살아가는 것이 얼마나 중요한가를 살펴볼 것입니다. 우리는 부활과 그리스도의 재림과 최후 심판을 고대하고 소망합니다. 예수님이 다시 오셔서 자기 백성을 죽은 자 가운데서 다시 살리시고, 악한 자들을 심판하실 것입니다. 바로 이것이 현재의 고난을 이겨 낼 소망이 되고, 신실하게 살아가도록 서로 격려할 근거가 됩니다.

1. 부활을 고대하고 소망하십시오(살전 4:13~14)

> Leader

데살로니가전서 4장은 사도 바울이 데살로니가의 그리스도인들에게 거룩하고 정결하게 살라는 것으로 시작합니다. 즉 서로 사랑하고 조용히 자기 일을 하고 자기 손으로 일하기를 힘쓰라고 간청합니다. 바울은 교회 공동체가 서로 어우러져 살아야 할 필요성을 이해하기를 바랐습니다. 그는 그들이 지쳐 가고 있다는 사실을 알았던 것 같습니다. 그들은 확실히 대적과 치명적인 상황에 부딪혔는데, 예수님이 메시아이심을 믿는다는 이유로 박해받았던 것입니다(살전 1:6).

아마도 그들은 몇몇 믿음의 핵심들에 관해 혼란을 느꼈던 것 같습니다. 확실히 질문거리들이 있었습니다. "그리스도께서 이미 재림하셨을까?", "주님의 재림을 놓친 것은 아닐까?", "만약에 오시지 않았더라도, 만일 내일 재림하신다면, 이미 죽어 버린 사랑하는 사람들은 어떻게 되는 것일까?", "그들은 소망으로 말미암아 살다가 고난을 받고 죽었는데, 영광스러운 소망을 놓치고야 마는 것일까?" 바울은 목회자의 보살피는 마음으로 그들의 슬픔에 주목했습니다.

13 형제들아 자는 자들에 관하여는 너희가 알지 못함을 우리가 원하지 아니하노니 이는 소망 없는 다른 이와 같이 슬퍼하지 않게 하려 함이라 14 우리가 예수께서 죽으셨다가 다시 살아나심을 믿을진대 이와 같이 예수 안에서 자는 자들도 하나님이 그와 함께 데리고 오시리라

사도 바울은 4장 1~12절의 내용을 데살로니가 교인들이 이미 알고 있다고 두 번이나 말했습니다(살전 4:2, 9). 바울은 그들이 이미 알고 있는 것을 상기시켜 주기 위해 이 편지를 썼습니다. 그런데 13절에서 데살로니가 교회가 몰랐을 법한 주제로 화제를 돌립니다. 바로 그리스도 안에서 죽은 자

핵심교리 99

97. 천년왕국에 대한 견해들

천년왕국에 대한 성경의 가르침을 이해하는 방법에는 크게 세 가지 견해가 있습니다. '전천년설'(premillennial view)은 그리스도의 재림 직후에, 즉 문자 그대로 그리스도께서 천 년간 이 땅을 통치하실 것이라는 견해입니다. '후천년설'(postmillennial view)은 교회 시대에 천년왕국이 이루어지고, 그 후에 그리스도의 재림이 있을 것이라는 견해입니다. '무천년설'(amillennial view)은 그리스도께서 지상에서 천 년간 통치하시는 일이 없다고 보며, 그리스도께서 교회 시대를 살아가는 자기 백성의 심령 가운데 통치하심을 상징적으로 나타내는 견해입니다.

심화토론

- 소망이 없는 사람이 죽음을 슬퍼하는 것과 그리스도 안에서 소망을 가진 사람이 죽음을 슬퍼하는 것은 각각 어떤 의미가 있을까요?

심화 주석 데살로니가전서 4장 14절의 위대한 신앙고백은 예수 그리스도의 죽음과 부활이 부인할 수 없는 역사적 사실임을 단언합니다. 이러한 사실과 그들 안에서 하나님이 이루신 일들은 장차 있을 우리 부활과 그리스도께서 돌아오시기 전에 죽은 자들의 부활을 보장합니다. 예수님은 부활하신 뒤에 하늘에 오르시어 하나님 아버지 우편에 앉아 계십니다. 그러나 다시 돌아오겠다고 약속하신 바 있습니다(행 1:9~11). 그 날이 오면 승리의 재림을 알리는 나팔이 울리고, 그리스도 안에서 죽은 자들이 먼저 일어날 것입니다. 그리고 "살아남아 있는 자"도 그들과 함께 일어나 주님을 영접할 것입니다(살전 4:15~17). 살았거나 죽었거나 상관없이 모든 그리스도인은 주의 임재 앞에서 기뻐하며 같은 운명을 나눌 것입니다.[4]

_로잘리 쿠두게렛

"형제들이여, 주 안에서 우리를 떠난 사람들과 우리 자신과 우리 미래에 관해 말하노니, 하나님의 그날을 항상 기대하고 간절히 사모하십시오. 그날에 하나님이 우리를 위해 마련해 주신 더 좋은 것이 나타날 것이며, 우리와 함께하는 사람들이 완전해질 것입니다. 그들은 우리 없이 완전해질 수 없습니다."[5]

_헨리 알포드

들이 부활하리라는 소망입니다. 바울에게는 이것이 단순한 신학적 문제가 아니었습니다. 매우 실제적인 문제였습니다. 이미 죽은 신자들에게 무슨 일이 일어나는가에 관한 데살로니가 교인들의 질문과 염려와 오해가 어떻게 살아야 하는가라는 문제에 영향을 미칠 것이기 때문이었습니다. 신자들에게 죽음에 관한 소망이 없다면, 오늘 어떻게 사는가가 왜 중요하겠습니까? 눈에 보이지 않는 이익을 위해 거룩하고 순수하게 살면서 왜 세상의 기쁨을 희생하겠습니까?

오늘날에도 많은 사람이 이와 비슷한 질문을 던집니다. 현세대 문화와 불신자들의 번영을 보면서, 그리스도를 위해 사는 것이 과연 가치가 있는지 의아해합니다. 또한 그리스도에 대한 믿음을 포기하고 싶지 않지만, 그렇게까지 극단적으로 살아야 하는지 궁금하게 여깁니다.

이런 질문들에 답하기 위해 바울은 데살로니가 교인들을 포함해 우리에게 이 이야기의 끝을 보라고 권면합니다. 그렇습니다. 오늘날 그리스도를 위해 살려면 많은 대가를 치러야 할 수 있습니다. 힘들고 고통스럽기까지 할 수 있습니다. 그러나 이야기의 끝을 보면, 오늘을 살아갈 동기를 발견하게 됩니다. 바로 산 자나 죽은 자나 모든 그리스도인이 부활하리라는 소망을 말입니다. 그리스도인의 소망은 신앙을 실천하는 데 필요한 용기를 줍니다. 견디고 인내할 힘을 줍니다. 바울이 고린도 교회에 보낸 첫 번째 편지에서 말했듯이, "만일 그리스도 안에서 우리가 바라는 것이 다만 이 세상의 삶뿐이면 모든 사람 가운데 우리가 더욱 불쌍한 자"(고전 15:19)일 것입니다. 그러나 우리의 소망은 이 세상의 삶에 국한되지 않습니다. 우리의 소망은 왕이신 그리스도께서 우리를 위해 다시 오실 것이라는 사실에 기인하고 있습니다.

Q 그리스도를 위한 삶을 살다가 난관들에 부딪혔을 때 부활의 소망은 어떤 도움을 줍니까?

스톡데일 제독은 이른바 '현실 감각이 있는 소망'이라는 생존 공식을 처음 선보인 사람이 아닙니다. 바울이 그 점에서는 대략 2천 년이나 앞서 있습니다. 바울은 데살로니가 교인들에게 죽은 자의 부활을 소망하라고 하면서도, 슬픔이라는 그림자를 축소하지 않았습니다. 사랑하는 이를 상실한 고통은 간과해서는 안 될 일입니다. 그리스도 안에서 사랑하는 사람을 잃은 슬픔은 미화될 것이 아니라 현실 그 자체입니다. 그리스도인은 죽음을 감정 없이 아무렇지도 않게 바라봐서는 안 됩니다. 하나님이 그 사람의 인생에 주셨던 선물의 가치를 성찰하며, 죽음을 애도하는 것이 마땅합니다. 슬퍼하지 않는다는 것은 신경 쓰지 않는다는 뜻입니다. 슬퍼한다는 것은, 잠시 동안이지만, 상실을 느끼는 것이며, 죽음이 더 이상 없고 하나님이 모든 자기 백성을 자기와 그리고 서로와 재회하게 하실 그날을 그리워하는 것입니다.

그러므로 그리스도인은 슬퍼해야 합니다. 그렇게 하는 것이 마땅하고 옳습니다. 그러나 세상이 슬퍼하는 것처럼 슬퍼해서는 안 됩니다. 죽음이 끝이 아님을 알기에 다른 방식으로 애도해야 합니다. 믿는 사람들은 부활을 기대하는 소망을 가지고 슬퍼해야 합니다. 암흑 속에서도 비치는 소망 말입니다.

> Leader

아브라함이 이삭을 기꺼이 바칠 수 있었던 것은 하나님이 그를 다시 살리실 것이라는 믿음이 있었기 때문임을 히브리서 기자는 알았습니다(히 11:19). 바울은 "장정이라도 죽으면 어찌 다시 살리이까"(욥 14:14)라는 자신의 질문에 스스로 답한 욥의 확신을 알고 있었습니다(19:25~26). 또한 그는 시편 16편에 예언된 메시아의 죽음과 장사됨과 부활에 관해 알고 있었습니다.

하나님이 이삭을 살리시고 자기 약속을 성취하실 것을 아브라함이 신뢰했던 것처럼, 믿는 사람들은 우리를 위해 그와 같은 일을 하신 예수님을 신뢰할 수 있습니다. 믿는 사람들은 언젠가 주님이 사망을 삼키고 이기시리라는 말씀이 이루어질 것임을 확신합니다. 사망의 쏘는 것이 사라질 것임을 믿습니다(고전 15:54~55). 이러한 승리의 확신으로 그리스도인은 슬퍼하면서도 동시에 희망찬 기대를 할 수 있습니다.

바울이 이처럼 교회를 격려할 수 있었던 것은 예수님의 부활을 믿기 때문이었습니다. 바울이 13절처럼 말할 수 있었던 것은 14절의 "우리가 예수께서 죽으셨다가 다시 살아나심을 믿을진대"라는 진리 때문이었습니다. 우리는 예수님이 죽으셨다가 다시 살아나셨음을 믿기에 소망을 품고 슬퍼합니다. 그리스도의 부활이 우리의 부활을 보증하기 때문입니다.

Q 지인의 죽음으로 슬퍼하는 사람을 위로한 적이 있습니까? 또는 위로를 받아 본 적이 있습니까? 그것은 어떤 위로였습니까?

심화 주석 바울이 죽음을 묘사할 때 '잔다'고 한 것의 의미를 간과해서는 안 됩니다. 예수님을 비롯해 성경 기자들이 죽은 신자들을 잠든 것으로 묘사한 데는 이유가 있습니다(마 9:24; 27:52; 막 5:39; 요 11:11~14; 행 7:60; 고전 15:6, 18, 20, 51). 잠은 절대로 끝이 아니라 늘 일시적일 뿐이기 때문입니다. 바울은 특히 육신을 언급할 때 잠이라는 단어를 사용합니다. 신자가 죽으면 그의 육신이 잠듭니다. 바울은 '영혼의 잠'을 말하지 않았습니다. 영혼의 잠이란 성경에서는 완전히 이질적인 개념입니다.
성경은 그와 반대로 각 사람의 의식이 영원함을 분명히 밝힙니다. 즉 어떤 이의 존재가 소멸하거나 그의 존재를 의식하지 못하는 일이 절대로 없다는 뜻입니다. 이것은 믿는 사람이나 믿지 않는 사람이나 모두 해당합니다. 예를 들어 그리스도인이 죽으면 그들의 육신은 무덤에 들어가지만, 그들의 영은 하나님의 임재 앞으로 바로 나아갑니다(고후 5:8). 반면에 그리스도를 믿지 않는 사람이 죽으면 육신은 무덤에 들어가지만, 그의 영혼은 곧바로 지옥으로 떨어집니다(눅 16:22~23). … 따라서 죽음으로 우리 존재가 끝나지 않습니다. 육신은 잠들어도 영혼은 계속해서 존재하기 때문입니다.[6]

_마크 하월

심화 주석 주님이 언제 재림하실지, 또는 그때 정확히 무슨 일이 일어날지를 말할 수 있다고 주장하는 사람들이 많습니다. 그러한 주장을 받아들이는 것에 매우 신중해야 합니다. 그런 주장이 인기를 끌 수도 있지만, 종종 성경 본문을 그릇되게 해석하기 때문입니다. 우리가 확신할 수 있는 것은 주님이 다시 오실 것이라는 사실이 전부입니다. 초대교회가 사도신경에서 이 믿음을 선포했습니다. "[주 예수 그리스도께서] 산 자와 죽은 자를 심판하러 오시리라." 그러므로 그리스도인은 주 예수님의 개인적인 현현과 모든 주의 백성을 모으심을 포함한 우주적 사건을 기다릴 수 있습니다. 죽은 자나 산 자나 마찬가지로 말입니다. 아울러 이와 같은 구절에서 사용된 이미지 뒤에 있는 현실에 관해서는 완전히 이해할 수 없다는 사실을 인정하는 것도 현명할 것입니다.[7]

_제이콥 체리안

"결국, 진리가 승리할 것을 믿습니다."[8]

_존 위클리프

2. 그리스도의 재림을 고대하고 소망하십시오(살전 4:15~18)

15 우리가 주의 말씀으로 너희에게 이것을 말하노니 주께서 강림하실 때까지 우리 살아남아 있는 자도 자는 자보다 결코 앞서지 못하리라 16 주께서 호령과 천사장의 소리와 하나님의 나팔 소리로 친히 하늘로부터 강림하시리니 그리스도 안에서 죽은 자들이 먼저 일어나고 17 그 후에 우리 살아남은 자들도 그들과 함께 구름 속으로 끌어올려 공중에서 주를 영접하게 하시리니 그리하여 우리가 항상 주와 함께 있으리라 18 그러므로 이러한 말로 서로 위로하라

> Leader

바울은 데살로니가전서에서 예수님의 재림을 4장 14절을 포함해 네 번 언급했습니다(살전 1:10; 2:19; 3:13). 먼저 바울은 예수님의 재림에 관해 말할 내용의 출처를 분명히 밝히고 싶어 합니다. 그리고 그는 자신이 받은 "주의 말씀"으로 재림에 관해 자세히 밝힙니다. 그것이 예수님의 어느 가르침에서 직접적인 영향을 받았는지는 확실히 알 수 없습니다. 다만, 소망의 근거인 예수님의 재림이라는 진리가 그리스도께 바탕을 두고 있으므로 믿을 수 있다는 점을 이해하는 것이 데살로니가 교인들이나 우리에게 중요합니다. 그리스도인의 소망은 헛되지 않습니다. 소망의 근거가 예수님께 있기 때문입니다. 그러므로 소망은 우리를 실망케 하지 않을 것입니다.

바울은 데살로니가 교인들로부터 이런 질문을 기대했었는지도 모릅니다. "글쎄요, 그리스도 안에서 죽은 사람들에게는 좋은 소식이겠지만, 살아 있는 사람들은 어떡하죠? 예수님이 다시 오실 때까지 살아 있다면, 우리에겐 무슨 일이 일어날까요?" 앞서 바울은 죽은 자들에게 예비된 것이 무엇인지를 이해하지 못하는 사람들을 염려했습니다. 그리고 이제 바울은 살아남은 자들에게 관심을 돌립니다.

주님이 돌아오실 때 살아 있는 신자들은 죽은 자들이 경험한 것을 함께할 것이라고 분명히 전했습니다. 그리스도 안에서 죽은 자들이 살아 있는 자들을 제외한 채 예수님을 친히 영접하지는 않을 것입니다. 죽은 자들이 먼저 일어나고, 살아 있는 자들도 "그들과 함께 구름 속으로 끌어올려 공중에서 주를 영접하게"(17절) 될 것입니다. 그때에 산 자나 죽은 자나 모든 신자가 그들이 있어야 할 곳에서 예수님과 함께 있을 것입니다.

Q 주님이 다시 오실 때 그리스도 안에서 죽은 자와 산 자가 주님과 함께 있으리라는 바울의 가르침에 대해 어떻게 생각합니까?

그리스도 안에서 죽은 자나 산 자나 모두 그날에 주님과 함께 있으리라는 사실은 우리가 소망을 품을 수 있는 이유로 충분합니다. 그러나 바울은 그 일에 관해 우리가 더 잘 이해하고 기대할 수 있도록 두 가지 세부 사항을 덧붙입니다.

첫째, 그는 호령과 천사장의 소리와 하나님의 나팔 소리로 주께서 친히 임하실 것이라고 묘사합니다. 이것은 사도 요한이 요한계시록 10장에서 쓴 표현과 비슷합니다. 마지막 날이 어떻게 펼쳐질지에 관해 그리스도인들이 서로 다른 해석을 내놓았습니다. 그러나 우리는 언젠가 예수님이 영광 가운데 다시 오셔서 자기 백성을 신원하시고 대적자들을 없애시리라는 진리를 확신합니다(참조, 핵심교리 97. "천년왕국에 대한 견해들"). 그날은 믿는 사람들에게 위대한 승리의 날이자 축하하는 날이 될 것입니다. 죽었든지 살아 있든지 간에 그날을 고대하면서, 고통과 고난을 견디고 시련을 이겨 내야 합니다. 승리의 왕이신 예수님이 다시 오실 것이기 때문입니다.

둘째, 바울은 예수님이 다시 오실 때, 우리는 그 순간만이 아니라 영원히 주님과 함께 일어날 것이라고 분명히 말합니다. 그날부터 영원까지 "우리가 항상 주와 함께"(17절) 있을 것입니다. 우리는 하나님의 임재를 우리 삶에서 경험하고 있습니다. 그러나 그날에는 더 충만하고 아름다운 방식으로 주님을 경험하게 될 것입니다.

> Leader

우리 구원은 단지 죄로부터의 구원만이 아닙니다. 그리스도와의 관계로 나아가는 구원이기도 합니다. 우리 소망은 죄와 죽음에의 승리뿐이 아닙니다. 우리는 그리스도의 임재라는 상급을 바라봅니다. 주님이 바로 우리의 상급이십니다. 언젠가 우리는 주님과 함께할 것이며, 주님이 우리에게 "잘하였다 착한 종이여"라고 말씀해 주실 것을 압니다. 따라서 우리는 오늘을 그리스도를 위해 견디며 신실하게 살아갈 수 있습니다.

주의 날이 올 것입니다. 그날에 예수님이 천하의 왕으로 오셔서 감람산에 서실 것이며, 감람산을 동서로 가르실 것입니다(슥 14:4, 9). 바울은 주님이 다시 오실 테니, 교회는 소망을 지키고 굳건한 모습으로 의롭게 살라고 권면합니다. 그러면서 18절에서 한 가지를 덧붙입니다. 그가 예수님의 재림 소식으로 데살로니가 교인들을 격려해 주었듯이, 그들도 서로 격려하라는 것입니다. 바울이 그들에게 품었던 사랑과 관심이 그들 사이에서도 표현되어야 합니다. 이것은 형제 사랑에 관한 9절 말씀을 떠올리게 합니다. 우리는 그리스도의 사랑을 받고 있으므로 그분을 사랑하고 서로 사랑해야 합니다. 소망을 행위로 표현한 것이 바로 사랑입니다.

심화 주석 어떤 이들은 바울이 그리스도의 재림을 살아서 볼 수 있으리라 믿었지만 결국 보지 못했으므로, 그가 영감을 받지 못했거나 성경에 거짓 내용이 기록되었다고 주장합니다. 그러나 바울이 언급한 "우리"(살전 4:15)는 그가 그때 살아남으리라 예상했음을 암시할 수도 있지만, 이는 그가 그렇게 믿었다는 사실을 요구하거나 증명하는 것이 아닙니다. 바울은 고린도전서 15장 52~53절에서 그가 여기서 했던 것과 같은 생각을 표현합니다. 그러나 같은 편지에서 그는 이렇게 기록합니다. "하나님이 … 또한 그의 권능으로 우리를 다시 살리시리라"(고전 6:14). 분명히 그는 두 가지가 가능하다고 생각했던 것입니다(참조, 살전 5:10, "깨어 있든지 자든지"). 데살로니가전서 5장 1~2절에서 바울은 예수님이 그리스도의 재림 시기를 알지 못한다고 말씀하신 것을 암시합니다(참조, 마 24:36; 막 13:32; 행 1:6~7). 몇몇 짧은 구절에서 바울이 모순된 말을 하고 있다고 간주할 여지는 없습니다.[9]

_마이클 W. 홈즈

"종말은 예수 그리스도의 재림과 함께 닥칠 것입니다. … 이것이 바로 그리스도인이 낙관적일 수 있는 이유입니다. 그래서 그리스도인은 일어나는 모든 일 가운데 웃을 수 있습니다. … 종말에 어떤 일이 벌어질지 알고 있기 때문입니다. 주 예수 그리스도께서 승리하실 것입니다."[10]

_빌리 그레이엄

심화 주석 데살로니가전서 5장 6~7절(참조, 10절)에서 쓰인 '자다'의 헬라어는 4장 13~15절에 쓰인 단어와 다릅니다. 5장 6~7절의 '자다'는 도덕적으로 무기력한 상태를 가리킵니다. 일부 학자들은 10절의 "자든지"를 죽음에 관한 완곡어법으로 해석하지만, 이 경우에는 같은 단어라도 문맥상 도덕적으로 무기력한 상태를 가리키는 것일 수도 있습니다. 그래서 바울은 10절에서 믿는 사람들이 주의 날을 위해 깨어 있든지 아니든지, 우리는 여전히 주님과 "함께 살게 될 것"이라 말합니다.[11]

_제임스 F. 데이비스

심화 주석 "주의 날"(살전 5:2)이라는 표현은 구약의 예언서에서 흔히 볼 수 있습니다. … 그것은 여호와께서 불순종하는 자들을 벌하고자 개입하시고(참조, 사 13:6~16; 욜 1:13~15; 2:1~11; 옵 1:15~20; 말 4:5), 신실한 자들을 구원하실(참조, 사 27:2~13; 렘 30:8~9; 욜 2:31~32; 옵 1:21) 위대한 날이자 두려운 날을 가리킵니다. 바울의 서신에서는 주의 재림과 같은 의미로 쓰입니다. 신약 전체에서 도둑의 비유는 예상하지 못한, 곧 달갑지 않은 때를 가리킵니다(마 24:43~44; 눅 12:39~40; 벧후 3:10; 계 3:3; 16:15). … "해산의 고통"(살전 5:3)은 주의 날에 있을 심판과 멸망에 관한 비유입니다(참조, 사 13:8; 렘 6:24).[12]

_콜린 니콜

Q 예수님의 재림에 대한 소망은 다른 사람을 사랑하는 데 어떤 영향을 줄까요?

Q 예수님의 재림이 믿는 사람들에게는 좋은 소식이지만, 믿지 않는 사람들에게는 두려운 소식입니다. 예수님의 재림이 전도에 대한 이해와 실천에 어떤 영향을 줄까요?

3. 주의 날을 고대하고 소망하십시오(살전 5:1~11)

1형제들아 때와 시기에 관하여는 너희에게 쓸 것이 없음은 2주의 날이 밤에 도
둑같이 이를 줄을 너희 자신이 자세히 알기 때문이라 3그들이 평안하다, 안전하
다 할 그때에 임신한 여자에게 해산의 고통이 이름과 같이 멸망이 갑자기 그들
에게 이르리니 결코 피하지 못하리라 4형제들아 너희는 어둠에 있지 아니하매
그날이 도둑같이 너희에게 임하지 못하리니 5너희는 다 빛의 아들이요 낮의 아
들이라 우리가 밤이나 어둠에 속하지 아니하나니 6그러므로 우리는 다른 이들
과 같이 자지 말고 오직 깨어 정신을 차릴지라 7자는 자들은 밤에 자고 취하는
자들은 밤에 취하되 8우리는 낮에 속하였으니 정신을 차리고 믿음과 사랑의 호
심경을 붙이고 구원의 소망의 투구를 쓰자 9하나님이 우리를 세우심은 노하심
에 이르게 하심이 아니요 오직 우리 주 예수 그리스도로 말미암아 구원을 받게
하심이라 10예수께서 우리를 위하여 죽으사 우리로 하여금 깨어 있든지 자든지
자기와 함께 살게 하려 하셨느니라 11그러므로 피차 권면하고 서로 덕을 세우기
를 너희가 하는 것같이 하라

> Leader

격려를 잘하는 선생님은 학생들이 어려운 개념을 이해할 수 있도록 마음을 여는 데 능숙합니다. 비록 그들이 전에는 선생님의 설명을 외국어처럼 못 알아들었더라도 말입니다. 이런 선생님은 학생들로 하여금 스스로 할 수 있다고 믿게 합니다. 그러면 대부분의 학생은 자신의 능력을 증명하기 위해 최선을 다합니다.

이것이 바로 여기서 바울이 한 일입니다. 그는 데살로니가 교인들이 얕은 믿음의 수준에서 빠져나와 깊은 교리 수준으로 들어가야 함을 알았습니다. 그들은 그리스도 안에서 죽은 이들에게 어떤 일이 일어나는지, 예수님이 재림하시면 어떤 일이 벌어질지를 이해하기 위해 애쓰고 있었습니다. 그러나 이제 바울은 그날에 믿지 않는 사람들에게 무슨 일이 벌어지는가를 다루기 위해 이야기를 전환합니다. 그들이 잘 아는 '주의 날이 밤에 도둑같이 찾아오리라'는 말로써 격려하기 위해 바울은 잠시 멈춥니다.

바울은 "주의 날이 밤에 도둑같이"(2절) 임하리라고 말하지만, 이는 예수님의 성품에 의문을 제기한 것이 아닙니다. 예수님을 도둑에 비유한 것이 아니라 도둑이 침입하듯이 예수님이 갑자기 오실 것이라는 뜻입니다. 도둑이나 예수님이나 예기치 않은 때에 예고 없이 임하기 때문입니다. 도둑이 언제 집을 털지 알 수 없듯이, 주님이 다시 오시는 때도 알 수 없습니다. 예수님은 갑작스럽게 임하실 것입니다. 너무나 갑작스러워서 세상은 멸망이 오기 직전에 평화와 안전을 선포할 것입니다.

> Leader 예수님은 신랑을 기다리는 열 처녀의 비유를 들어 천국이 어떤 곳인지를 설명해 주셨습니다(마 25:1~13). 슬기로운 다섯 처녀는 기름을 준비했지만, 미련한 다섯 처녀는 기름을 준비하지 않았습니다. 신랑이 더디 오자 처녀들이 모두 잠들었습니다. 마침내 신랑이 도착하자 미련한 처녀들은 기름을 사러 달려갔고, 그 바람에 신랑을 못 만나고 혼인 잔치에도 못 갔습니다. 예수님은 이런 교훈으로 비유를 마치셨습니다.
> "그런즉 깨어 있으라 너희는 그날과 그때를 알지 못하느니라"(마 25:13).

바울이 그리스도 안에 있는 우리에게 주는 메시지는 이것입니다.

"오직 깨어 정신을 차릴지라"(6절).

예수님의 재림을 향한 소망이 오늘을 신실하게 살아갈 동기가 됩니다. 예수님이 다시 오셨을 때, 허를 찔리거나 어리석게 살아왔음을 깨닫고 싶지는 않습니다. 그와 동시에 잠에 빠져서 하나님이 주신 사명에 실패하고 싶지도 않습니다. 그 사명은 믿지 않는 세상이 아직 시간이 있을 때 회개하고 하나님의 은혜와 자비를 경험하도록 그들에게 복음을 나누는 것입니다. 예수님이 언제 재림하실지 모른다고 해서 준비할 수 없는 것이 아닙니다. 본문은 오히려 늘 준비하고 있으라고 우리에게 권면합니다.

"믿는 사람에게는 궁극적인 비극이 없듯이, 회개하지 않는 불신자에게는 궁극적인 복이 없습니다. 하나님이 악인들에게 베푸시는 모든 좋은 선물은 비극이 됩니다. 그들이 하나님께 영광을 돌리지 않고 감사와 경배로 그분의 선하심을 인정하지 않기 때문입니다. 하나님이 주신 선물을 멸시하면 할수록 죄책감이 점점 더 커집니다. 그러므로 심판 날에 하나님의 인자하신 선물들이 사악한 자에게는 비극이 됩니다."[13]
_R. C. 스프로울

"빛의 아들답게 빛나라고 명하시는 하나님은 우리에게 어둠의 아들처럼 보이지 않게 숨으라고 명하지 않으십니다. 주님은 믿음으로 굳건하게 서 있으라고 명령하십니다."[14]
_터툴리안

Q 그리스도의 재림이라는 관점에서, 하나님이 우리에게 주신 시간이나 소유와 같은 자원들을 어떻게 하면 더 잘 관리할 수 있을까요?

주의 날은 하나님의 백성에게 승리의 날이지만, 하나님을 거부하는 자들에게는 냉엄한 심판의 날이 될 것입니다(참조, 사 13:9~11; 습 1:14~16). 하나님은 믿는 사람들에게만 구원의 은혜를 베풀어 주실 것입니다.

> Leader 이것은 창세기 6~9장의 노아 이야기에서 잘 알 수 있습니다. 노아가 하나님을 믿고 방주를 지어 홍수에 대비할 때, 이웃 사람들은 그 경고를 무시했습니다. 그들은 비가 내릴 때까지 결혼하고 잔치를 열며 삶을 즐겼습니다. 노아가 그들을 사랑

"오, 비참하고, 은혜를 모르며, 짓궂기만 한 세상이여! 주님이 진리에 순종하라고 그렇게 몇 번이나 부드럽게 이끄셨건만, 이제 주님이 영광 가운데 너의 정죄함으로 네 멸시를 벌하시겠구나! … 이 비참한 세상에는 안식이 없음을 기억하셔서 우리를 붙잡고 계시는 하늘에 계신 우리 아버지, 무한한 지혜의 아버지가 우리에게 이 십자가를 허락하셨으니, 곧 순전한 마음으로 (죽음으로 닥칠) 자기 고난뿐 아니라 하나님의 교회가 겪는 모든 환난이 끝나기를 바랍니다. 그러나 이 일은 주 예수께서 다시 오시기 전에는 일어나지 않을 것입니다."[16]

_존 녹스

해 경고하려고 애썼으나, 결국 그와 그의 가족만이 방주에 들어가 구원을 받았고, 믿지 않는 사람들은 물의 심판을 받아 멸망했습니다(마 24:37~39).

주의 날이 가까이 오는데도 믿지 않는 사람들은 여전히 하나님의 말씀에 비추어 영생을 계획하거나 생각하지 않고 인생을 즐깁니다. 그들은 노아 시대나 바울 시대나 오늘날에도 그렇게 살아갑니다. 그리스도께서 오실 때까지 계속 그렇게 살 것입니다. 그러나 우리는 심판이 다가오고 있음을 압니다.

그리스도와의 관계를 벗어나서는 누구도 영원의 삶을 즐거이 누릴 수 없습니다. 우리는 사탄과 죄와 죽음에 내려질 마지막 심판을 기대할 수 있고, 고대해야 합니다. 예수님이 재림하시면, 주님을 향한 모든 거역의 행위들이 막을 내릴 것입니다. 죄와 죽음이 없어질 것입니다. 그리고 옛 뱀, 곧 사탄은 영원한 불못에 던져질 것입니다. 그날에 만물이 바로 서면, 하나님의 영광이 드러날 것입니다.

> Leader

그리스도인은 소망으로 심판을 바라봐야 합니다. 우리가 누구인지를 알고 우리 죄가 용서받았음을 알고, 사탄이 이미 패했음을 알아야 합니다. 그리스도께서 만물을 영원히 다스리실 것입니다. 우리는 하나님의 이야기를 최후 심판까지 모조리 기억하고 준비해야 합니다. 그리고 하나님의 말씀으로 서로 위로해야 합니다.

지금의 교회는 점과 흠과 주름을 지우고 성화되어야 합니다. 그러나 그리스도께서 돌아오시면 교회는 영화롭게 변화될 것입니다. 사도 요한은 이렇게 선포했습니다.

"또 내가 보매 거룩한 성 새 예루살렘이 하나님께로부터 하늘에서 내려오니 그 준비한 것이 신부가 남편을 위하여 단장한 것 같더라"(계 21:2).

어린양의 혼인잔치에서 그리스도의 신부가 된 교회는 온전함을 나타내는 흰옷을 입을 것입니다. 이 위대한 대관식에서 교회는 교회를 완성하신, 신랑 되시는 주 예수 그리스도의 다시 오심을 축하할 것입니다.

> Leader

오늘날 교회는 우리가 찬양하는 그날을 바라보며 이렇게 노래합니다.

"구원받았으니 나 기뻐 선포하리! 어린양의 피로 구원받았도다. 주의 무한한 자비로, 그 아들을 통해 영원토록 구원받았네."[15]

Q 사탄과 죄와 죽음에 내려질 심판은 우리로 하여금 어떻게 살아가도록 격려합니까?

Q 하나님은 당신 삶의 어떤 영역에서 당신을 그리스도의 신부로서 거룩하고 깨끗하게 해 주고 계십니까?

결론

그리스도인은 소망을 통해 세상을 더 잘 보고 이해할 수 있는 신앙의 안목을 갖습니다. 세상은 죄와 타락과 죽음과 고통으로 신음하고 있습니다. 오늘날 우리는 믿지 않는 사람들이 볼 수 없는 세상을 고대합니다. 그리스도의 재림으로 주님이 영광 가운데 다스리시는 것과 주님이 만물을 새롭게 하셔서 변화된 세상을 말입니다. 이러한 미래를 바라봄으로써 견실하고 흔들리지 않으며, 항상 주의 일에 더욱 힘쓰는 자가 되고 우리 수고가 헛되지 않은 줄 아는 힘을 얻습니다(고전 15:58). 그리스도께서 우리를 위해 다시 오실 것입니다. 그날에 우리가 살아 있든지 죽어 있든지 간에 주님이 세상을 심판하실 것입니다. 우리가 아는 대로 말입니다. 이것이 바로 우리에게 필요한 소망입니다.

그러나 영원히 소망하는 것은 아닙니다. 언젠가 이 소망을 던져 버릴 날이 올 것입니다. 소망이 이루어지지 않아서가 아니라 성취되었기 때문입니다. 영원의 세계에서는 소망이 필요 없습니다. 소망이란 눈에 보이지 않지만 실재하는 것을 바랄 때만 필요한 것이기 때문입니다(롬 8:24~25). 더 이상 소망하지 않아도 되는 때가 올 것입니다. 주님이 우리를 위해 재림하시면, 지금은 보이지 않는 것을 보게 될 것입니다.

나의 소망은 다름 아닌 예수님의 의와 피 위에 세워집니다.[17]
_에드워드 모트

그리스도와의 연결

구약의 선지자들은 주의 날을 줄기차게 선포했습니다. 하나님이 세상을 심판하고, 자기 백성을 구하기 위해 다시 오시는 날이 주의 날입니다. 사도 바울은 장차 예수님이 다시 오셔서 죽은 자 가운데서 자기 백성을 일으키시고, 악한 자들을 심판하실 주의 날에 관해 말합니다. 그리스도인은 그리스도의 재림의 관점에서 살아가야 합니다.

하나님의 계획 우리의 사명

선교적 적용 하나님은 우리에게 소망의 말로 서로 격려하라고 말씀하십니다.

1. 누군가의 죽음으로 슬퍼하는 불신자들에게 어떻게 하면 거짓 소망을 주지 않으면서 그들을 진심으로 보살필 수 있을까요?
2. 소망의 말로 다른 신자들을 격려해야 하는 경우는 어떤 상황일까요?
3. 교회/공동체가 그리스도의 재림을 준비하도록 서로 어떻게 도와야 할까요?

금주의 성경 읽기
엡 5~6장;
딛 1~3장;
딤전 1~6장

교회여, 믿음을 지키라

8

Summary and Goal

하나님은 그리스도인의 도덕성을 해치는 자들에 대해 믿음을 지키라고 말씀하십니다. 교리와 실천은 따로 떨어진 것이 아니라 하나입니다. 이것은 교회 안팎의 모든 위협으로부터 보호되어야 합니다. 거짓 교사는 교회의 분열을 조장합니다. 그래서 우리는 믿음으로 자신을 세우며, 함께 복음 위에 굳게 서기 위해 서로 격려해야 합니다.

- **성경 본문**
  유다서 1:3~4, 17~25

- **세션 포인트**
  1. 믿음의 도를 위해 힘써 싸우십시오(유 1:3~4)
  2. 교회를 분열시키는 거짓 교사들에 놀라지 마십시오(유 1:17~19)
  3. 믿음 안에서 자신을 세우고, 다른 이들을 굳건하게 세우십시오(유 1:20~25)

- **신학적 주제**
  하나님의 사람들은 거짓 교사를 조심해야 합니다.

- **그리스도와의 연결**
  유다는 거짓 교리를 가르치고 나쁜 행위에 물들게 함으로써 초대교회에 분열을 일으키는 사람들에 관해 경고했습니다. 예수님은 우리를 보호하시 거침이 없게 하시고, 우리로 하여금 영광스러운 하나님의 임재 앞에서 흠 없는 모습과 기쁜 마음으로 서게 하십니다.

- **선교적 적용**
  하나님은 우리에게 그리스도를 알지 못하는 사람들에게 복음을 전할 수 있도록 믿음을 지키라고 말씀하십니다.

Session Plan

도입

항공기 운항에 필요한 정확성에 관한 이야기로 시작하십시오. 작은 오차가 큰 문제를 일으킬 수 있습니다.

우리 삶에 중대한 영향을 미칠 수 있는 작은 결정이나 변화는 무엇입니까?

꼼꼼한 교리와 실천으로 믿음을 지켜야 한다는 유다의 가르침을 다룬 이 세션을 요약해 주십시오.

전개

1 믿음의 도를 위해 힘써 싸우십시오 (유 1:3~4)

유다서 1장 3~4절을 읽으십시오. 믿는 사람은 그리스도를 믿는 믿음으로 구원받는다는 것을 강조해 주십시오. 그러고 나서 유다가 거짓 교사들 때문에 복음을 위해 믿음의 싸움을 벌여야 한다고 편지할 수밖에 없었던 상황을 들려주십시오.
오늘날 우리가 직면한 복음을 위협하는 상황과 믿음의 대응에 관한 질문에 답하게 하십시오. 그 후에 몇 가지를 발표하게 하십시오.

오늘날 우리가 직면한 복음의 위협은 무엇입니까?

이러한 위협에 맞서서 믿음의 싸움을 어떻게 해 나가야 할까요?

거짓 교사들이 심판을 받아야 하는 세 가지 이유를 설명해 주십시오.
첫째, 그들은 경건하지 않았습니다.
둘째, 그들은 하나님의 은혜를 방탕한 것으로 바꾸었습니다.
셋째, 그들은 주 예수 그리스도를 부인했습니다.
이에 대해 유다는 기독교 윤리로 말하고 행동함으로써 대응하라고 가르칩니다.

복음을 선포하면서도 정작 자신은 복음에 합당한 삶을 살지 않을 때, 어떤 위험이 따릅니까?

2 교회를 분열시키는 거짓 교사들에 놀라지 마십시오 (유 1:17~19)

유다서 1장 17~19절을 읽으십시오. 거짓 교사들이 교회에 침투하리라고 사도들이 예언한 바 있음을 지적해 주십시오. 신자들이 그러한 조짐을 놓치고 말았지만, 침투가 계속되거나 다시 일어나게 해서는 안 되었습니다.

당신이 실천하기 어려워하거나 자주 잊곤 하는 성경의 진리는 무엇입니까?

거짓 교사들이 교회에 분열을 일으킬 것임을 강조해 주십시오. 그러나 교회는 복음을 바탕으로 다양한 사람들이 모이는 곳이어야 하며, 이것이 하나님을 영광스럽게 할 것입니다.

교회의 연합을 가로막는 일이나 잘못된 가르침에는 무엇이 있습니까?

교회의 인종적, 문화적 다양성을 격려하고 발전시킬 수 있는 방법은 무엇입니까?

3 믿음 안에서 자신을 세우고, 다른 이들을 굳건하게 세우십시오 (유 1:20~25)

자원자에게 유다서 1장 20~25절을 읽게 하십시오. 교회는 믿음으로 세워져야 한다는 유다의 마지막 가르침을 다루십시오. 그러기 위해서는 하나님의 사랑으로 자신을 지켜야 하며, 그리스도의 재림을 기대해야 합니다. 그리스도만이 우리를 보호하사 거침이 없게 하시는 분임을 우리는 기억해야 합니다.

유다가 교회에 전한 권면의 말씀 중에 가장 도움이 되는 것은 어떤 것입니까? 그리고 가장 실천하기 어렵게 느껴지는 것은 어떤 것입니까?

22~23절의 세 가지 명령을 지적해 주십시오. 교회는 의심하는 자들에게도 긍휼과 인내를 베풀어야 하고, 모든 신자가 복음에 충실하게 살도록 도와야 합니다. 그리고 거짓 교사들에게 넘어간 이들에게 사랑으로 진리를 전하고, 그들을 회개로 이끌어야 합니다.

오늘날 교회는 성도의 잘못된 믿음과 행실을 어떻게 다룹니까?

결론

오늘날의 교회와 유다 시대의 교회의 유사점들을 지적하며 마무리해 주십시오. 교회 공동체가 세상에 복음을 전하고 믿음을 위해 싸울 수 있도록 힘을 주십시오. 이 세션에서 배운 진리를 '하나님의 계획, 우리의 사명'에서 적용해 보십시오.

Session Content

8. 교회여, 믿음을 지키라

"오늘날 교회의 가장 큰 위험은 세상을 뒤엎는 대신에 세상과 같은 편에 서려고 하는 데 있습니다. 우리 주님은 비록 대립과 갈등을 빚을지라도 결단하기를 기대하십니다. 어떤 것이라도 타협이나 무관심이나 마비된 상태보다는 나을 것입니다. 하나님은 복음과 성령의 권능을 우리에게 강하게 요구하십니다."[2]
_A. B. 심프슨

도입

미국 연방 항공국에 따르면, 매일 약 4만 3천 대의 항공편이 250만 명 이상의 사람들을 실어 나르고 있습니다. 언제든 5천 대의 비행기가 하늘에 떠 있을 수 있습니다.[1] 승객들은 비행기가 어떤 항로로 운항할지와 세부적인 것들을 몰라도 목적지에 도착할 것을 알기에 탑승합니다. 그런데 비행기가 승객들을 한 곳에서 다른 곳으로 이동시키기 위해서는 완벽한 정밀도와 세심한 계획이 필요합니다. 항법상의 작은 오차에도 엄청난 문제가 발생할 수 있기 때문입니다. 조종사가 항로에서 1도만 벗어나도 승객들은 잠시 후 햇빛 가득한 마이애미 해변에 도착하는 대신에 대서양 한가운데서 구조를 기다리게 될 수도 있습니다.

Q 우리 삶에 중대한 영향을 미칠 수 있는 작은 결정이나 변화는 무엇입니까?

> Leader

유다는 사랑하는 사람들과 함께 나눈 구원에 관해 믿음의 편지를 쓰려고 했습니다(유 1:3). 그러나 교회에 거짓 교사들이 들어왔다는 사실을 알게 되자 계획을 바꾸었습니다. 유다는 교회 한복판에 양의 탈을 쓴 늑대들이 있다는 게 얼마나 위험한지를 알았습니다. 그들이 믿는 사람들을 타락의 길로 이끌 수 있기 때문입니다. 그래서 구원에 관해 쓰는 대신에 교회가 예수 그리스도의 복음과 믿음을 위해 싸워야 한다는 호소의 편지를 썼습니다. 편지는 짧지만 힘이 있습니다. 믿음의 기본 교의를 교회가 고수할 것을 촉구하고 있는 유다의 편지는 오늘날에도 진정성 있는 울림을 전해 주기 때문입니다.

Session Summary

하나님은 그리스도인의 도덕성을 해치는 자들에 대해 믿음을 지키라고 말씀하십니다. 교리와 실천은 따로 떨어진 것이 아니라 하나입니다. 이것은 교회 안팎의 모든 위협으로부터 보호되어야 합니다. 거짓 교사는 교회의 분열을 조장합니다. 그래서 우리는 믿음으로 자신을 세우며, 함께 복음 위에 굳게 서기 위해 서로 격려해야 합니다.

1. 믿음의 도를 위해 힘써 싸우십시오(유 1:3~4)

> Leader

예수님의 형제인 유다는 예수님이 누구이신가를 잘못 아는 것이 얼마나 위험한지를 알고 있었습니다. 믿음이 부족한 탓에 예수님의 지상 사역을 완수하지 못한 사람이 바로 그 자신이었기 때문입니다. 그는 마태복음 13장 55절에서 야고보, 요셉, 시몬과 함께 예수님의 형제로 열거된 인물입니다. 그러한 배경에서 그는 거짓 교사의 유입으로 위험에 처한 친구들을 위해 진심을 담아 짧은 편지를 쓰기 시작했습니다.

3 사랑하는 자들아 우리가 일반으로 받은 구원에 관하여 내가 너희에게 편지하려는 생각이 간절하던 차에 성도에게 단번에 주신 믿음의 도를 위하여 힘써 싸우라는 편지로 너희를 권하여야 할 필요를 느꼈노니 4 이는 가만히 들어온 사람 몇이 있음이라 그들은 옛적부터 이 판결을 받기로 미리 기록된 자니 경건하지 아니하여 우리 하나님의 은혜를 도리어 방탕한 것으로 바꾸고 홀로 하나이신 주재 곧 우리 주 예수 그리스도를 부인하는 자니라

> Leader

유다는 인사와 함께 그들이 하나님께 사랑받는 자들임을 상기시키면서 편지를 시작합니다(1절). 이제 그들을 "사랑하는 자들아"라고 부르며 본론으로 들어갑니다. 하나님이 그들을 깊이 사랑하시듯 유다도 그들을 사랑했습니다. 이 사랑으로 인해 그는 그들에게 긴급한 문제에 관해 편지를 쓸 수밖에 없었습니다.

유다는 이 편지의 수신자들이 공유하고 있는 구원에 관해 쓰고자 했습니다. 예수 그리스도를 믿는 모든 이가 받는 구원 말입니다. 그는 꼭 다루어야 할 중요한 문제로 넘어가기 전에, 여기서 복음을 간단히 언급합니다. 복음의 나눔은 이어질 내용에 매우 중요합니다. 단 하나의 복음만 있을 뿐입니다. 예수님을 통해 주시는 하나님의 값없는 은혜로만 구원받는다는

심화 주석 유다는 그들을 거짓 교사로 부르지 않고, "경건하지 아니하여"(유 1:4. 참조, 유 1:15, 18)라고 묘사합니다. 그들은 부도덕하게 살았고 이단을 믿었습니다(4절). 그들은 은혜가 그들에게 죄를 지을 권리를 주었다거나 죄를 지을수록 하나님의 은혜가 커진다는 그릇된 생각을 했습니다. 어느 쪽이든 그들은 틀렸고(참조, 롬 6:1~4; 딛 2:11~14), 영원히 예비된 흑암으로 돌아가도록 선고받았습니다(4, 13절). 그들도 구원을 받았을까 하는 의문이 듭니다. 유다는 단호하게 "아니다!"라고 답할 것입니다. 그는 그들을 "사랑하는 자들"(3, 17, 20절)에 포함시키지 않았고, 그들을 "성도"와 구별했으며(3절), 그들을 뱀이나 도둑처럼 모임에 "가만히 들어온 사람"(4절. 참조, 요 10:1)들로 묘사했고, 그들에게 "화 있을진저"(11절)라고 썼습니다. 그들은 위선자요 사기꾼들입니다(참조, 벧후 2:1).[3]

_토쿤보 아데예모

"철의 탁월함은 강함에 있고, 예술의 탁월함은 아름다움에 있는 것처럼, 인류의 탁월함은 도덕적 성품에 있습니다."[4]

_A. W. 토저

> **심화 주석** '주인'으로 번역되는 헬라어 '데스포테스'는 다른 사람의 인생과 일을 다스릴 권세와 능력을 가진 사람을 가리킵니다. 하나님이나 그리스도를 가리키는 칭호로 가장 많이 쓰입니다. 이 용어는 창조나 심판이나 구원을 베푸실 권한을 다양하게 강조함으로써 하나님의 주권을 두드러지게 합니다. 바울은 자기 백성을 선택해 사용하실 수 있는 주인으로서 하나님의 주권을 강조합니다(딤후 2:21). 이처럼 그리스도는 구원의 주권자이자 주님으로서 성도들의 순종을 받기에 합당하신 분이시며(유 1:4), 자기 피로 백성을 사신 주인이십니다(벧후 2:1). … 기독교 윤리는 종에게 "자기 상전을 마땅히 공경"하며(딤전 6:1~2) "범사에 순종"할 것을 권면합니다(딛 2:9; 참조, 벧전 2:18).[6]
>
> _테리 L. 와일더

복음 말입니다. 이 복음이야말로 교회의 기초이며, 모든 믿는 사람을 서로 연결합니다. 유대인이나 이방인이나 노예나 자유인이나 남자나 여자나 부자나 가난한 자나 미국인이나 아프리카인이나 유럽인이나 히스패닉이나 아시아인이나 어떤 인종이나 민족이라도, 복음은 서로 하나 되게 합니다.

이 복음은 유다서의 수신자들을 비롯한 모든 성도에게 전해졌습니다. 교회의 거짓 교사들이 복음을 위협하고 있었습니다. 그래서 유다는 복음에 관해 쓰는 대신에, 귀중한 보물인 복음이 그들에게 맡겨졌으니 그들이 복음을 수호해야 함을 상기시킵니다. 이제 믿음을 위해 싸울 때가 된 것입니다.

> Leader
>
> "싸우라"(3절)는 '무엇 또는 누군가를 위해 힘써 싸우라'는 뜻입니다. 유다는 독자들에게 복음을 위해 싸우고 수고할 것을 호소합니다. 복음의 메시지가 위험에 빠졌기 때문입니다. 더 이상 거짓 교사들을 용납해서는 안 됩니다. 강력하게 대응해야 합니다. 우리는 복음의 청지기라는 동일한 사명을 받았습니다. 우리는 말씀을 선포하고 가르치며, 복음을 위해 교회 안팎의 위협에 맞서서 싸워야 합니다.

오늘날 우리가 직면한 복음의 위협은 무엇입니까?	이러한 위협에 맞서서 믿음의 싸움을 어떻게 해 나가야 할까요?

> Leader
>
> 우리는 복음에 확실히 위배되는 내용을 노골적으로 가르치는 사람들을 거짓 교사라고 생각하곤 합니다. 그러나 유다는 당시 거짓 교사들이 "가만히"(4절) 교회에 들어왔다고 묘사합니다. 그들은 교회 밖이 아닌 안에 들어와 있었습니다. 게다가 많은 사람이 그들을 거짓 교사로 여기지도 않았습니다.
>
> 교회의 이러한 상황은 가마솥 안의 찬물 속에 앉아 있는 '솥 안의 개구리'에 관한 이야기와도 같습니다.[5] 물이 점점 뜨거워지는데도 편안히 앉아서 눈치 채지 못하다가 피할 때를 놓친 개구리의 이야기입니다. 분명히 위험한 상황인데도 불구하고 개구리는 뜨거운 물 속에서 죽을 때까지 계속 앉아 있는 우를 범했습니다. 이것이 바로 거짓 교사들이 교회에 가하는 위협과 같습니다. 거짓 교사들의 가르

침은 아주 서서히 사람들을 복음에서 멀어지게 만듭니다. 하지만 이들의 거짓된 가르침과 행동은 쉽게 눈에 띄지 않습니다.

유다는 이 거짓 교사들이 심판받을 운명인 것을 세 가지 이유를 들어 설명합니다.

첫째, 그들은 경건하지 않았습니다. 이들 거짓 교사들은 교회 안에 들어올 수 있을 정도로 믿는 사람처럼 보였겠지만, 실제로는 아니었습니다. 그들은 하나님께 불손했으며 참된 신자들이 아니었습니다. 이것이 바로 그들이 심판을 받기에 합당한 이유입니다. 그들은 불경건한 탓에 자신이 가르치고 행한 죄 가운데 남겨졌습니다.

둘째, 그들은 하나님의 은혜를 방탕한 것으로 바꾸었습니다. "방탕함"으로 번역된 헬라어는 음탕함과 성적 부도덕을 의미합니다. 이들 거짓 교사들은 의도적으로 부끄러운 방식으로 살았지만, 자신들이 하나님의 은혜 아래 있다고 주장하면서 스스로의 행위를 변호했습니다. 하나님의 은혜는 모든 죄를 덮지만, 그렇다고 해서 우리가 죄를 지어도 된다는 뜻은 아닙니다(롬 6:15~16). 그리스도 안에 있는 우리에게는 악에 저항하고 죄에서 벗어날 수 있는 능력과 힘이 있습니다(약 4:4~10).

셋째, 그들은 주 예수 그리스도를 부인했습니다. 거짓 교사들은 죄악된 삶을 살면서 주권자요 주님이신 예수님을 부인했습니다.

이들 거짓 교사들은 그들이 가르치고 살아가는 방식으로 인해 교회에 위협이 되었습니다. 유다는 이들에 대응하라고 교회에 요청합니다. 믿음을 지키기 위해서 교회는 주가 되시는 예수 그리스도를 변호하고 확증해야 합니다. 또한 교회는 자신이 선포한 것뿐만 아니라 삶의 방식을 통해 믿음의 도를 변호하고 확증해야 합니다. 거짓 교사의 호색을 비난하는 것은 꼭 필요한 일이긴 하지만, 그것만으로는 충분하지 않습니다. 믿는 사람들은 복음의 진리로 살아야 합니다. 우리가 믿는 복음의 도는 우리가 어떻게 살아야 하는지를 알려 줍니다. 만약 우리 삶에서 복음의 아름다움을 볼 수 없다면, 세상 역시 우리가 믿는 복음의 아름다움을 바라보지 못할 것입니다.

Q 복음을 선포하면서도 정작 자신은 복음에 합당한 삶을 살지 않을 때, 어떤 위험이 따릅니까?

핵심교리 **99**

45. 하나님께 저항하는 세상

성경에서 '세상'이라는 말이 물리적 행성으로서의 지구나 온 인류 이상의 의미로 쓰일 때가 있습니다. 하지만 대부분의 경우, 이 말은 하나님과 그분의 나라에 정면으로 도전하는 왕성한 악의 영적 세력을 가리킵니다. 악한 세상 권세는 사탄의 지배하에 움직이며(엡 2:2; 요 14:30), 그 성품대로 자기중심성과 기만을 그대로 보여 줍니다. 그리스도인은 하나님의 아들을 믿는 믿음으로 영적으로 악한 세상을 이겨 내도록 부름받았습니다(요일 5:4~5).

"'도덕적 중력'이 없다면, 즉 우리를 중심으로 끌어당기는 힘이 없다면, 영적 무중력이라 할 수 있습니다. 우리는 뜻하지 않은 곳으로 우리를 데려갈 감정에 들뜹니다. 우리는 종종 영적으로 여겨지는 감정적 체험을 하거나 자부심에 부풀어서는 잔뜩 들떠 있곤 합니다. 진지하다기보다는 어리석고, 진중하다기보다는 경솔합니다. 감상적인 생각이 신학을 대신합니다. 우리의 판단 기준으로는 단단한 반석 위에 설 수 없습니다. 하나님의 부르심에 응답하기 전까지는 우리의 판단 기준이 고작 자기 자신일 뿐이기 때문입니다. 우리는 어느 쪽이 끝인지 알 수가 없습니다."[7]

_엘리자베스 엘리엇

심화 주석 유다는 이런 유형의 문제(거짓 교사)가 일어날 수 있다고 상기시킴으로써 독자들을 격려합니다. 예수님과 사도들도 "마지막 때에" 일어날 일들을 예언했습니다. 곧 예수님의 승천과 재림 사이에 일어날 일을 말입니다(유 1:17~18. 참조, 마 7:15~23; 행 20:29~30; 벧후 3:3). 그러한 가르침을 전하는 자들은 하나님의 영을 받지 않은 채로 인간적인 유익을 위해 일할 뿐입니다(19절).[8]

_메를린 존스

2. 교회를 분열시키는 거짓 교사들에 놀라지 마십시오(유 1:17~19)

> Leader

5~16절에서 유다는 거짓 교사들의 죄를 더욱 깊이 다루는데, 그들을 정죄할 만한 이야기를 구약에서 찾아서 들려줍니다. 그리고 다시 믿는 사람들에게로 관심을 돌려서 3절에서 시작한 가르침을 계속해서 이어 갑니다.

[17]사랑하는 자들아 너희는 우리 주 예수 그리스도의 사도들이 미리 한 말을 기억하라 [18]그들이 너희에게 말하기를 마지막 때에 자기의 경건하지 않은 정욕대로 행하며 조롱하는 자들이 있으리라 하였나니 [19]이 사람들은 분열을 일으키는 자며 육에 속한 자며 성령이 없는 자니라

유다는 거짓 교사들이 교회에 침투하리라는 것을 수신자들이 이미 알고 있었음을 상기시킵니다. "사도들이 미리 한 말을 기억하라"고 청한 것입니다. 정확히 그가 무엇을 염두에 두고 한 말인지는 확신할 수 없지만, 신약에서 거짓 교사들에 대해 경고하는 몇몇 구절들을 살펴볼 수 있습니다(행 20:28~30; 딤전 4:1; 벧후 2:1; 3:16; 요일 4:1~6).

> Leader

사도 바울은 에베소 교회의 장로들에게 "사나운 이리가" 교회에 들어와서 "그 양 떼를 아끼지" 아니할 테니 조심하라고 고별 설교를 했습니다. 거짓 교사들이 일어나 "제자들을 끌어 자기를 따르게 하려고 어그러진 말을"(행 20:30) 하리라는 것입니다. 또 디모데에게는 "어떤 사람들이 믿음에서 떠나 미혹하는 영과 귀신의 가르침을 따르리라"(딤전 4:1; 참조, 딤전 4:2~5)라고 경고합니다.

사도 베드로는 베드로후서에서 거짓 교사를 두 번 언급합니다. 그는 "멸망하게 할 이단을 가만히 끌어들여 자기들을 사신 주를 부인하고 임박한 멸망을 스스로 취하는"(벧후 2:1) 거짓 교사들이 나타날 수 있다고 경고합니다. 거짓 교사들이 성경을 왜곡하여 교회가 "스스로 멸망에" 이르도록 만들 것입니다(벧후 3:16).

요한 역시 서신서에서 거짓 교사를 경고합니다. "사랑하는 자들아 영을 다 믿지 말고 오직 영들이 하나님께 속하였나 분별하라 많은 거짓 선지자가 세상에 나왔음이라"라고 경고합니다. 분별의 핵심 쟁점은 그 교사들이 예수님을 어떻게 고백하는가에 달려 있습니다(요일 4:1~6; 참조, 요이 1:7~10).

유다가 거짓 교사들의 침투를 교회에 상기시킨 것은 부드러운 책망이었을 것입니다. 유다서의 수신자들은 거짓 교사들이 가르칠 때가 오리라는 것을 알고 있었습니다. 그런데도 불구하고 그들은 몇몇 조짐들을 간과했습니다. 유다는 그들에게 다음과 같이 다소 부드러운 어조로 말합니다.

"여러분도 이것을 알지 않았습니까. 이런 일로 다시 놀라서는 안 될 것입니다. 거짓 교사들이 이번 한 번은 교회에 몰래 들어올 수 있었지만, 다시는 그런 일이 일어나지 않게 해야 합니다."

Q 당신이 실천하기 어려워하거나 자주 잊곤 하는 성경의 진리는 무엇입니까?

유다는 사람들로 하여금 믿음을 포기하게 만들고, 음탕하게 살도록 유도하는 몇몇 사람들과 더불어 거짓 교사들도 교회에 "분열"을 일으킬 것이라 경고했습니다. 복음의 메시지가 공격받을 때마다 교회의 연합은 위험에 빠지게 됩니다. 왜곡된 복음은 교회를 분열시킵니다.

> Leader

교회에 대한 하나님의 계획은 다양한 사람들이 복음 안에서 새롭게 하나로 연합하게 하는 것입니다. 바울이 말하고자 한 내용도 이것입니다.

"몸이 하나요 성령도 한 분이시니 이와 같이 너희가 부르심의 한 소망 안에서 부르심을 받았느니라 주도 한 분이시요 믿음도 하나요 세례도 하나요 하나님도 한 분이시니 곧 만유의 아버지시라 만유 위에 계시고 만유를 통일하시고 만유 가운데 계시도다"(엡 4:4~6).

4절부터 6절에는 "하나(한)"가 7번 등장하고, "만유"가 3번 등장합니다. 이 짧은 구절 안에서 총 11번이나 등장한 "하나(한)"와 "만유"는 그리스도와의 연합된 몸을 강조합니다. 교회의 연합이 너무나도 중요하기 때문에 예수님은 체포되던 날 밤에 다락방에서 대제사장의 기도를 드리셨습니다(참조, 요 17:20~21).

그리스도의 몸인 교회는 생김새나 배경이나 경험이 각각 다른 사람들로 가득 차 있습니다. 세상의 관점에서 보면 공통점이 거의 없을 법한 사람들이 모여 그리스도 안에서 진정으로 하나 된 모습을 보여 줍니다. 복음은 여러 면에서 정반대에 있는 사람들을 취해 한 가족의 구성원이 되게 합니다. 이처럼 다양한 이들의 연합은 모든 사람을 구속하시고 서로를 돌보아 구속하게 하시는 하나님의 능력의 범위를 나타냅니다. 그럼으로써 이러한 연합은 궁극적으로 하나님께 영광을 돌리는 일이 됩니다.

> Leader

바로 이 연합이 세상의 주목을 끕니다. 세상이 보기에는 너무나도 반문화적이기 때문입니다. 사상이나 말이나 정치적 성향이나 고향이 각기 다른 사람들이 서로 깊이 사랑하고 조화를 이루어 함께 걷는다니, 세상에서는 전례를 찾아보기 힘든 일입니다. 연합은 세상의 일이 아니라 그리스도의 사역입니다.

그러나 복음의 메시지를 훼손하거나 그 순수성을 더럽히면, 교회의 연합은 무너집니다. 복음 외에 다른 어떤 것으로도 다양한 사람들의 연합

심화 주석 "사랑하는 자들아"(유 1:17)는 독자들에 대한 유다의 개인적 관심과 그들을 향한 하나님의 사랑을 강조한 표현입니다. … 유다는 그들에게 "마지막 때에" 교회 안에 "경건하지 않은" "조롱하는 자들이" 나타나리라고 "사도들이 미리 한 말"을 상기시킵니다. 사도들의 경고는 아마 말로 전해졌을 텐데, 그러한 경고는 초기 기독교 설교의 공통된 주제였습니다(참조, 행 20:29~30; 딤전 4:1~5; 딤후 3:1~5). 이들 조롱하는 자들은 가만히 들어와 교회의 일원이 되었고, 마치 참 그리스도인인 듯 행동하며 내부에서 사건을 일으켰습니다(참조, 유 1:3~4, 19). 그러나 그들은 하나님의 말씀에 반하는 "경건하지 않은 정욕"과 주관적인 감정을 따르다가 미혹되고 맙니다(참조, 8절).[9]

_더그 오스 & 토머스 R. 슈라이너

"우리는 인간의 영혼을 이롭게 하는 그리스도의 순전한 복음, 즉 사도들이 가르친 복음과 같이 아무것도 섞이지 않은 순수한 복음 외에는 아무것도 기대할 권리가 없습니다. 나는 교회가 이 순전한 진리를 지키기 위해 과감하게 반대 의견을 내거나 어떤 희생도 감내할 준비가 되어 있어야 한다고 믿습니다. 죄를 용납하지 말아야 하는 것처럼 거짓 교리를 용납해서는 안 됩니다."[10]

_J. C. 라일

심화 주석 여기서 유다는 "믿음"에 관해 말할 때, 예수 그리스도의 교회 교리의 핵심을 언급합니다. … 따라서 믿는 사람들이 하나님의 사랑 안에 거하는 첫 번째 방법은 그들이 회심할 때 전해 받은 가르침인 복음을 계속해서 더욱 알아 가는 것입니다. 믿음은 거룩하신 하나님으로부터 오기에 "지극히 거룩"합니다. 믿는 사람들이 하나님의 말씀과 기독교의 진리를 더욱 알아 갈 때, 그 마음을 통해 그리스도인의 성장이 일어납니다. 유다는 그리스도인의 성장이 신비롭게 일어난다고 생각하지 않았습니다. 그는 믿는 사람들이 믿음에 대한 이해가 증가함에 따라 하나님의 사랑을 경험하게 된다고 생각했습니다. 하나님을 향한 애정은 마음을 건너뜀으로써가 아니라 마음을 통해 커져 갑니다.[11]

_토머스 R. 슈라이너

은 유지될 수 없습니다. 교회의 연합이 깨지면, 세상을 향한 증언도 약화됩니다. 교회는 힘을 잃고 결국 다른 사람들이 무엇을 믿어야 하는가에 대해 언쟁하고 다투는 하나의 무리가 되고 말 것입니다.

유다는 교회가 거짓 교사들의 침투를 알았어야 했고, 그들의 유입을 미리 대비했어야 했다는 사실을 상기시킵니다. 수신자들은 복음과 교회의 연합이 공격당하리라는 것을 인식하고 즉각 그 문제를 다루었어야 했습니다. 그것은 반복되어서는 안 될 실수였습니다. 우리도 같은 실수를 반복해서는 안 됩니다.

 교회의 연합을 가로막는 일이나 잘못된 가르침에는 무엇이 있습니까?

 교회의 인종적, 문화적 다양성을 격려하고 발전시킬 수 있는 방법은 무엇입니까?

3. 믿음 안에서 자신을 세우고, 다른 이들을 굳건하게 세우십시오(유 1:20~25)

20 사랑하는 자들아 너희는 너희의 지극히 거룩한 믿음 위에 자신을 세우며 성
령으로 기도하며 21 하나님의 사랑 안에서 자신을 지키며 영생에 이르도록 우리
주 예수 그리스도의 긍휼을 기다리라 22 어떤 의심하는 자들을 긍휼히 여기라
23 또 어떤 자를 불에서 끌어내어 구원하라 또 어떤 자를 그 육체로 더럽힌 옷까
지도 미워하되 두려움으로 긍휼히 여기라 24 능히 너희를 보호하사 거침이 없게
하시고 너희로 그 영광 앞에 흠이 없이 기쁨으로 서게 하실 이 25 곧 우리 구주
홀로 하나이신 하나님께 우리 주 예수 그리스도로 말미암아 영광과 위엄과 권
력과 권세가 영원 전부터 이제와 영원토록 있을지어다 아멘

유다가 교회에 준 마지막 가르침은 믿음으로 자신을 세워야 한다는 것입니다. 만일 교회가 그들 가운데 있는 거짓 교사를 분별하고 믿음을 위해 싸우려면, 교회는 믿음에 대해 알아야 합니다. 우리가 모르는 것을 옹호할 수는 없습니다. 그렇다면 교회는 믿음을 지키는 데 머물 것이 아니라 믿음 안에서 성장하며 잘못된 가르침에 공세를 취해야 합니다.

> Leader 지극히 거룩한 믿음으로 자신을 세우는 것은 어려운 일 같습니다. 그러나 그 일을 가능하게 만드는 것은 우리가 아니라 우리의 믿음입니다. 믿음은 삶을 세우는 토

대입니다.[12] 하나님이 믿음을 주시면, 우리는 우리 삶에서 그 성장의 열매를 보게 될 것입니다. 우리는 주님을 더욱 신뢰할 것이고, 더욱 사랑하게 될 것입니다. 나아가 주님을 더욱 섬기게 될 것입니다.

믿음의 성장 과정에서 우리가 어떤 역할을 하는 것은 확실하지만, 이는 전적으로 우리 능력에 달려 있는 것이 아닙니다. 바울이 빌립보서 2장 12~13절에서 설명한 것처럼, 우리는 하나님의 능력으로 인해 하나님과 동역합니다. 하나님이 우리 안에서 일하시므로 우리의 구원이 이루어집니다(구원이 이루어지는 것이지, 구원을 위해 일하는 것이 아님에 주목하십시오). 이것이 바로 유다가 믿는 사람들에게 성령으로 기도하라고 요구한 이유일 것입니다.

21절 상반부에서 유다는 하나님의 사랑 안에서 자신을 지키라고 요구합니다. 이 요구로부터 우리는 우리의 일과 하나님의 일이 하나 되어 함께 작용해야 함을 발견합니다. 하나님은 우리를 사랑으로 자녀 삼아 주셨지만, 우리에게 순종을 명하시고 우리가 순종할 것을 기대하십니다. 구원이 순종에 달려 있는 것은 아니지만, 순종함으로써 우리의 구원이 확증됩니다. 이 말이 추상적으로 들리겠지만, 유다서의 수신자들에게는 얼마나 실제적인 문제였는지를 알 수 있습니다.

21절 하반부에서는 믿는 사람들에게 그리스도의 긍휼을 기다리라고 가르칩니다. 그리스도께서 재림하실 때 그 긍휼을 알게 될 것입니다. 이 가르침은 두 가지 점에서 교회를 격려합니다. 먼저, 그것은 그들에게 다가올 일에 대한 소망을 줍니다. 그들은 지금 거짓 교사들과 싸우고 믿음을 실천하고 간절히 기도하며 하나님께 순종하는 데 어려움을 겪을 수 있습니다. 하지만 그들은 그리스도의 재림을 기억할 수 있으며, 주님이 오실 때 영원한 안식에 들어갈 것입니다. 그와 동시에 하나님의 심판을 유보하시는 그리스도의 긍휼에 대한 기대는 교회로 하여금 하나님과 다른 사람들 앞에서 겸손하게 합니다. 우리가 받은 긍휼을 기억한다면, 다른 사람들에게도 이와 같은 긍휼을 베풀 수 있습니다(참조, 마 18:21~35).

24절에서 우리는 유다의 축복에 또 다른 명령이 내포되어 있음을 알 수 있습니다. 그리스도께서는 교회를 보호하사 거침이 없게 하시고, 우리로 하여금 하나님의 영광 앞에서 흠 없는 모습과 기쁜 마음으로 서게 하십니다. 유다는 교회에 믿음을 위해 싸울 것을, 즉 복음을 위해 전투를 벌일 것을 요구합니다. 모든 전투가 그러하듯 이 전투에도 위험이 따릅니다. 그러나 믿음의 싸움은 어떤 위험도 감수할 만한 가치가 있습니다. 그리스도께서 자기 백성을 보호하실 것이기 때문입니다.

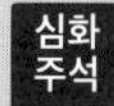
심화 주석

이 서신은 성경에서 발견된 가장 고결한 짧은 찬양으로 끝을 맺습니다. 이것은 하나님이 "보호하사 거침이 없게"(유 1:24) 하신다는 위로의 말씀으로 시작합니다. 우리가 주님의 권능과 영광을 완전히 이해할 때, "기쁨"이 우리에게 스며듭니다. 거짓 교사나 그들의 거짓된 교리나 실패에 대한 거짓 두려움이 우리를 넘어뜨릴 수 없습니다. 하나님이 우리를 지켜 주시기 때문입니다. 우리는 주님의 "영광과 위엄과 권력과 권세"(25절)를 확증합니다. 그분이 예수님을 통해 역사하시고, 우리로 하여금 "그 영광 앞에 흠이 없이"(24절) 서게 하실 것입니다. 최후 심판에는 두려움이 없습니다. 예수님이 우리를 대표하실 것이기 때문입니다. 예수님을 통한 구원의 역사가 우리를 위해 말해 줄 것입니다. 우리는 자신을 스스로 변호할 필요가 없습니다. 그러니 정말로 기뻐하십시오. 너무나도 좋은 사실이니까 말입니다. 하나님의 위대하심은 언제나 진리였으며, 지금도 그렇고, 앞으로도 그럴 것입니다. 이 귀중한 편지는 승리의 분위기로 끝이 납니다.[13]

_데이비드 웰스 & 맥스 엔더스

"내가 이미 관찰했듯이, 이 설교와 믿음을 받아들인 교회는 전 세계에 흩어져 있습니다. 하지만 마치 한집에 사는 것처럼 조심스럽게 행동해야 합니다."[14]
_이레나이우스

Q 유다가 교회에 전한 권면의 말씀 중에 가장 도움이 되는 것은 어떤 것입니까? 그리고 가장 실천하기 어렵게 느껴지는 것은 어떤 것입니까?

이제 유다는 교회에 '믿는 사람들이 자신을 어떻게 세워야 하는가'라는 문제에서 '다른 사람을 어떻게 세워 주어야 하는가'라는 문제로 관심의 초점을 자연스럽게 옮겨 갑니다(22~23절). 이어서 마지막으로 세 가지를 명령합니다.

첫째, 교회는 "의심하는 자들을 긍휼히" 여겨야 합니다. 유다는 의심하는 자들에게도 긍휼을 베풀고, 그들의 질문에 친절하게 답해 줄 것을 교회에 요구합니다.

둘째, 교회는 그들을 "불에서 끌어내어 구원"해야 합니다. 이것은 유다가 거짓 교사들에게 넘어간 자들을 염두에 두고 한 말입니다. 교회는 믿음을 위해 싸워야 하고, 믿는 사람들을 불에서 안전하게 끌어내 복음에 충실하게 살도록 도와야 합니다.

셋째, 교회는 그들을 "그 육체로 더럽힌 옷까지도 미워하되 두려움으로 긍휼히" 여겨야 합니다. 거짓 교사들에게 굴복하고, 그들과 함께 죄지은 사람들을 가리켜서 한 말입니다. 교회는 그들의 죄가 얼마나 심각한지를 인식하고, 그들을 침착하게 대해야 합니다. 교회는 이러한 자들을 사랑으로 대해야 하며 그들이 회개하기를 소망하고 기도해야 합니다. 교회는 그들에게 회개를 간절히 권해야 합니다.

Q 오늘날 교회는 성도의 잘못된 믿음과 행실을 어떻게 다룹니까?

결론

오늘날의 교회는 유다 시대의 초대교회와 크게 다르지 않습니다. 세상에 복음을 전해야 하는 우리의 사명과 그 사명에 대한 거짓 교사들의 위협은 동일합니다. 교회에 관한 유다의 가르침은 여러 시대에 걸쳐 반향을 불러일으켰으며, 그의 가르침은 오늘날에도 유효합니다. 교회는 우리가 선포하고 살아가는 복음을 지키기 위해 믿음으로 대응해야 합니다. 거짓 가르침에 맞서 싸워야 하는 교회의 사명은 무겁습니다. 우리가 짊어져야 하는 십자가는 무겁습니다. 하지만 우리는 이러한 어려움을 홀로 겪지 않습니다. 예수님은 우리를 보호하사 거침이 없게 하시고, 우리로 하여금 영광스러운 하나님의 임재 앞에 흠 없는 모습과 기쁜 마음으로 서게 하십니다.

> Leader
> 고귀한 부르심을 받은 믿는 사람들은 유다가 처음 편지를 썼을 때처럼, 오늘날에도 그의 편지에 믿음으로 응답해야 합니다. 믿음을 변호하는 데 따르는 위험을 두려워해서는 안 됩니다. 그리스도를 알지 못하는 이들에게 복음을 전하려고 늘 힘쓰겠다는 올바른 결단을 가져야 합니다.

"세상의 비극은 복음을 받지 못해서가 아니라 훈련을 받지 않아서 일어납니다."[15]
_데이비드 실즈"

그리스도와의 연결

유다는 거짓 교리를 가르치고 나쁜 행위에 물들게 함으로써 초대교회에 분열을 일으키는 사람들에 관해 경고했습니다. 예수님은 우리를 보호하사 거침이 없게 하시고, 우리로 하여금 영광스러운 하나님의 임재 앞에서 흠 없는 모습과 기쁜 마음으로 서게 하십니다.

하나님의 계획 우리의 사명

선교적 적용 하나님은 우리에게 그리스도를 알지 못하는 사람들에게 복음을 전할 수 있도록 믿음을 지키라고 말씀하십니다.

1. 올바른 기독교 윤리가 복음을 신실하게 증언하는 데 어떤 도움을 줍니까?
2. 예수 그리스도의 진리에서 벗어나게 하는 거짓 교사들과 그들의 가르침을 우리는 어떻게 다루어야 합니까?
3. 오늘날 그릇된 가르침으로부터 어떻게 하면 자신을 보호할 수 있습니까?

금주의 성경 읽기
벧전 1~5장;
히 1~4장

교회여, 주님의 오래 참으심을 알라

9

Summary and Goal

베드로후서는 유다서와 마찬가지로 거짓 교사들과 함께 살고 있는 믿는 사람들을 격려하기 위해 쓰였습니다. 베드로후서는 선지자들과 사도들의 명령, 즉 하나님이 자기 백성에게 주신 말씀들을 기억하게 합니다. 사도 베드로 역시 하나님이 우리 시간표가 아닌 하나님의 시간표대로 일하신다는 사실을 말해 줍니다. 베드로는 우리에게는 더뎌 보이는 시간도 사실은 하나님의 완벽한 때임을 말해 주고자 이 편지를 썼습니다. 그러므로 교회는 그리스도의 재림을 기다리며 언제나 거룩하고 경건해야 합니다. 그날이 오늘이든 내일이든 먼 미래든 언제 임할지는 알 수 없습니다. 그러나 그날은 정확한 때에 임할 것입니다.

- **성경 본문**
  베드로후서 3:1~13

- **세션 포인트**
  1. 선지자들의 예언과 사도들의 명령을 기억하십시오(벧후 3:1~7)
  2. 주님의 시간표는 우리 시간표와 다르다는 것을 아십시오(벧후 3:8~9)
  3. 예수님의 재림을 기다리면서 거룩하고 경건하게 사십시오(벧후 3:10~13)

- **신학적 주제**
  오래 참으시는 주님은 아무도 멸망당하지 않고 모두 회개하기를 바라십니다.

- **그리스도와의 연결**
  사람들이 예수님의 재림을 믿는 그리스도인들을 조롱할 때, 사도 베드로는 하나님의 시간표가 인간의 시간표와 다르다고 설명해 주었습니다. 하나님은 오래 참으셔서 사람들에게 주님께 돌아올 시간을 주십니다. 그러나 예수님이 다시 오실 것이며 심판날이 임할 것입니다. 하지만 예수님이 다시 오심으로 새 하늘과 새 땅이 이루어질 것입니다.

- **선교적 적용**
  하나님은 우리가 믿음으로 경건하게 성장하고 다른 사람에게 회개를 권면할 수 있도록 오래 참아 주십니다.

Session Plan

도입

우리의 조바심과 충동이 패스트푸드점의 유행을 불러왔으며, 이러한 성향이 신앙에도 영향을 미칠 수 있음을 지적하며 세션을 시작하십시오.

삶의 어떤 영역에서 조바심과 충동 때문에 어려움을 겪은 적이 있습니까?

교회 안에 들어온 거짓 교사와 함께 생활하는 교인들을 격려하기 위해 쓰인 베드로후서에 관한 이 세션을 요약해 주십시오.

전개

1 선지자들의 예언과 사도들의 명령을 기억하십시오 (벧후 3:1~7)

베드로후서 3장 1~7절을 읽으십시오. 사도 베드로가 박해받고 있는 교회에 예수님의 재림에 관한 진리를 확인시키고, 이 진리를 공고히 하려고 편지를 썼다는 사실을 말해 주십시오. 이 메시지는 교회에 필요한 소망의 소식이었습니다. 베드로의 호소는 선지자나 사도들의 가르침을 상기시킵니다. 성경의 모든 말씀은 예수 그리스도를 통해 사람들을 구원하시려는 하나님의 계획을 담은 하나의 이야기입니다.

성경이 하나님의 구원 계획을 들려주는 하나의 이야기라는 사실은 예수님을 전하는 방식에 어떤 영향을 줄까요?

말세에 그리스도의 재림을 부인하며 조롱하는 자들이 있을 것이라는 점을 지적해 주십시오. 심판을 무시했다는 점에서 조롱하는 자들과 노아 시대의 사람들을 연결해 주십시오. 그러나 결국 하나님의 약속대로 심판이 이루어졌습니다. 그와 마찬가지로 그리스도께서 다시 오실 것입니다.

그리스도의 재림을 안다면 우리 삶의 방식은 어떻게 바뀌어야 할까요?

2 주님의 시간표는 우리 시간표와 다르다는 것을 아십시오 (벧후 3:8~9)

베드로후서 3장 8~9절을 읽으십시오. 하나님은 우리가 원하는 시간이나 기대하는 때가 아니라, 하나님의 완벽한 때에 일하신다는 점을 강조해 주십시오. 그러므로 우리는 하나님의 때에 맞추어 인내하고 신실하게 살아가야 합니다.

예기치 못한 방식으로 하나님의 때에 하나님이 역사하시는 것을 체험한 적이 있습니까?

베드로가 주의 약속이 더딘 이유를 설명해 줍니다. 하나님은 "아무도 멸망하지 아니하고 다 회개하기에 이르기를"(벧후 3:9) 원하시기 때문입니다. 예수님이 재림하시기 전 우리의 삶은 아직 회개할 시간이 있는 사람들에게 전도할 기회임을 강조해 주십시오.

하나님이 당신의 구원 또는 제자로서의 성장을 위해 당신을 오래 참아 주심을 체험한 적이 있습니까?

3 예수님의 재림을 기다리면서 거룩하고 경건하게 사십시오 (벧후 3:10~13)

베드로후서 3장 10~13절을 읽게 하십시오. 베드로가 도둑 비유를 들게 된 배경을 설명해 주십시오. 그리스도의 재림은 예기치 않게 닥칠 것이나, 막상 일어나면 모든 사람이 알게 된다는 점에서 공개적이라는 사실을 이해시켜 주십시오.

예수님의 재림을 위해 우리 삶 가운데 어떤 준비를 해야 합니까?

예수님이 다시 오시면 지금의 하늘과 땅은 사라지게 될 테니, 교회는 그때에 맞추어 살아야 한다고 했던 베드로의 경고를 들려주십시오. 지금 거룩하고 경건하게 살아갈 동기를 부여해 주는 '그 이후'에 대해 설명해 주십시오. 새 하늘과 새 땅에 하나님의 의가 임할 것을 기억할 때, 우리가 인내심을 가지고 꿋꿋하게 견딜 수 있다는 사실도 덧붙여 주십시오.

성경에 사용된 '~리니(~으니, ~면) ~하라'는 구조는 하나님께 순종해야 하는 동기를 생각하는 데 어떤 도움을 줍니까?

결론

우리 목표는 하나님이 우리에게 주신 약속을 선하게 이루어 주시기를 그저 기다리는 것이 아님을 상기시켜 주십시오. 주님의 재림을 기다리면서 우리가 시간을 최대한 활용해야 한다고 권면해 주십시오. 이 세션에서 배운 진리를 '하나님의 계획, 우리의 사명'에서 적용해 보십시오.

Session Content

9. 교회여, 주님의 오래 참으심을 알라

"불행하게도 많은 사람이 인내심이란 태평하고 느긋한 사람에게서 가장 두드러지게 나타나는 것으로 생각합니다. 그러나 그와 반대로, 인내심은 수동적인 자세가 아니라 적극적이며 겉으로 드러나는 미덕입니다. 바로 신뢰의 미덕 말입니다. 신뢰를 보인다는 것은 누군가를 자신보다 더 신뢰함을 의미합니다. 이 점에서 세상은 인내심이 부족한 게 당연합니다. 하나님을 모르는 사람들은 오로지 자신만을 믿습니다. 그들이 믿을 만한 더 큰 대상이 없기 때문입니다."[2]
_버크 파슨스

도입

조바심을 내며 때로는 충동적으로 행동하는 사람들이 많습니다. 전국에 패스트푸드점이 많이 생겨나는 걸 보면 확실히 알 수 있습니다.

> Leader

2015년에 미국인들은 국내 22만 개가 넘는 패스트푸드점에서 2천억 달러 이상을 소비했습니다.[1] 남녀노소 불문하고 1인당 약 620달러를 쓴 셈입니다. 우리는 음식의 질보다는 맛과 편리함 때문에 패스트푸드점을 이용합니다. 패스트푸드가 건강에 좋지 않은 것을 알고 더 싸게 먹는 방법도 있음을 알면서도, 곧바로 먹을 수 있다는 순간적 쾌락 때문에 패스트푸드점을 찾곤 합니다.

조바심과 충동 탓에 다이어트나 규칙적인 운동을 하는 것이 힘듭니다. 멋진 외모와 건강한 체력을 갖고 싶지만, 너무 조바심을 내느라 다이어트와 운동에 충분한 시간을 들이지 못합니다. 빠른 효과를 보지 못하니 운동하러 가는 대신에 충동적으로 먹고 잠에 빠져듭니다. 조바심과 충동은 일상생활뿐만 아니라 믿음에도 지대한 영향을 미칠 수 있습니다.

Q 삶의 어떤 영역에서 조바심과 충동 때문에 어려움을 겪은 적이 있습니까?

Session Summary

베드로후서는 유다서와 마찬가지로 거짓 교사들과 함께 살고 있는 믿는 사람들을 격려하기 위해 쓰였습니다. 베드로후서는 선지자들과 사도들의 명령, 즉 하나님이 자기 백성에게 주신 말씀들을 기억하게 합니다. 사도 베드로 역시 하나님이 우리 시간표가 아닌 하나님의 시간표대로 일하신다는 사실을 말해 줍니다. 베드로는 우리에게는 더뎌 보이는 시간도 사실은 하나님의 완벽한 때임을 말해 주고자 이 편지를 썼습니다. 그러므로 교회는 그리스도의 재림을 기다리며 언제나 거룩하고 경건해야 합니다. 그 날이 오늘이든 내일이든 먼 미래든 언제 임할지는 알 수 없습니다. 그러나 그날은 정확한 때에 임할 것입니다.

1. 선지자들의 예언과 사도들의 명령을 기억하십시오(벧후 3:1~7)

[1]사랑하는 자들아 내가 이제 이 둘째 편지를 너희에게 쓰노니 이 두 편지로 너희의 진실한 마음을 일깨워 생각나게 하여 [2]곧 거룩한 선지자들이 예언한 말씀과 주 되신 구주께서 너희의 사도들로 말미암아 명하신 것을 기억하게 하려 하노라 [3]먼저 이것을 알지니 말세에 조롱하는 자들이 와서 자기의 정욕을 따라 행하며 조롱하여 [4]이르되 주께서 강림하신다는 약속이 어디 있느냐 조상들이 잔 후로부터 만물이 처음 창조될 때와 같이 그냥 있다 하니 [5]이는 하늘이 옛적부터 있는 것과 땅이 물에서 나와 물로 성립된 것도 하나님의 말씀으로 된 것을 그들이 일부러 잊으려 함이로다 [6]이로 말미암아 그때에 세상은 물이 넘침으로 멸망하였으되 [7]이제 하늘과 땅은 그 동일한 말씀으로 불사르기 위하여 보호하신 바 되어 경건하지 아니한 사람들의 심판과 멸망의 날까지 보존하여 두신 것이니라

> Leader

구약의 신명기는 하나님이 이스라엘 백성에게 이미 주신 율법을 다시 분명하게 말하고 강화하기 위해 기록되었습니다. 신명기(Deuteronomy)는 '두 번째'라는 뜻의 '두테로'(deutero)와 '율법'을 뜻하는 '노모스'(nomos)가 합쳐진 단어입니다. 따라서 이 책은 율법의 두 번째 수여를 위해 쓰였다고 할 수 있습니다. 그와 비슷하게, 베드로는 그리스도의 재림에 관해 썼던 이전 편지의 내용을 베드로후서에서도 그대로 썼습니다(참조, 벧전 1:7, 13; 4:13; 5:1).

예수님을 믿는다는 이유로 교회가 박해를 받고 있었으므로 베드로는 그들에게 편지를 보내 예수님이 다시 오실 것이라는 진리를 확인하고 굳건하게 했습니다. 이것은 교회가 꼭 품어야 할 큰 소망의 메시지였습니다. 베드로는 예수님이 "가서 너희를 위하여 거처를 예비하면 내가 다시 와서 너희를 내게로 영접하여 나 있는 곳에 너희도 있게 하리라"(요 14:3)라고 말씀하시는 것을 들었습니다. 아마도 이 말씀이 베드로의 마음속에 울려 퍼졌을 것입니다. 베드로는 교인들의 마음에 그리스도의 재림이라는 매우 중요한 교리가 새겨지기를 원했습니다.

베드로는 교회의 유익을 위해 그들이 이미 알고 있는 것을 말해 주려

크라이더는 2012년 뉴욕타임스에 기고한 글, "분주함이라는 함정"에서 "분주함은 공허함을 막는 울타리이며 일종의 실존적 안심 장치이다"라고 썼습니다. 그에 따르면, 어떤 사람들은 정신없이 바쁘게 돌아가는 생활을 적극적으로 만들어 내는데, 그것은 "바쁘지 않을 때 직면하게 되는 것들"이 두렵기 때문입니다.[3]

_샤론 암스트롱

심화 주석 베드로의 가르침에는 거짓 교사들이 거절했던 그리스도의 재림을 받아들이라는 내용도 포함되어 있습니다. 사도 베드로는 조롱하는 자들의 존재와 그들의 활동을 예견하면서, 독자들에게 "말세에 조롱하는 자들이" 오리라고 경고합니다. 그들은 베드로 시대에도 있었고, 미래에도 역시 있을 것입니다. "말세"란 그리스도의 성육신과 재림 사이의 기간을 가리킵니다. 조롱하는 자들은 오랜 시간이 흘렀는데도 그리스도의 재림이 아직 일어나지 않고 있다는 이유로 조롱합니다. … "조상들"이란 아마도 "만물이 처음 창조될 때"를 말해 준 구약의 조상들을 가리킬 것입니다. 거짓 교사들이 구약의 말씀을 왜곡하자 베드로는 구약을 넌지시 언급함으로써 그들에 맞섰습니다.[4]

_테리 L. 와일더

핵심교리 **99** **95. 재림**

성경은 장차 그리스도께서 육신의 형체로 재림하실 것이라고 분명하게 말합니다(마 24~25장). 모든 그리스도인은 곧 다시 오실 그리스도를 소망합니다. 그리스도께서 다시 오시면, 만물이 새롭게 될 것을 알기 때문입니다. 많은 사람이 그리스도의 재림이 언제 이루어질지 그 시기를 추측해 왔지만, 성경은 그때를 알려 주지 않습니다. 다만 예기치 않은 때에(마 25:8~10) 영광스러운 모습으로(마 24:30) 오실 것이라고 확언할 뿐입니다.

심화 주석 베드로후서 3장 5~7절은 거짓 교사들이 구약의 말씀을 알았지만 무시하기로 했다는 사실을 지적합니다. 그들은 과거 역사에서의 하나님의 개입을 부정하기도 했습니다. 예를 들어, 세계를 창조하신 하나님의 긍정적 개입(5절)과 노아 시대에 물로 심판하신 부정적 개입(6절)을 부인했습니다. 그들의 조롱과 불신에도 불구하고 말씀으로 하늘과 땅을 창조하시고 홍수를 일으키셨던 하나님은 재림 날에 다시금 말씀으로 멸하실 것입니다(7절). 구약은 하나님이 우주를 도덕적인 세계로 창조하셨으며, 하나님이 죄를 벌하지 않은 채 영원히 버려두는 일은 없을 것이라고 일관되게 가르칩니다. 하나님은 우주의 창조주이실 뿐만 아니라 심판주이시기도 합니다. 만물의 시작을 창조하신 하나님이 만물을 끝낼 권세도 갖고 계십니다.[5]

_데이비드 웰스 & 맥스 엔더스

고 편지를 썼습니다. 그는 자신을 오래전부터 이어져 온 연결고리 중의 하나로 여겼습니다. 그가 교회에 상기시킨 것은 거룩한 선지자들이 이미 이전에 말했던 것이며, 예수님이 사도들을 통해 명령하셨던 것입니다.

베드로가 선지자들과 사도들의 말을 상기시키는 것을 보면서, 우리 역시 성경이 예수님을 통해 구원하시려는 하나님의 계획을 들려주는 하나의 이야기라는 점을 상기하게 됩니다. 구약과 신약은 복음을 아름다운 목소리로 함께 부르는 합창과도 같습니다.

> Leader

교회는 아직 초기 단계에 있었지만, 그들에게는 이미 선지자들과 사도들의 역사가 있었습니다. 선지자들과 사도들이 예수 그리스도의 복음을 신실하고 담대하게 전해 왔습니다. 교회 안에 있는 거짓 선지자들과 달리 베드로는 새로운 것을 가르치지 않았습니다. 그는 참신함에 호소하지 않았고, 예수님 안에 있는 권세, 즉 하나님의 권세에 호소했습니다.

그와 같은 방식으로 베드로는 주님의 명령을 따랐습니다. 주님이 "내가 너희에게 분부한 모든 것을 가르쳐 지키게 하라"(마 28:20)라고 하신 지상명령을 따른 것입니다. 이것은 또한 우리의 소명이기도 합니다. 베드로처럼 우리도 세상에 그리스도의 말씀을 계속해서 신실하게 전하려고 노력하고 선포하는 일련의 연결고리들입니다.

Q 성경이 하나님의 구원 계획을 들려주는 하나의 이야기라는 사실은 예수님을 전하는 방식에 어떤 영향을 줄까요?

베드로는 3~4절에서 말세에 조롱하는 자들이 교회에 올 것을 일깨우며, 그리스도의 말씀과 명령을 기억하는 것이 왜 그렇게 중요한지를 들려줍니다. 조롱하는 자들은 다른 사람을 하찮게 여기며 조롱하는데, 여기서는 교회가 그리스도의 재림에 관해 근심하는 것을 조롱합니다. 그들은 재림의 지연을 예수님이 안 오신다는 명백한 증거로 삼았습니다.

> Leader

믿음 때문에 교회가 고난을 당합니다. 교인들이 집에서 쫓겨나고, 재산이 몰수되기도 합니다. 조롱하는 자들이 피 냄새를 맡은 상어처럼 물속을 휘젓고 다니며 다음과 같이 조롱합니다. "예수는 어디에 있는가? 돌아온다고 약속하지 않았던가? 그를 위해 네가 겪고 있는 것을 좀 봐! 처음부터 지금까지 달라진 것은 없어. 예수도 별수 없다니까!"

그들은 "조상들이 죽은 이후로 주가 강림하신다고 했지. 이를테면 욥은 '내가 알기에는 나의 대속자가 살아 계시니 마침내 그가 땅 위에 서실 것이라'(욥 19:25)라고 말하며 주께서 꼭 오시리라고 확신했잖아. 교회는 주님이 곧 오신다고 말하는 사람들의 긴 줄에 선 또 하나의 목소리에 불과해. 아직도 그런 일은 일어나지 않고 있으니 말이야"라고 주장합니다.

한 발 더 나아가, 조롱하는 자들은 예수님은 재림하지 않으실 뿐만 아니라 세상은 아무것도 달라지지 않을 것이라고 주장했습니다. 세상은 별로 나아지지 않았고, 예수님을 따르는 사람들은 고난을 겪고 있습니다. 이런 예수님을 따르는 것에 관해 어떤 논쟁을 벌일 수 있을까요?

그들은 마치 노아 시대의 사람들과도 같았습니다. 당시 사람들은 홍수가 이 땅의 모든 살아 있는 피조물을 쓸어버리라는 노아의 말을 믿지 않았습니다. 심판이 다가오는데도 개의치 않고 살았습니다. 그들은 결혼하고 아이를 낳고 평소처럼 생활했습니다. 홍수가 오리라고 생각하지 않았기에 먹고 마시며 즐겼습니다.

베드로는 5~7절에서 그들의 조롱이 잘못되었음을 밝힙니다. 결국 하나님이 물로 심판하셔서 방주 밖에 있는 모든 피조물을 멸하셨기 때문입니다. 하나님이 의인 노아를 통해 말씀하신 것이 이루어진 것입니다. 그러나 그 전에 백성들이 그들의 조롱을 회개하도록 100년이라는 시간을 주셨습니다. 그런데도 그들은 회개하지 않았고, 말씀으로 바다를 가르셨던 창조주를 무시했습니다. 그러다 보니 너무 늦어 버렸습니다. 하나님이 만물을 쓸어 낼 홍수를 내시는 심판이 임했습니다.

베드로의 책망은 분명합니다. 하나님은 약속을 지키시는 분이라는 것입니다. 주님은 자기 백성을 지키고 보호하겠다는 약속을 지키실 것입니다. 대적하는 자들을 심판하겠다는 약속 또한 지키실 것입니다. 노아 시대에는 물로 심판하셨으나 언젠가는 불로 심판하실 것입니다. 그것이 오늘이 됐든 내일이 됐든 혹은 먼 미래가 되더라도 말입니다. 믿는 사람들은 주의 날이 약속대로 임하리라는 것을 확신할 수 있습니다. 그날에 예수님이 친히 돌아오실 것입니다. 그리하여 조롱하는 자나 거짓 교사나 경건하지 않은 자들을 모두 심판하실 것입니다. 그리스도의 말씀이 진리임을 밝힐 것이며, 그들의 말은 거짓으로 밝혀질 것입니다. 주의 날이 올 것입니다.

Q 그리스도의 재림을 안다면 우리 삶의 방식은 어떻게 바뀌어야 할까요?

"책으로 읽은 하나님의 말씀이 마음에서 들려오기 시작할 때, 믿음이 살아납니다."[6]
_렉스 루이스

"누구라도 마태복음에 실린 예수님의 산상설교를 경건하고 진지하게 읽고 묵상한다면, 그는 그리스도인 삶의 가장 도덕적이며 완벽한 기준을 발견할 것입니다. … 이 설교 처음부터 끝까지 인생에 큰 영향을 주는 모든 교훈을 담고 있다고 확신합니다. … 예수님의 산상설교가 말씀대로 살고자 하는 사람들의 삶을 더할 나위 없이 완벽하게 인도할 것입니다. 그들은 반석 위에 세운 집과 같을 것입니다."[7]
_어거스틴

심화토론

- 조롱하는 자들이 교회에 침투해 잘못된 길로 인도할 것이라는 사실을 우리는 왜 계속해서 상기해야 합니까?
- 예수님의 재림을 끊임없이 상기시키는 것이 신앙에 왜 꼭 필요합니까?

심화 주석 베드로는 하나님의 시간에 대한 관점과 약속에 대한 신실하심을 독자들에게 열정적으로 상기시킵니다. 영원하신 분에게는 "하루가 천 년 같고, 천 년이 하루" 같습니다(벧후 3:8; 시 90:4). 더욱이 인간의 관점에서는 하나님이 더디 행하시는 것처럼 보일 수 있으나, 그것은 우리 유익을 위해서입니다(벧후 3:9). 하나님은 더디신 것이 아니라 오래 참으시는 것이고, 능력이 없어서가 아니라 인내하시는 것이며, 모든 사람에게 회개의 문을 열어 주고 계십니다. 그러나 하나님이 아무도 멸망하지 않기를 원하신다는 사실이 모든 사람이 구원받으리라는 뜻은 아닙니다. 베드로가 앞서 "경건하지 아니한 사람들"은 멸망할 것이라고 말했기 때문입니다(벧후 3:7). 그리스도께서 모든 사람을 위해 구원의 길을 열어 놓기는 하셨지만, 오직 회개하는 자만이 그 유익을 얻을 것입니다.[8]

_토쿤보 아데예모

2. 주님의 시간표는 우리 시간표와 다르다는 것을 아십시오

(벧후 3:8~9)

8 사랑하는 자들아 주께는 하루가 천 년 같고 천 년이 하루 같다는 이 한 가지를 잊지 말라 9 주의 약속은 어떤 이들이 더디다고 생각하는 것같이 더딘 것이 아니라 오직 주께서는 너희를 대하여 오래 참으사 아무도 멸망하지 아니하고 다 회개하기에 이르기를 원하시느니라

베드로는 주의 날이 실제로 임하리라는 것을 교회에 상기시키고 난 후에 고난 중에 있는 교회가 던질 법한 질문을 짐작해 봅니다. "언제 오십니까? 왜 이렇게 오래 걸리십니까? 우리가 고통 중에 있는데, 신경 쓰지 않으신단 말입니까?"

> Leader

이에 베드로는 하나님의 셈법은 우리의 셈법과 다르다고 대답합니다. 하나님은 나눔으로 곱셈을 하시는 분입니다. 예수님이 떡 다섯 개와 물고기 두 마리로 여자와 어린이 외에 오천 명이나 먹이신 일을 보면 알 수 있습니다(마 14:15~21). 또한 하나님은 뺄셈으로 덧셈을 하시는 분입니다. 기드온에게 진영의 백성 수를 줄이라고 명령하심으로써 승리하게 하신 데서 그것을 알 수 있습니다(삿 7장).

베드로는 하나님이 우리가 원하는 시간이나 기대하는 때에 역사하지 않으신다고 대답합니다. 우리는 하나님의 약속을 좌지우지할 수 없으며, 그 이루어지는 날짜를 정할 수도 없습니다. 하나님은 서두르지 않으시며 언제나 완벽한 때에 역사하십니다.

> Leader

하나님은 우리에게 "내가 시초부터 종말을 알리며 아직 이루지 아니한 일을 옛적부터 보이고 이르기를 나의 뜻이 설 것이니 내가 나의 모든 기뻐하는 것을 이루리라"(사 46:10)라고 말씀하십니다. 우리 하나님은 시작하기도 전에 끝을 아시는 분입니다. 한 번에 하나씩 이루시는 게 아니라 각각 그다음이 시작되기도 전에 어떻게 될지를 알고 기다리십니다. 하나님의 이야기는 시간의 변덕에 따라 바뀌지 않습니다. 하나님은 원하시는 때에 원하는 일을 하실 것입니다. 하나님의 때가 늘 제때입니다. 예수님의 재림도 마찬가지입니다.

이것을 기억하는 것이야말로 베드로가 교회에 바라는 바입니다. 그러므로 당황하거나 절망할 이유가 없습니다. 그들은 고난 중에 있습니다. 현실적으로 어렵습니다. 그러나 하나님은 주의 날이 임하리라는 약속을 잊거나 어기시는 일이 없습니다. 아직 그때가 안 되었을 뿐입니다.

주님이 재림을 약속하신 지 2천여 년이 지났습니다. 아직 이 땅에 오시지 않았지만, 반드시 오실 것입니다. 하나님은 신실하신 분이기 때문입니다. 주님이 약속하신 모든 것은 이루어졌거나 이루어질 것입니다. 바울은 디도서에서 하나님은 거짓이 없으시다고 말했습니다(딛 1:2). 하나님이 행하시는 일을 알지 못하고, 하나님의 때를 알지 못해서 고생스럽더라도, 우리는 하나님을 온전히 신뢰할 수 있습니다.

우리는 베드로가 교회에 전한 메시지를 마음에 새겨야 합니다. 또한 하나님의 셈법이 우리 셈법과 다르다는 것을 기억하고, 하나님이 우리에게 주신 자원들로 주님을 신뢰해야 합니다. 나의 때가 아닌 하나님의 때에 맞춰 인내하고 신실하게 살아가야 합니다.

Q 예기치 못한 방식으로 하나님의 때에 하나님이 역사하시는 것을 체험한 적이 있습니까?

> Leader

베드로는 하나님의 때가 완벽하다는 설명을 8절에서 끝낼 수도 있었습니다. 그러나 베드로는 9절에서도 주의 날이 더디 오는 이유를 계속해서 설명해 나갑니다. 더딘 데는 이유가 있습니다. 베드로는 교회가 그 이유를 알고 감사하며, 그것 때문에 남들과 다른 삶을 살기를 원했습니다.

하나님은 우리 행위가 아닌 하나님의 성품에 근거해 약속을 이루십니다. 예수님의 재림은 우리 행동의 결과로 일어나는 것이 아니라는 뜻입니다. 하나님은 주님의 첫 번째 오심을 약속하셨고 이루셨습니다. 그러므로 두 번째 오심을 약속하셨으니, 이것 또한 이루실 것입니다. 하나님은 신실하신 분이니 말입니다 하나님의 성품이 그 약속을 보장하십니다. 하나님은 참되시니 약속을 지키실 것입니다. 약속의 시간과 방법을 완벽하게 이끌어 가실 것입니다.

베드로는 예수님의 재림이 다른 사람들의 구원을 위해 지연되고 있다고 설명합니다. 실망스럽게 느껴질 수도 있지만, 하나님은 다른 사람들에게도 구원의 은혜를 베풀고자 재림의 합당한 때를 오래 참고 기다리십니다.

하나님은 "아무도 멸망하지 아니하고 다 회개하기에 이르기를"(벧후 3:9) 원하십니다. 베드로는 예수님이 이 땅에 다시 오실 그때를 이야기하며 교회가 하나님의 사랑과 은혜를 알기를 바랐습니다. 예수님의 재림이 지연되는 것처럼 보이는 것은 사실 다른 이들에게 죄를 회개하고 믿음으로 그리스도께 돌아올 기회를 주시는 하나님의 은혜의 선물입니다.

심화 주석 베드로후서 3장 9절의 첫 부분은 8절에서 그 함의를 찾을 수 있습니다. 하나님이 우리처럼 시간을 계산하거나 실제로 경험하지 않으신다면, 약속을 지키는 데 더디지 않으실 것입니다(참조, 합 2:3). 그 약속이란 … 물론 4절에 따르면, 주님의 재림 약속을 가리킵니다. 하나님, 곧 아버지는 아들이 다시 오겠다고 하신 약속의 성취를 일부러 지연시키지 않으십니다. 아들은 약속대로 오실 것입니다. 그러나 늦어지는 것을 오해해서는 안 됩니다. "더디다고 생각하는 것같이"(벧후 3:9)라는 구절은 거짓 교사들의 영향으로 흔들리는 교인들에 관한 이야기일 수 있습니다. 그것은 거짓 교사들에 관한 것일 수도 있습니다. 하나님의 방식을 이해하지 못하는 "어떤 이들"이라는 부정적 언급으로 표현되었습니다. 이 구절은 매우 역설적이라고 할 수 있습니다. 거짓 교사들은 하나님의 인내를 하나님에 관한 논쟁거리로 삼지만, 사실 그 인내하심 덕분에 그들이 회개해야만 합니다.[9]

_토머스 R. 슈라이너

"하나님을 믿지 않는 사람들은 시간을 적으로 간주합니다. 그들에게 째깍거리는 초침 소리는 적의 스토킹 소리처럼 들리기 때문입니다. 매 순간, 그들은 죽음을 향해 움직입니다. 그리고 부자든 가난한 자든 모든 사람은 죽음을 뒤로 미루기 위해 시침을 붙잡으려고 합니다."[10]

_조니 에릭슨 타다

심화 주석 하나님이 오래 참으신다는 사실이 나태하고 무책임한 태도의 변명이 되어서는 안 됩니다. 하나님은 항상 약속을 지키십니다. 하나님의 심판은 예상하지 못한 때에, 한밤중에 찾아오는 "도둑같이" 임할 것입니다(벧후 3:10; 마 24:42~44; 살전 5:2; 계 3:3; 16:15). 그때 "하늘이 큰 소리로" 떠나갈 것이며 우주를 구성하는 모든 "물질"이 "뜨거운 불에" 풀어질 것입니다. 베드로후서 3장 10절의 끝부분은 불 심판의 반복이 아니라 그날에 "땅과 그중에 있는 모든 일이 드러나리라"는 확신을 나타냅니다. 모든 악이 드러나고, 현재의 악한 세계가 멸망할 것입니다.[11]

_크리스 그나나칸

> Leader

하나님은 여호수아 시대에 라합과 그녀의 가족들이 구원받을 시간을 얻도록 여리고 성의 공격을 늦추게 하셨습니다(수 6:22~23). 노아 시대에는 백성들에게 회개할 시간을 주시려고 홍수 심판을 미루기도 하셨습니다(벧전 3:20). 그와 마찬가지로 하나님은 아무도 멸망하지 않기를 바라시며 예수님의 재림을 미루고 계십니다.

베드로 시대에 교회가 그랬듯이, 우리는 세상을 보고 왜 예수님이 재림하지 않으시는지 궁금해할 수 있습니다. 세상이 복음에 점점 더 적대적이 되어 가고, 하나님이 베푸신 선한 것들을 엉망으로 만들어 가는 것처럼 보이기 때문입니다.

"예수님은 어디에 계십니까? 왜 돌아오셔서 이 광기를 끝내지 않으십니까?"

베드로가 들려준 이야기는 오늘날에도 여전히 해당하는 진리입니다. 하나님은 약속을 더디 이루시는 분이 아니라 모든 사람의 구원을 바라시는 분입니다. 예수님의 재림이 늦어지는 것은 오로지 복음에 응답할 시간을 우리에게 주시는 하나님의 인자하심 덕분입니다. 그러한 사랑과 은혜를 받았으니, 예수님의 재림 없이 일어나는 매일을 하나님의 실패로 볼 게 아니라 하나님이 주시는 기회로 여겨야 합니다. 아직 회개할 시간이 있는 사람들에게 복음을 전하는 사명을 다할 기회 말입니다.

 하나님이 당신의 구원 또는 제자로서의 성장을 위해 당신을 오래 참아 주심을 체험한 적이 있습니까?

3. 예수님의 재림을 기다리면서 거룩하고 경건하게 사십시오

(벧후 3:10~13)

[10]그러나 주의 날이 도둑같이 오리니 그날에는 하늘이 큰 소리로 떠나가고 물질
이 뜨거운 불에 풀어지고 땅과 그중에 있는 모든 일이 드러나리로다 [11]이 모든
것이 이렇게 풀어지리니 너희가 어떠한 사람이 되어야 마땅하냐 거룩한 행실과
경건함으로 [12]하나님의 날이 임하기를 바라보고 간절히 사모하라 그날에 하늘
이 불에 타서 풀어지고 물질이 뜨거운 불에 녹아지려니와 [13]우리는 그의 약속대
로 의가 있는 곳인 새 하늘과 새 땅을 바라보도다

베드로는 그리스도께서 재림하시는 때를 설명하기 위해 도둑의 비유를 들었습니다. 집 주인에게 자기가 언제 올지를 알려 주는 도둑은 없습니다. 이것이 바로 우리가 문을 걸어 잠그는 이유입니다. 도둑이 언제 나타날지 결코 알 수 없기 때문입니다. 우리는 늘 준비되어 있어야 합니다.

이처럼 그리스도의 재림을 미리 알 수는 없습니다. 예수님은 인자가 언제 올지 그날과 그때를 아무도 모른다고 말씀하셨습니다(마 24:36). 이것이 바로 우리가 늘 준비되어 있어야 하는 이유입니다. 오늘이 그날일 수도 있습니다.

그런데 베드로는 그리스도의 재림을 준비하면서 어떻게 살아야 할지를 더 설명하기 전에, 교회가 꼭 깨닫기를 원하는 것이 있었습니다. 그것은 바로 예수님이 오시는 때가 알려지지 않지만 그분이 오시면 모든 사람이 알게 될 것이라는 사실입니다. 그리스도의 재림은 더 이상 신비가 아닙니다. 누구도 그리스도의 재림을 부인할 수 없습니다(벧후 3:10).

> Leader

예수님이 다시 오시면, "그날에는 하늘이 큰 소리로 떠나가고 물질이 뜨거운 불에 풀어지고 땅과 그중에 있는 모든 일이" 드러날 것입니다(벧후 3:10) . 베드로는 이 구절을 쓰면서 마태복음 24장에 기록된 예수님의 가르침을 기억했을 것입니다. 예수님은 재림 때 일어날 일들을 하늘의 징조를 포함해 제자들에게 말씀해 주셨습니다. 의심할 여지없이, 호레이시오 스패포드가 찬송가 가사 "저 공중에 구름이 일어나며 큰 나팔이 울려날 때 주 오셔서 세상을 심판해도 나의 영혼은 겁 없겠네"를 쓸 때, 바로 이 구절을 염두에 두었을 것입니다.[12]

주의 날이 지금은 모든 사람에게 감추어져 있지만, 그날이 오면 모든 사람에게 밝히 드러날 것입니다. 교회는 예수님의 재림을 기다리는 것에 관해 걱정할 필요가 없습니다.

심화 주석 주의 날이 임하기를 "간절히 사모하는 것"(벧후 3:12, 노력을 더해 서두르는 것)은 그리스도인들이 거룩하게 삶으로써 실제적으로 주님이 재림하실 시기에 영향을 미칠 수 있음을 암시합니다. 물론 그렇다고 해서 예수님이 언제 오실지를 하나님이 미리 정하지 않으신다는 뜻이 아닙니다(참조, 마 24:36; 행 17:31). 하나님은 현 세대에서 신자들을 구하시고, 그의 나라를 세우려는 뜻이 모두 달성된 후에야 임하실 것입니다. 그 뜻은 하나님이 자신을 대리하는 사람들을 통해 역사하실 때 이루어질 것입니다. 그러므로 인간적 관점에서 그리스도인들이 다른 사람에게 복음을 전하고 기도할 때(참조, 마 6:10), 그리고 다른 방법으로 하나님 나라를 진전시킬 때, 그들은 그리스도의 재림을 포함해 하나님의 목적을 서둘러 성취할 수 있게 됩니다.[13]

_더그 오스 & 토머스 R. 슈라이너

"성령님은 임하시는 곳마다 진흙 덩어리 같은 사람을 정금 같은 사람으로 만드십니다."[14]

_요한 크리소스톰

Q 예수님의 재림을 위해 우리 삶 가운데 어떤 준비를 해야 합니까?

베드로는 예수님이 다시 오시면 지금의 하늘과 땅은 사라지게 될 테니 교회는 그에 맞추어 살아야 한다고 경고합니다. 11절에서 그는 지금의 하늘과 땅이 사라지게 되리라는 생각을 기반으로 '그 이후'를 전제해 이렇게 말합니다. "방금 말한 것이 사실이라면, 당신은 특정한 방식으로 살아야 할 것입니다."

> Leader

이 같은 전제를 성경 곳곳에서 찾아볼 수 있습니다.

"그리스도께서 이미 육체의 고난을 받으셨으니 너희도 같은 마음으로 갑옷을 삼으라 이는 육체의 고난을 받은 자는 죄를 그쳤음이니"(벧전 4:1).

"그러므로 너희가 그리스도와 함께 다시 살리심을 받았으면 위의 것을 찾으라 거

"사람은 자신도 모르게 거룩함으로 나아가지 않습니다. 은혜에 힘입은 노력 없이, 사람은 경건이나 기도나 말씀의 순종이나 믿음이나 주 안의 기쁨으로 이끌리지 않습니다. 우리는 세상과의 타협으로 나아가면서도 그것을 관용이라 부릅니다. 불순종으로 나아가면서도 그것을 자유라 부릅니다. 미신을 향해 나아가면서도 그것을 믿음이라 부릅니다. 우리는 자제력을 잃어 기강이 해이해졌으면서도 그것을 휴식이라 부릅니다. 기도를 멀리하면서도 율법주의를 벗어났다고 착각합니다. 무신론에 빠졌으면서도 해방되었다고 확신합니다."[15]
_D. A. 카슨

기는 그리스도께서 하나님 우편에 앉아 계시느니라"(골 3:1).

"그러므로 우리는 두려워할지니 그의 안식에 들어갈 약속이 남아 있을지라도 너희 중에는 혹 이르지 못할 자가 있을까 함이라"(히 4:1).

베드로가 전제한 말 혹은 동기("이 모든 것이 이렇게 풀어지리니", 11절)는, 예수님이 다시 오시면 세상이라는 죄 많고 불경건한 체제가 심판받으리라는 사실을 뜻하는 말입니다. 타락으로 말미암아 죄와 흠으로 가득한 세상을 다가올 심판이 쓸어버릴 것입니다. 이것을 안다면, 하나님의 백성은 베드로의 전제가 말하는 '그때'를 거룩하고 경건하게 살아야 합니다.

> Leader

우리는 세상과 구별된 사람으로서 거룩하게 살아야 합니다. 세상 속에 살지만, 세상에 속하지는 말아야 합니다. 그리고 죄와 죽음의 악취로 가득 찬 세상에서 그리스도의 향기가 되어 경건하게 살아야 합니다. 우리는 이 세상에 속하지 않았기 때문입니다. 그리스도께서 다시 오셔서 만물이 새롭게 될 때, 새로운 세상이 임할 것입니다. 우리는 그 세상에 속했습니다. 그때서야 마침내 본향에 들게 될 것입니다. 그러나 지금은 장차 들어갈 본향의 대사로서 살아야 합니다. 우리는 다르게 살아야 합니다. 그래야 우리가 누구이며 누구에게 속한 존재인지를 진실로 드러낼 수 있기 때문입니다. 또한 하나님은 사람들이 회개해 다가올 심판을 면할 수 있도록 오래 참으십니다(참조, 벧후 3:15).

베드로는 새 하늘과 새 땅에 하나님의 의가 있음을 선포하면서 본문을 마무리 짓습니다. 옛 하늘과 옛 땅은 아담의 타락으로 인해 죄의 저주로 가득 차 있으므로, 예수님으로 말미암아 새 하늘과 새 땅이 이루어지게 될 것입니다. 아담의 죄로 인간과 자연이 저주 아래 놓이게 되었습니다. 그러나 마지막 아담이신 우리 주 예수님이 다시 오시면, 저주가 뒤집혀 타락 이전의 상태, 즉 에덴동산의 모습으로 돌아갈 것입니다. 그리스도께서 만물을 새롭게 하실 것이기 때문입니다. 주님이 오셔서 자기 백성 가운데 거하셔서 그들과 함께 계실 것입니다(계 21:3). 이것을 기억할 때 우리는 인내심을 가지고 굳건하게 버틸 수 있습니다. 주님의 약속은 진실하며, 끝까지 인내하며 기다리는 자들에게 주님은 큰 상급을 주십니다.

Q 성경에 사용된 '~리니(~으니, ~면) ~하라'는 구조는 하나님께 순종해야 하는 동기를 생각하는 데 어떤 도움을 줍니까?

결론

기다리면 반드시 올 것을 알면서도, 인내하며 기다리기란 정말 어렵습니다. 더욱이 그저 하나님이 약속을 이루어 주시기를 기다리는 것이 우리 목표가 아닙니다. 우리는 기다리면서 시간을 최대한 활용해야 합니다. 기다리는 동안에 주님의 목적에 따라 하나님의 사역에 동참해야 합니다. 언젠가 예수님이 우리를 위해 다시 오실 때, 잘못된 모든 것을 바로잡으시리라는 것을 알기에 우리에게는 소망이 있습니다. 그와 동시에 예수님이 아직 오시지 않은 매일의 삶은 다른 이들에게 복음을 전해야 하는 시간임을 우리는 알아야 합니다. 그것이 우리 목표입니다. 그러므로 오늘 우리는 어떻게 살아야 합니까?

그리스도와의 연결
사람들이 예수님의 재림을 믿는 그리스도인들을 조롱할 때, 사도 베드로는 하나님의 시간표가 인간의 시간표와 다르다고 설명해 주었습니다. 하나님은 오래 참으셔서 사람들에게 주님께 돌아올 시간을 주십니다. 그러나 예수님이 다시 오실 것이며 심판날이 임할 것입니다. 하지만 예수님이 다시 오심으로 새 하늘과 새 땅이 이루어질 것입니다.

하나님의 계획 우리의 사명

선교적 적용 하나님은 우리가 믿음으로 경건하게 성장하고 다른 사람에게 회개를 권면할 수 있도록 오래 참아 주십니다.

1. 어떤 소망이 성경의 명령과 약속을 기억하는 데 도움이 됩니까?
2. 아직 회개할 기회가 있는 사람들에게 어떻게 하면 복음을 전할 수 있을까요?
3. 사람들을 하나님께로 인도하기 위해 거룩하게 변화시켜 나가야 할 삶의 모습들은 무엇입니까?

금주의 성경 읽기
히 5~13장

요한이 예수님에게서 계시를 받다

10

Summary and Goal

요한계시록에서 예수님은 환상 가운데 사랑하는 제자 요한에게 자신을 계시하십니다. 가장 거룩하신 하나님의 영광 가운데 나타나셔서 자신이 하나님의 아들임을 확인해 주십니다. 예수님은 요한계시록의 중요 요소인 시간과 죽음과 지옥을 이길 권세를 보여 주십니다. 또한 이 환상을 통해 교회와 우리에게 예수님을 보여 줌으로써 우리로 하여금 주님의 재림을 기다리며, 자신에게 주어진 사명을 신실하게 감당할 수 있도록 소망과 확신을 주십니다.

- **성경 본문**
  요한계시록 1:9~20

- **세션 포인트**
  1. 예수님이 영광 가운데 임하십니다(계 1:9~16)
  2. 예수님께는 시간과 죽음과 음부를 다스리는 능력이 있습니다(계 1:17~18)
  3. 교회는 예수님의 임재에 힘입어 사명을 감당해 나갑니다(계 1:19~20)

- **신학적 주제**
  예수님의 영광스러운 임재가 오늘날 그리스도인들에게 소망을 줍니다.

- **그리스도와의 연결**
  예수님은 요한에게 나타나셔서 자신이 "처음이요 마지막"이자 "살아 있는 자"임을 밝히셨습니다. 또한 이 땅에 계시는 동안에 십자가의 죽음과 부활을 통해 "사망과 음부"를 이기셨다고 말씀하셨습니다. 예수님은 이전에 십자가의 수치를 당하셨으나 지금은 영광 가운데 높임을 받고 계십니다.

- **선교적 적용**
  하나님은 우리에게 요한이 전하는 예수님의 말씀을 듣고 그분이 함께하심을 믿음으로써 사명을 감당하라고 말씀하십니다.

Session Plan

도입

요한계시록을 읽고 이해하는 데 어려운 점을 다루는 것으로 시작하십시오.

요한계시록을 읽은 감상이 어땠습니까? 어떤 점이 가장 어려웠습니까?

요한계시록이 혼란과 두려움을 주기도 하지만, 우리가 읽을 수 있으며 읽어야 하고 감사해야 하는 책인 것을 말해 주십시오. 예수님이 환상 속에 요한에게 나타나신 이야기를 다룬 이 세션을 요약해 주십시오.

전개

1 예수님이 영광 가운데 임하십니다 (계 1:9~16)

요한계시록 1장 9~16절을 읽으십시오. 본문에 나타난 신약의 두 가지 주요 주제를 제시해 주십시오. 첫 번째 주제는 예수님이 하나님 아버지와 연합해 구원을 이루도록 약속된 분이시라는 사실입니다. 두 번째 주제는 완전한 하나님이자 완전한 인간이신 예수님이 새 언약을 이루시기 위해 자기 생명을 바치셨다는 사실입니다.

요한계시록을 이해하려고 노력하기에 앞서 예수님이 하나님이심을 아는 것이 왜 중요합니까?

요한이 구약에 나타난 하나님의 형상으로 예수님의 영광을 어떻게 묘사했는지 보여 주십시오. 요한계시록 1장 13~16절의 예수님에 관한 묘사가 다니엘서 7장과 10장에서 어떻게 인용되었는지 논의하게 하십시오. 예수님은 다니엘서에서 "인자와 같은 이"로도 묘사되고, "옛적부터 항상 계신 이"로도 묘사됩니다. 그러므로 경배를 받기에 합당하신 분입니다.

요한이 예수님을 묘사할 때 구약의 말씀과 연결한 것이 왜 중요합니까?

예수님에 관한 묘사 중에서 어느 것이 가장 마음에 와 닿았습니까? 그 이유는 무엇입니까?

2 예수님께는 시간과 죽음과 음부를 다스리는 능력이 있습니다 (계 1:17~18)

요한계시록 1장 17~18절을 읽게 하십시오. 예수님의 능력에 관한 다음 세 가지 핵심 사항을 제시해 주십시오.

첫째, 예수님께는 시간을 다스리는 능력이 있습니다.

예수님은 시간을 다스리는 능력이 있으시므로 역사에 구속되지 않으시며, 오히려 역사를 주관하신다는 사실을 설명해 주십시오.

예수님이 시간을 주관하신다는 사실이 오늘날 우리에게 어떤 소망과 위안을 줍니까?

둘째, 예수님께는 죽음을 다스리는 능력이 있습니다.
언젠가 다가올 죽음은 피할 수 없는 일입니다. 그러나 예수님 덕분에 죽음이 그 아비인 사탄과 함께 불못에 던져질 것임을 설명해 주십시오.

죽음을 이기신 예수님의 능력은 죽음을 바라보는 방식이나 우리의 시각에 어떤 영향을 줍니까?

셋째, 예수님께는 음부를 다스리는 능력이 있습니다.
음부, 즉 지옥은 실재합니다. 그러나 음부를 이기는 예수님의 능력을 통해 우리가 하나님과 화목하게 되었음을 분명히 해 주십시오.

'지옥'은 불편하고 인기 없는 주제이지만 논의가 필요한 이유는 무엇일까요?

3 교회는 예수님의 임재에 힘입어 사명을 감당해 나갑니다 (계 1:19~20)

요한계시록 1장 19~20절을 읽으십시오. 본문을 통해 두 가지 진리를 알 수 있음을 말해 주십시오.
첫 번째 진리는 "예수님이 항상 우리와 함께하신다"라는 것입니다. 인생에서 벌어지는 일들에 어떻게 반응하는가는 결국 하나님을 얼마나 신뢰하는가를 보여 준다는 사실을 밝혀 주십시오.

때때로 우리가 하나님으로부터 멀어진 느낌이 드는 이유는 무엇입니까?

그리스도의 임재를 인식한다면 우리의 예배는 어떻게 달라질까요?

두 번째 진리는 "예수님의 임재가 사명에 힘을 실어 준다"는 것입니다. 예수님의 권세가 우리 사명의 토대가 된다는 것을 강조해 주십시오.

그리스도의 임재와 그분의 능력과 영광은 당신이 사명을 감당하는 데 어떤 영향을 줍니까?

결론

왕이신 예수님이 만물을 다스리고 계시며 우리는 주님의 소유이기 때문에 요한계시록에 등장하는 어떤 것도 두려워할 필요가 없음을 다시 말해 주십시오. 이 세션에서 배운 진리를 '하나님의 계획, 우리의 사명'에서 적용해 보십시오.

Session Content

10. 요한이 예수님에게서 계시를 받다

"하나님은 새로운 우주를 즐거워하실 것이며, 우리는 그분의 기쁨에 참여할 것입니다. 결코 마르지 않는 보고인 하나님의 형상에서 우리의 열정이나 기쁨은 결코 바닥나지 않을 것입니다."[1]
_랜디 알콘

도입

요한계시록에 관한 책이나 주석서들은 대개 이렇게 시작됩니다. "요한계시록은 성경에서 가장 이해하기 어려운 책 중의 하나입니다." 그럴 만도 합니다. 요한계시록은 혼란스러운 언어와 이미지로 가득하고, 상징들이 끝없이 이어지는 것처럼 보이기 때문입니다. 요한계시록은 이해하기는커녕 읽기조차 불가사의한 책입니다. 요한계시록을 이해하게 된다면, 그것이 얼마나 무서운 내용인지를 알게 될 것입니다. 그래서 우리는 요한계시록을 아예 읽지 않거나, 읽고 이해하려고 애쓰거나, 아니면 읽고 이해하긴 했는데 차라리 읽지 말걸 그랬다고 생각할 수 있습니다.

Q 요한계시록을 읽은 감상이 어땠습니까? 어떤 점이 가장 어려웠습니까?

> Leader

요한계시록은 혼란스럽고 무서운 책입니다. 그것은 부인할 수 없습니다. 요한계시록은 거의 대부분 심판이나 종말이라는 주제를 다루며, 생생한 이미지와 이상한 말들로 가득한 '묵시록'이라는 장르에 해당합니다. 몇몇 장면은 성경보다는 공포 영화에 더 어울리는 것처럼 보이기도 합니다.

그러나 요한계시록은 사실 두려움에 관한 책이 아니라 소망에 관한 책입니다. 지옥불이 아닌 영광에 관한 책이며, 사탄이 아닌 하나님에 관한 책입니다. 또한 죽음이나 멸망에 관한 책이 아닌 생명과 구원에 관한 책입니다. 요한계시록에 나오는 심판이나 지옥이나 진노를 간과해서는 안 되지만, 사실 그것보다는 마지막 날에 있을 예수님의 승리를 놓쳐서는 안 됩니다. 예수님이 승리하시니 예수님께 충성을 맹세한 우리도 승리할 것입니다. 요한계시록이 말하는 승리가 바로 이것입니다.

Session Summary

요한계시록에서 예수님은 환상 가운데 사랑하는 제자 요한에게 자신을 계시하십니다. 가장 거룩하신 하나님의 영광 가운데 나타나셔서 자신이 하나님의 아들임을 확인해 주십니다. 예수님은 요한계시록의 중요 요소인 시간과 죽음과 지옥을 이길 권세를 보여 주십니다. 또한 이 환상을 통해 교회와 우리에게 예수님을 보여 줌으로써 우리로 하여금 주님의 재림을 기다리며, 자신에게 주어진 사명을 신실하게 감당할 수 있도록 소망과 확신을 주십니다.

1. 예수님이 영광 가운데 임하십니다(계 1:9~16)

> Leader
> 하나님의 영광을 묘사하는 것보다 새 하늘과 새 땅을 묘사하는 더 좋은 방법은 없습니다. 우리는 영원토록 하나님의 영광에 잠길 것입니다. 이것이 요한계시록의 중심 주제라는 것은 틀림없는 사실입니다.

*9나 요한은 너희 형제요 예수의 환난
과 나라와 참음에 동참하는 자라 하
나님의 말씀과 예수를 증언하였음
으로 말미암아 밧모라 하는 섬에 있
었더니 10주의 날에 내가 성령에 감
동되어 내 뒤에서 나는 나팔 소리 같
은 큰 음성을 들으니 11이르되 네가
보는 것을 두루마리에 써서 에베소,
서머나, 버가모, 두아디라, 사데, 빌라델비아, 라오디게아 등 일곱 교회에 보내라
하시기로 12몸을 돌이켜 나에게 말한 음성을 알아보려고 돌이킬 때에 일곱 금
촛대를 보았는데 13촛대 사이에 인자 같은 이가 발에 끌리는 옷을 입고 가슴에
금띠를 띠고 14그의 머리와 털의 희기가 흰 양털 같고 눈 같으며 그의 눈은 불꽃
같고 15그의 발은 풀무불에 단련한 빛난 주석 같고 그의 음성은 많은 물소리와
같으며 16그의 오른손에 일곱 별이 있고 그의 입에서 좌우에 날 선 검이 나오고
그 얼굴은 해가 힘 있게 비치는 것 같더라*

> 본문은 예수님이 요한에게 메시지를 주시는 장면을 묘사합니다. 요한은 소아시

심화 주석 전승에 따르면, 도미티아누스 황제가 AD 95년이나 96년에 요한을 에게해의 작은 섬, 밧모로 유배를 보냈습니다(계 1:9하). 요한은 이제 노인이 되었습니다. 밧모섬에 도착하기 전에는 아마도 모진 매질과 매임과 굶주림과 노숙과 고된 노동을 견뎌야만 했을 것입니다. 요한은 돌봐줄 사람들과 멀리 떨어진 채로 유배 생활을 해야 합니다. 그러나 그는 "하나님의 말씀과 예수 그리스도의 증거"(계 1:2)를 전해야 하기 때문에 그 모든 것을 감당했습니다. 에스겔이 바벨론에서 포로로 사는 동안에 하나님의 영광에 관한 환상을 받은 것처럼(겔 1:1), 유배 생활이 주님의 역사를 멈추지 않습니다.[2]

_라메시 카트리

핵심교리 99 **24. 하나님의 영광**

'하나님의 영광'이란 하나님이 하신 일이 볼 수 있게 드러나는 것, 다시 말해서 하나님이 자신의 완전한 성품을 자신의 일을 통해 나타내시는 방식입니다. 또한 하나님의 영광은 하나님의 뛰어난 명성을 가리키는 말로, 우리가 하나님의 이름을 찬양해야 하는 이유 중 하나입니다. 또 하나님의 영광은 하나님의 본질적인 아름다움으로, 하나님의 속성들과 성품들에서 드러나는 하나님의 밝음과 아름다움을 말합니다. 성경은 인류가 하나님의 창조 목적인 하나님을 영화롭게 하는 것을 저버렸기 때문에 하나님의 영광에 이르지 못했다고 말합니다(롬 3:23).

심화 주석 인자 같은 이의 발은 "풀무불에 단련한 빛난 주석"(계 1: 15) 같습니다. 곧 임하실 메시아에 관한 위대한 시편들 가운데 한 편은 "여호와께서 내 주에게 말씀하시기를 내가 네 원수들로 네 발판이 되게 하기까지 너는 내 오른쪽에 앉아 있으라 하셨도다"(시 110:1)라는 말씀으로 시작됩니다. 이것은 왕의 발판보다 못한 대적들을 다스리시는 강력한 왕에 관한 묘사입니다. 고대의 어떤 왕들은 문자 그대로 패배한 적들의 목에 발을 올려놓는 것을 승리의 상징으로 여겼습니다. 예수님의 강력하신 발은 모든 악한 세력과 자연과 초자연적인 것들에 대한 궁극적 승리를 나타냅니다. "머리와 털"이 전지를 상징하고, "눈"이 편재를 상징한다면, "발"은 전능을 상징할 것입니다.[3]

_켄들 H. 이슬리

아에 있는 일곱 교회에 차례대로 편지를 보내야 합니다. 소아시아는 지금의 터키 지역입니다. 그런데 훨씬 더 많은 일이 벌어지고 있습니다. 본문의 핵심을 제대로 이해하려면, 그 맥락을 먼저 이해해야 합니다. 맥락이라고 하면 대개 앞뒤의 흐름을 생각하곤 합니다. 그것도 중요하지만, 본문이 성경의 더 큰 이야기에 어떻게 들어맞는가를 아는 것도 중요한 맥락 이해에 해당합니다. 성경의 줄거리는 바로 요한이 묘사한 것을 이해하는 데 큰 도움이 되는 맥락입니다. 우선, 본문이 요한계시록과 신약성경에 어떻게 들어맞는지를 살펴볼 필요가 있습니다. 그리고 본문이 하나님의 영광을 묘사한 구약성경과 어떻게 연결되는가를 이해할 필요가 있습니다.

요한계시록 1장부터 3장은 신약성경을 관통하는 두 가지 주요 주제를 다루고 있습니다. 첫 번째 주제는 예수님이 하나님 아버지와 연합하셔서 구원 메시지를 전하도록 약속된 분이시라는 사실입니다(참조, 요 5:19; 6:38; 7:16~17; 14:9; 고전 1:3; 8:6; 약 1:1). 이 주제는 첫 구절에서부터 나타나고 있습니다. 하나님이 그 종들에게 전할 계시를 예수님께 주셨고, 예수님은 일곱 교회들에 일련의 메시지를 보내게 하십니다(참조, 계 1:11; 2~3장).

그러나 예수님은 단순히 하나님 아버지의 편지를 전하는 사자가 아니십니다. 메시지의 전달자가 아닌 메시지 그 자체이십니다. 바로 구름을 타고 오실 분이며(계 1:7), 하나님의 이름을 나타내는 묘사처럼 "이제도 계시고 전에도 계셨고 장차 오실 이"입니다(4절). 이것의 함의는 중요합니다. 예수님은 육신이 되신 하나님이시고, 하나님 아버지처럼 주권자이시며, 영광을 받으실 분입니다. 곧 우리는 요한이 이것을 구약 이미지를 통해 얼마나 잘 표현했는지를 보게 될 것입니다.

두 번째 주제는 신약 전체에서 요한계시록에까지 흐르고 있습니다. 즉 새 언약을 이루기 위해 자기 생명을 바치신 예수님에 관한 것입니다(참조, 마 26:27~28; 행 20:28; 롬 3:25; 엡 1:7; 히 9:12~14; 벧전 1:2). 예수님은 "우리를 사랑하사 그의 피로 우리 죄에서 우리를 해방"(계 1:5)하시는 분으로 묘사됩니다. 복음의 기초를 반영한 이 묘사는 예수님이 사람이 되신 하나님, 즉 완전한 하나님이자 완전한 인간이시라는 사실을 상기시킵니다. 오직 예수님만이 우리 죄를 용서하실 수 있고, 오직 예수님만이 우리가 마땅히 살아야 할 완전한 삶을 제시하실 수 있으며, 우리를 대신해 희생적으로 죽으실 수 있습니다. 이 모두가 예수 그리스도에 관한 진리입니다. 깨어진 세상이 예수님의 삶과 죽음과 부활로 깨끗이 회복될 것입니다.

Q 요한계시록을 이해하려고 노력하기에 앞서 예수님이 하나님이심을 아는 것이 왜 중요합니까?

요한은 구약에 나타난 하나님의 형상을 그리는 것으로 예수님의 영광을 묘사합니다. 본 것이 아닌 들은 것을 묘사함으로써 이야기를 시작하는데, "나팔 소리" 같은 예수님의 권위 있는 목소리가 들렸다고 말합니다. 이것은 출애굽기에서 하나님의 목소리를 묘사한 표현이기도 합니다(출 19:16). 목소리가 요한에게 본 것을 모두 기록하라고 지시합니다. 이것은 주님이 구약의 선지자들에게 명하신 것을 연상케 합니다(참조, 렘 30:2; 단 12:4). 요한이 예수님을 보기 전부터 그분은 하나님의 영광을 드러내고 계셨습니다. 주님은 우리가 주목하고 경외해야 할 분이십니다. 이것은 오늘날 주님이 성경을 통해 말씀하실 때, 우리가 기억해야 할 사실이기도 합니다.

> Leader 요한이 머리를 울리는 소리가 나는 곳으로 돌아보니, "인자 같은 이가 발에 끌리는 옷을 입고 가슴에 금띠를" 띠고 서 있는데, "그의 머리와 털의 희기가 흰 양털 같고 눈 같으며 그의 눈은 불꽃 같고 그의 발은 풀무불에 단련한 빛난 주석 같고 그의 음성은 많은 물소리와" 같았습니다(계 1:13~15).

요한계시록 1장 13~16절의 예수님에 관한 묘사는 다니엘서 7장과 10장에서 비롯되었는데, 그 유사점이 뚜렷합니다. 가장 중요한 것은 예수님이 다니엘서에서처럼 "인자와 같은 이"로 묘사되고, "옛적부터 항상 계신 이"에 관한 묘사로 표현된다는 것입니다.

> Leader 예수님은 "인자 같은 이"로 불리시는데(계 1:13), "사망과 음부의 열쇠"를 가지셨습니다(계 1:18). 다니엘 7장 13~14절에서 "인자 같은 이"가 통치권을 받으셨듯이 말입니다. 그와 동시에 "털의 희기가 흰 양털" 같으신 예수님의 머리는 다니엘 7장 9절의 "옛적부터 항상 계신" 하나님의 "깨끗한 양의 털" 같으신 머리와 동일합니다. 요한은 또한 "해가 힘 있게 비치는 것" 같은 예수님의 얼굴과 "불꽃 같은" 눈을 보고 놀랐습니다. 다니엘 10장 6절에 묘사된 하나님과 비슷한 모습입니다. 예수님은 그저 고귀한 신분의 사람이 아니십니다. 예수님의 정체성은 그리스도의 신성을 확인해 주시는 하나님의 정체성과 밀접하게 연결되어 있습니다.

그러니 요한이 "인자"요 "옛적부터 항상 계신 이"를 보고 "그의 발 앞에 엎드러져 죽은 자같이" 된 것도 놀랄 일이 아닙니다(계 1:17). 다니엘도 마찬가지로 반응했습니다(단 10:9).[4] 요한이 보고 느꼈던 절대적인 아름다움과 경외감과 위엄을 상상해 보십시오. 예수님에 관한 영광스러운 묘사는 어느 누구도 본 적이 없는 것입니다. 그래서 요한은 말로 표현할 수 없는 것

심화 주석 "옛적부터 항상 계신 이"의 심판관 같은 모습(참조, 단 7:9~12)은 그리스도께 전이되어 요한계시록 19장 12절("그 눈은 불꽃 같고"는 심판의 은유입니다)에서 분명하게 나타납니다. 이는 미래형 심판관으로서의 역할을 떠올리게 합니다. 예수님이 교회에 끊임없이 임재하시는 것은 주님이 교회의 영적 상태를 늘 알고 계심을 의미합니다. 따라서 우리의 영적 상태에 따라 우리는 복이나 심판을 받게 될 것입니다.[5]

_G. K. 빌

"이 세상에서 그리스도의 영광을 기뻐하지 않고 믿음으로 그리스도의 영광을 보지 않으려는 사람은 하늘에서 주의 영광을 보고자 하는 진정한 은혜의 소원을 갖지 못할 것입니다."[6]

_존 오웬

을 묘사하기 위해 필사적으로 노력했습니다. 비록 그 표현이 부족할지라도 그리스도의 영광을 엿보게 하며, 주님을 경배하도록 이끌기에 충분합니다.

Q 요한이 예수님을 묘사할 때 구약의 말씀과 연결한 것이 왜 중요합니까?

Q 예수님에 관한 묘사 중에서 어느 것이 가장 마음에 와 닿았습니까? 그 이유는 무엇입니까?

2. 예수님께는 시간과 죽음과 음부를 다스리는 능력이 있습니다(계 1:17~18)

> Leader
>
> 요한계시록에 흐르는 신학적 주제는 예수님이 하나님이시기에 모든 피조물을 다스리시는 탁월한 통치자라는 것입니다. 그분은 피조물을 위협하는 모든 것을 다스리십니다.

[17]내가 볼 때에 그의 발 앞에 엎드러져 죽은 자같이 되매 그가 오른손을 내게 얹고 이르시되 두려워하지 말라 나는 처음이요 마지막이니 [18]곧 살아 있는 자라 내가 전에 죽었었노라 볼지어다 이제 세세토록 살아 있어 사망과 음부의 열쇠를 가졌노니

요한은 예수님의 영광을 접하고 그 발아래 엎드러졌습니다. 모세가 시내산에서 하나님을 만났을 때처럼(출 34장), 이사야가 하나님의 보좌 앞에 나아갔을 때처럼(사 6장), 요한은 하나님의 영광 앞에서 죽은 자같이 되었습니다. 우리는 어떻습니까? 깊이 생각해 볼 문제입니다. 그러나 지금은 예수님의 능력에 관한 세 가지 핵심 사항을 살펴보겠습니다.

첫째, 예수님께는 시간을 다스리는 능력이 있습니다.

예수님은 "나는 처음이요 마지막"이라고 말씀하셨습니다. 즉 예수님은 시간을 다스리시는 분입니다. 예수님은 시간이 시작되기도 전부터 영원토록 존재해 오셨기에 "처음"이십니다. 시간도 피조물의 하나입니다(요 1:1~3, 골 1:15~17). 예수님은 종말이 오고 시간이 더 이상 존재하지 않을지라도 항상 존재하실 것이므로 "마지막"이십니다. 주님께는 시간을 다스리시는 능력이 있습니다. 예수님은 역사에 구속되지 않으십니다. 오히려 역사를 주관하십니다.

심화 주석 영광의 그리스도와 요한의 만남은 바울이나 에스겔이나 다니엘이 비슷한 상황에서 그랬던 것처럼, 땅바닥에 거꾸러질 정도로 엄청난 경험이었습니다(계 1:17; 행 9:3~4; 22:6~7; 겔 1:28; 3:23; 43:3; 44:4; 단 10:7~9). 그리스도께서 "나는 처음이요 마지막"이라고 선포하시는 것을 요한은 들었습니다(계 1:17). 이것은 영원한 능력과 임재가 오직 하나님께 속했다는 사실을 나타냅니다(사 44:6; 48:12). 여기서 그리스도는 창조주요 역사의 절대적인 주인이신 하나님으로 나타납니다. 또한 이것은 "알파와 오메가"(계 1:8)라는 하나님의 자기 확인과 동일한 말씀입니다. 만일 주님이 '전에 죽으셨다'는 사실이 영원한 존재에 관한 진술과 모순되는 것처럼 보인다면, 우리는 그리스도께서 인간으로 오신 것이 인류 전체에 임할 죽음을 이기시기 위함이었음을 기억할 필요가 있습니다. 그러므로 주님은 "내가 전에 죽었노라"라고 말씀하실 뿐만 아니라 나는 "곧 살아 있는 자라… 볼지어다"라고 외치기도 하십니다(계 1:18). 진실로 "살아 있는 자"이신 예수님만이 자신의 행동으로 생명을 드러내실 수 있습니다.[7]

_오네시무스 군두

> Leader

우리 인생은 시작과 끝이 있습니다. 우리는 영원이라고 하면 현재가 아닌 미래를 떠올립니다. 그러나 예수님께는 시작과 끝이 없습니다. 이 땅에서 보내신 예수님의 30여 년 세월이 그분이 하나님이시며 궁극적으로 시간을 초월해 존재하시는 분이라는 사실과 모순되지 않습니다. 예수님은 지금도 영원하신 분입니다. 우리 삶은 하나님의 손에 붙들려 있습니다. 그분은 처음과 마지막을 아시고, 그 사이에 있는 모든 것을 동시에 보십니다.

심화 주석 이 환상은 오직 여호와만을 위해 마련된 이미지, 특별히 "알파와 오메가"나 "처음이요 마지막"이라는 표현으로 가득 차 있습니다(계 1:17; 22:13). 이것들은 창조주이신 여호와에 관해 말한 이사야 44장 6절과 48장 12절을 암시하고 있습니다. 창조는 여호와만이 하실 수 있는 행위입니다. 예수님이 자신을 창조주로 칭하신 것은 신성의 주장입니다.[8]

_매튜 Y. 에머슨

Q 예수님이 시간을 주관하신다는 사실이 오늘날 우리에게 어떤 소망과 위안을 줍니까?

둘째, 예수님께는 죽음을 다스리는 능력이 있습니다.

> Leader

'죽음은 피할 수 없는 것'이란 말은 진리입니다. 하지만 우리가 죽기 위해 창조된 것은 아닙니다. 우리는 이 땅에서 하나님의 영광을 나타내는 대리인이자 하나님의 형상을 가진 자로서 영생하도록 창조되었습니다. 아담과 하와가 죄를 지었을 때, 그들은 하나님과 생명나무에서 분리되었습니다. 결과적으로 그들은 육신과 영의 죽음을 맞이하게 되었습니다(창 3:22~24).

죽음을 가벼이 여겨서는 안 됩니다. 예수님조차도 나사로의 죽음에 눈물을 흘리셨습니다(요 11:35). 예수님은 마리아와 마르다에게 "유감이구나. 하지만 어차피 닥칠 일이었잖니"라고 말씀하지 않으셨습니다. 그 대신에 예수님은 우는 자들과 함께 우셨습니다(롬 12:15).

죽음은 너무나 부자연스럽고 역겨운 것입니다. 예수님은 육신적인 죽음이든 영적인 죽음이든, 이것을 단번에 뿌리 뽑기 위해 죽으셨습니다. 그렇습니다. 우리는 슬퍼해야 합니다. 슬퍼하는 것이 마땅합니다. 그러나 소망 없는 사람들처럼 슬퍼해서는 안 됩니다(살전 4:13). 죽음은 마지막일 수 없기 때문입니다.

"죽을 운명의 사람들이 자신이 어떤 죽음을 맞이하게 될지 물을 필요는 없지만, 죽음이 자신을 어디로 데려갈지는 물어야 합니다."[9]

_어거스틴

죽음은 피할 수 없지만 자연스러운 일이 아닙니다. 사실, 세상에서 가장 부자연스러운 일입니다. 하지만 언젠가 피할 수 없는 죽음이 다가올 것입니다. 그러나 예수님 덕분에 죽음은 단번에 패할 것이며, 그 아비인 사탄과 함께 불못에 던져질 것입니다. 우리는 그리스도를 통해 새 하늘과 새 땅에 있을 것입니다(계 19~22장). 그곳에는 생명나무가 있습니다. 우리는 생명을 주는 열매를 영원히 맛볼 수 있습니다. 하나님의 영광스러운 아들이신 예수님이 죽은 자 가운데서 부활하셨고, 영원히 죽음을 이기실 것입니다.

그러나 지금은 누구도 죽음을 피할 수 없으며, 누구에게나 죽음은 동등하게 주어집니다. 이것이 바로 죽음을 이기신 예수님의 승리라는 소망

"건강한 상태로 지옥에 가는 것보다는 멍든 채로 천국에 들어가는 것이 낫습니다."[10]
_리처드 십스

심화 주석 '자연'과 '물질'이나 '사람'과 '삼위일체'에 관해 말하기 오래전부터, 초기 그리스도인들은 하나님과 이스라엘과 세상에 대해 성령, 말씀, 토라, 임재/영광, 지혜, 메시아/아들 등의 유대적인 용어로 말함으로써, 자신들이 예수님(과 성령님)에 관해 이야기해야 함을 조용히 그러나 분명하게 발견했습니다.[11]
_톰 라이트

심화토론

"하나님이 나와 함께하신다"는 사실을 얼마나 자각하며 신뢰하고 있습니까?

의 메시지를 우리만 누릴 것이 아니라 이웃과 열방에도 전해야 하는 이유입니다.

Q 죽음을 이기신 예수님의 능력은 죽음을 바라보는 방식이나 우리의 시각에 어떤 영향을 줍니까?

셋째, 예수님께는 음부를 다스리는 능력이 있습니다.

> Leader

지옥은 흔히 묘사하듯이 사탄이 쇠스랑을 들고 보좌에 앉아 다스리는 곳이 아닙니다. 또한 사람들이 마지막으로 하고 싶은 대로 무엇이든 할 수 있는 파티와도 같지 않습니다. 지옥은 그야말로 고통으로 가득 찬 비참한 곳입니다. 예수님을 믿지 않는 사람들이 부활해 하나님과 모든 선한 것에서 분리된 채로 고통과 비참함 가운데 영원의 시간을 보내야 하는 곳입니다(요 5:28~29).

음부라 불리는 지옥은 실재하며, 영원이란 긴 시간입니다 이것에 관해 분명히 할 필요가 있습니다. 그러나 예수님을 믿게 하려는 뜻으로 우리가 지옥을 위협적인 전술로써 사용해서는 안 됩니다. 우리 직분은 화목하게 하는 것이지 정죄하는 것이 아닙니다(고후 5:18). 우리는 소망과 승리와 생명의 복음을 전합니다. 회개하지 않으면 지옥에 떨어질 것이라고 선포하기보다 세례 요한의 본보기를 따라 "회개하라 천국이 가까이 왔느니라"(마 3:2)라고 선포해야 합니다.

성육신하신 예수님 덕분에 하나님이 통치하시는 천국이 우리에게 가까워졌습니다. 하나님과 인간 사이의 끊어졌던 관계는 하나님이 사람이 되심으로써 다시 이어졌습니다. 음부를 이기는 예수님의 능력은 그리스도를 통하면 하나님과 화목할 수 있음을 의미합니다. 그럼으로써 지옥은 피할 수 있는 곳이 됩니다. 그러나 단지 지옥을 피하기 위해 예수님을 믿는 것이 아닙니다. 예수님과 그분에게 속한 모든 것에 연결되려고 우리는 믿습니다.

Q '지옥'은 불편하고 인기 없는 주제이지만 논의가 필요한 이유는 무엇일까요?

3. 교회는 예수님의 임재에 힘입어 사명을 감당해 나갑니다

(계 1:19~20)

> Leader

저는 인생에서 좋은 것들을 잘 누리며 살아온 편입니다. 인생이 바닥으로 떨어지면 하나님께 부르짖어 도움을 청하지만, 인생이 높은 줄 모르고 잘나갈 때는 똑똑하고 유능하고 재능 많은 저 자신의 등을 스스로 두드리고 칭찬합니다. 일이 잘 풀리는데, 누가 하나님을 찾겠습니까? 그러나 고난 중에나 번영 중에나 우리는 하나님이 항상 계신다는 사실을 기억해야 합니다. 어떤 감정이나 어떤 상황 가운데서도 이러한 사실이 바뀌어서는 안 됩니다.

19그러므로 네가 본 것과 지금 있는 일과 장차 될 일을 기록하라 20네가 본 것은 내 오른손의 일곱 별의 비밀과 또 일곱 금 촛대라 일곱 별은 일곱 교회의 사자요 일곱 촛대는 일곱 교회니라

본문을 통해 삶의 모든 순간에 예수님이 늘 함께하신다는 사실을 알 수 있습니다. 주님이 함께하시기 때문에 우리는 받은 사명을 자신 있게 감당할 수 있습니다.

예수님이 항상 우리와 함께하십니다. 인생에서 벌어지는 일들에 어떻게 반응하는가 하는 것은 결국 하나님을 얼마나 신뢰하는가의 문제와 밀접하게 연결되어 있습니다. 함께하시는 하나님을 믿지 못해 어려움을 겪은 사람들의 사례를 우리는 성경 전체에서 볼 수 있습니다.

애굽의 가혹한 환경과 포로 생활에서 수년 만에 해방된 이스라엘 백성은 광야에서 굶주리다가 결국 하나님께 불만을 터뜨렸습니다. 먹을 것을 주시지 않는다는 이유였습니다. 심지어 그들은 "애굽 땅에서 고기 가마 곁에 앉아 있던 때와 떡을 배불리 먹던 때"를 그리워하며, 노예 시절로 돌아가기를 원했습니다(출 16:3). 그들은 힘들어지자 주님의 선하심을 의심했습니다. 굶주린 채로 하나님과 함께하기보다는 하나님과 분리되어도 배불리 먹는 노예가 되기를 갈망했습니다. 떡을 먹으려고 기꺼이 하나님에 대한 믿음을 포기하려 했습니다.

> Leader

그 후에 이스라엘은 일이 잘 풀려서 자기 조상들이 꿈꾸던 약속의 땅에 들어가 살게 되었습니다. 그러나 이스라엘 백성은 다른 나라들처럼 왕을 세워 달라고 청했습니다(삼상 8장). 그들은 눈으로 볼 수 없는 하나님의 존재를 믿지 않았습니다. 그 대신에 눈으로 볼 수 있는 인간을 왕으로 삼기를 원했습니다. 하나님은 결

심화 주석 "일곱 교회의 사자"(계 1:20)는 전령이거나 목회자이거나 문자 그대로 사자로 온 천사일 수도 있습니다. 그러나 이러한 표현은 아마도 각 교회의 정체성을 인격화한 듯합니다. 예수님은 각 교회에 관해 그 교회 사자에게 격려와 책망을 주실 것입니다.[12]

_데니스 E. 존슨

"예수님은 십자가에 못 박히도록 넘겨질 것을 아셨습니다. 그런데도 음모를 피하지 않으셨고, 두려움으로부터 도망치지도 않으셨습니다."[13]
_히에로니무스

"제자들은 살아 있는 지도자요 주님이신 예수님의 임재를 의식한다는 암묵적인 증거로서 예수님을 대신할 누군가를 지명하려는 움직임을 보이지 않았습니다."[14]
_J. 오스왈드 샌더스

국 그들이 원하는 것을 허락해 주셨습니다. 그러나 그들은 이후 역사에서 인간의 왕이 그들이 원하던 완벽한 통치자와는 거리가 먼 존재임을 체험을 통해 알게 되었습니다.

복음서로 돌아가 봅시다. 베드로는 3년간 거의 매일 예수님과 함께 지냈습니다. 그러나 예수님이 체포되고 십자가형을 선고받으시자, 베드로는 주님에게서 멀어져 결국 예수님을 부인하기까지 했습니다(눅 22:54~62). 베드로는 예수님을 결코 부인하지 않을 것이며 예수님을 위해 싸우겠다고 약속했지만, 어려움이 닥치자 베드로의 열정과 약속은 사그라졌습니다. 예수님이 가까이 계시지 않아 위안이 되지 않자 베드로의 믿음은 예수님과의 우정을 공개적으로 부인할 정도로 흔들렸습니다.

성경이 보여 주는 이러한 사례들은 우리가 하나님의 임재를 얼마나 빨리 간과할 수 있는지를 보여 줍니다. 그러나 우리로 하여금 주님의 임재 없이는 존재할 수 없음을 알도록 예수님이 육신을 입고 이 땅에 오셨습니다. 사실, 예수님은 우리가 결코 혼자가 아님을 알 수 있도록 성령님을 보내셔서 우리 안에 거하게 하셨습니다(요 14:26). 예수님은 제자들에게 모든 민족을 제자로 삼으라고 말씀하시며 그들과 함께하겠다고 말씀하셨습니다(마 28:18~20). 그리고 이것은 우리에게도 여전히 해당되는 진리입니다. 지금도 예수님이 교회들을 붙들고 계십니다(계 1:20).

> Leader

예수님은 우리를 꼭 붙들고 계실 만큼 우리와 친밀하십니다. 어떤 상황도 이 친밀함을 깨뜨릴 수 없습니다. 심지어 우리 자신의 의심조차도 이 친밀함을 깨뜨리지 못합니다. 우리가 주님의 임재로 둘러싸여 있을 정도로 주님은 가까이 계시며, 아무것도 우리를 그분의 손에서 빼앗을 수 없습니다(요 10:28).

Q 때때로 우리가 하나님으로부터 멀어진 느낌이 드는 이유는 무엇입니까?

Q 그리스도의 임재를 인식한다면 우리의 예배는 어떻게 달라질까요?

예수님의 임재가 사명에 힘을 실어 줍니다.

> Leader

사람들을 제자로 삼기 위해 나아갈 때 예수님이 항상 우리와 함께하심을 알아야 합니다. 그러나 때때로 주님은 우리 생각과 다르게 임재하십니다. 저는 아버지로서 저의 자녀들을 보호하며 그들과 함께하겠다고 약속할 수 있습니다. 또는 딸이 평균대 위를 걸을 때, 그 자리에서 딸의 손을 잡아 줄 수 있습니다. 그러나 예수님은 단지 위안을 주시거나 제한적으로 붙잡아 주시는 것 이상으로 임재하십니다. 예수님의 임재는 하나님의 직접적이고 무한한 능력을 의미합니다.

마태복음 28장에서 예수님은 제자들에게 모든 민족을 제자로 삼으라고 명하셨습니다. 하늘과 땅의 모든 권세가 예수님께 주어졌기 때문입니다. 지금까지 요한계시록 1장을 훑으면서 하나님의 영광과 능력을 살펴봤습니다. 예수님이 육신을 입은 하나님이심을 알았고, 주님이 시간과 죽음과 지옥까지도 주관하심을 알았습니다. 이 권세가 우리 사명의 토대입니다. 예수님은 우주의 최고 통치자께서 우리와 함께하시니 두려워 말고 세상으로 나아가라고 말씀하십니다. 우리는 죄와 죽음과 사탄을 상대로 싸울 수 있습니다. 예수님이 십자가에서 죽으시고 부활하심으로써 이미 승리한 싸움이기 때문입니다. 우리 일은 누군가를 '구원'하는 것이 아니라 '가서 세례를 주고 가르치는 것'입니다.

이것은 우리처럼 헤매느라 지친 순례자들에게 좋은 소식입니다. 우리는 구원자가 아니며 그럴 필요도 없습니다. 하나님은 역사상 가장 위대한 사명을 위해 인간의 역사 속으로 들어오셨습니다. 하나님의 아들이 우리를 위해 십자가에서 기꺼이 죽으시고 우리를 하나님과 화목하게 하셨습니다. 그분은 우리가 오래도록 기다려온 메시아이십니다. 영광스러운 구세주가 만물을 새롭게 하겠다고 약속하셨습니다. 우리는 그 약속을 이루실 주님의 능력에 의지해 주님의 사역에 동참합니다. 그렇다면 우리는 무엇을 기다리고 있을까요?

"선교는 교회의 궁극적인 목표가 아닙니다. 선교가 존재하는 것은 예배가 있지 않기 때문입니다. 선교가 아니라 예배가 궁극적인 이유는, 인간이 아닌 하나님이 궁극적이시기 때문입니다. 그러므로 예배는 선교의 연료이자 목표입니다."[15]
_존 파이퍼

Q 그리스도의 임재와 그분의 능력과 영광은 당신이 사명을 감당하는 데 어떤 영향을 줍니까?

결론

요한계시록에 등장하는 사탄이나 죽음이나 멸망이나 지옥을 두려워할 필요는 없습니다. 왕이신 예수님이 만물을 다스리고 계시며 우리는 주님의 소유이기 때문입니다. 그러나 이것은 요한계시록에만 적용되는 것이 아닙니다. 바로 이 순간 우리 삶에도 마찬가지로 적용됩니다. 예수님이 우리를 다스리고 계시며, 우리는 주님의 돌보심 아래 있습니다. 주님이 우리와 함께하십니다. 그러니 무엇이 두렵겠습니까? 믿음으로 나아가 예수 그리스도의 구원 메시지를 세상에 전합시다. 세상은 장차 다가올 그날에 관한 메시지를 듣고 응답해야 합니다.

그리스도와의 연결

예수님은 요한에게 나타나셔서 자신이 "처음이요 마지막"이자 "살아 있는 자"임을 밝히셨습니다. 또한 이 땅에 계시는 동안에 십자가의 죽음과 부활을 통해 "사망과 음부"를 이기셨다고 말씀하셨습니다. 예수님은 이전에 십자가의 수치를 당하셨으나 지금은 영광 가운데 높임을 받고 계십니다.

하나님의 계획 우리의 사명

선교적 적용 하나님은 우리에게 요한이 전하는 예수님의 말씀을 듣고 그분이 함께하심을 믿음으로써 사명을 감당하라고 말씀하십니다.

1. 부활하신 하나님의 아들의 영광을 잊지 않기 때문에 취하는 삶의 양식은 어떤 것이 있습니까?
2. 시간과 죽음과 음부를 이기신 예수님의 능력이 세상에 복음을 전하는 데 어떤 영향을 끼칩니까?
3. 교회/공동체에서 예수님의 영원하신 임재 안에서 거룩하고 신실하게 살도록 어떻게 서로 도울 수 있을까요?

금주의 성경 읽기
딤후 1~4장;
벧후 1~3장;
유 1장

Summary and Goal

예수님이 사도 요한에게 계시하신 말씀에는 소아시아의 일곱 교회에 주시는 편지가 들어 있습니다. 편지의 주요 주제는 하나님의 백성에게 주시는 회개 명령이었습니다. 당시 이런저런 이유로 갈 바를 잃은 교회가 많았습니다. 그들은 그리스도께 다시 돌아가야 했습니다. 회개란 관심의 초점을 죄에서 예수님께로 돌리는 것이며, 어떤 상황에 있든지 오직 그리스도만 바라보는 것입니다. 하나님은 우리에게 복음을 계속 전함으로써 화목하게 하시는 하나님의 역사에 다시금 참여하라고 말씀하십니다.

예수님이 일곱 교회에 말씀하시다

- **성경 본문**
  요한계시록 2:1~7; 3:1~6

- **세션 포인트**
  1. 하나님의 백성은 죄를 회개해야 합니다(계 2:1~7)
  2. 하나님의 백성은 예수님께로 돌이켜야 합니다(계 3:1~6)
  3. 하나님의 백성은 하나님의 사역에 동참해야 합니다(계 3:2)

- **신학적 주제**
  하나님은 자기 백성을 위로하며 훈계하십니다.

- **그리스도와의 연결**
  하나님은 교회의 순결함에 마음을 쓰십니다. 예수님이 신부인 교회를 위해 죽으셨기 때문입니다. 교회는 예수님이 누구이신지를 기억하고, 우리에게 주신 사명을 계속 수행함으로써 새로워집니다.

- **선교적 적용**
  하나님은 우리에게 죄를 회개하고 예수님께 돌아와 주님의 사역에 동참하라고 말씀하십니다.

Session Plan

도입

박해, 특히 문화나 역사 속에서 벌어지는 박해의 보편적인 인식에 관해 논의해 보십시오.

박해받는 교회의 이야기를 듣고 그 교회를 위해 기도한 적이 있습니까?

세상에 굴복하려는 유혹과 소아시아의 성도들에게 주시는 예수님의 말씀을 관련지어 주십시오. 그것은 주님이 보좌에 앉아 계신 것을 알고, 어떤 상황에서든 주님을 위해 버텨야 한다는 말씀이었습니다. 그러고 나서 일곱 교회에 보내는 편지에서 핵심 주제를 찾아보는 내용의 이 세션을 요약해 주십시오.

전개

1 하나님의 백성은 죄를 회개해야 합니다 (계 2:1~7)

요한계시록 2장 1~7절을 읽으십시오. 그러고 나서 예수님이 에베소 교회를 책망하시기 전에 그들이 잘한 일부터 인정해 주셨다는 사실을 확인해 주십시오. 그들은 올바른 신학을 가졌고, 믿음을 지켰으며, 바르게 살았습니다.

신학은 우리 일상생활에 어떤 식으로 영향을 미칩니까?

에베소 교인들은 올바른 신학으로 복음을 지키며 경건하게 살았지만, 죄를 피할 수는 없었음을 말해 주십시오. 그들은 선하게 행동하며 도덕적인 삶을 사는 듯했지만 흉내만 냈을 뿐이었고, 예배와는 별개로 살았다는 것을 설명해 주십시오. 예배가 없는 사역은 기독교가 아니라 세속적인 도덕주의일 뿐입니다.

우리는 종종 그리스도나 다른 사람에 대한 사랑에서 멀어지게 됩니다. 이것은 어떻게 일어나며, 그 이유는 무엇일까요?

마땅히 해야 할 회개를 하지 못하는 이유는 무엇입니까?

2 하나님의 백성은 예수님께로 돌이켜야 합니다 (계 3:1~6)

요한계시록 3장 1~6절을 읽게 하십시오. 성경에서 예수님이 어떤 것을 명하실 때는 대개 자신이 이미 행하신 것을 기초로 말씀하셨다는 점을 말해 주십시오. 예수님이 이미 죄와 죽음을 이기셨기에 교회는 "이기는 자"가 될 수 있습니다.

죄의 무게에 짓눌리지 않으면서도 죄를 심각하게 생각해야 하는 중요한 이유는 무엇입니까?

죄는 강력한 적이며 죽음으로 이어진다는 사실을 말씀해 주십시오. 그러나 만일 그리스도를 사랑하고 신뢰한다면 우리가 회개하고 주님께로 돌아갈 것이며, 마지막 날에 이기는 자로 함께하게 되리라는 것을 강조해 주십시오.

예수님이 누구시며 어떤 일을 행하셨는가에 초점을 맞추는 것이 죄와 싸우는 데 어떻게 도움이 됩니까?

3 하나님의 백성은 하나님의 사역에 동참해야 합니다 (계 3:2)

요한계시록 3장 2절을 다시 읽으십시오. 사데 교회는 예수님에게서 한눈을 팔았고, 그 결과 사명에서 벗어났다는 점을 말해 주십시오. 하지만 예수님은 그들과의 관계를 끝내지 않으셨습니다.

하나님의 사명에서 멀어졌다고 느낀 적이 있습니까? 만일 그러하다면, 그러한 사실을 어떻게 알게 되었습니까?

우리는 하나님의 구속하시는 역사로 구원받았다는 사실을 강조해 주십시오. 요한계시록에 있는 교회들은 우리가 종종 잊곤 하는 것들을 다시 상기시키고 있음을 자세히 설명해 주십시오. 예수 그리스도와 연합하는 것 이상으로 중요한 것은 아무것도 없습니다. 주님과 연합한다는 것은 화목하게 하시는 주님의 사역에 동참한다는 것입니다. 요한계시록에서 교회들에 회개하고 돌아오라고 하신 예수님의 말씀은 결국 하나님을 사랑하고 다른 사람을 사랑하라는 요구입니다.

그리스도 안에 있는 정체성이 어떻게 해서 우리로 하여금 세상 문화와는 다른 방식으로 살아가게 합니까?

결론

요한계시록에 있는 일곱 교회는 동일한 실수를 반복하는 경향이 있습니다. 오늘 우리도 마찬가지입니다. 그럼에도 불구하고 좋은 소식은, 예수님이 오래전과 마찬가지로 오늘 우리에게도 똑같이 "죄에서 떠나 회개하고 그리스도께로 돌아오라"라고 호소하신다는 것입니다. 이점을 공유하면서 세션을 마칩니다. 이 세션에서 배운 진리를 '하나님의 계획, 우리의 사명'에서 적용해 보십시오.

Session Content

11. 예수님이 일곱 교회에 말씀하시다

도입 옵션

모두 도착하면 종이와 연필을 나눠 주고, 교회에 보내는 짧은 편지를 쓰게 하십시오. 이 활동을 예수님이 소아시아의 교회들에 보내신 편지들과 비교해 주십시오(예를 들어, 예수님은 교회를 다스릴 권세가 있으십니다). 그러고 나서 도입부를 진행하십시오. 교회 지도자들에게 통찰력과 격려를 주기 위해 편지를 전달할 수도 있습니다.

"진정으로 그리스도인다움과 그리스도와의 진정한 동행은 주님이 그러셨던 것처럼 응답하기 힘든 지점에서 시작됩니다."[1]
_달라스 윌라드

도입

오늘날 사회에서 신앙 때문에 박해를 받는다고 느낄 수 있습니다. 법이 우리가 원하는 대로 문제를 해결해 주지 않거나, 우리 믿음이 세상의 가치들과 충돌하기 때문입니다. 때로는 예수님을 사랑한다는 이유로 직접적인 박해를 받기도 합니다. 신체적으로나 감정적으로나 법적으로 박해를 받을 수 있습니다.

Q 박해받는 교회의 이야기를 듣고 그 교회를 위해 기도한 적이 있습니까?

박해를 피하기 위해 세상 문화에 굴복하거나 휘둘릴 때가 있습니다. 때로는 세상에 만연한 죄에 유별나게 맞서기보다는 남들처럼 쉽다고 느낄 때가 있습니다. 사람들 앞에서 믿음을 지키기보다는 대화를 피하는 게 더 쉬울 때가 있습니다. 그래서 우리는 종종 뒤로 물러나고 침묵합니다. 더 나쁘게는 세상과 타협하기도 합니다.

> Leader

요한계시록의 일곱 교회에 보내는 편지에서 예수님이 소아시아의 성도들에게, 그리고 우리에게 말씀하십니다. 어떤 상황에 있든지 예수님이 보좌에 앉아 계심을 알고, 주님을 위해 무조건 버텨야 한다고 말입니다. 그리스도와 교회 사이에는 어떤 것도 있을 수 없습니다. 순종은 우리 모두에게 중요합니다.

지난 세션에서 살펴봤듯이 예수님은 영광스러운 신적인 존재이시며 만물을 다스리시는 하나님의 아들이십니다. 이러한 관점에서 우리는 계속해서 죄를 회개하고 주님을 바라봐야 합니다. 이생에서 우리에게 주어진 사명은 하나님을 영화롭게 하고 만물을 구속하시는 하나님의 사명에 참여하는 것입니다. 설사 대가를 치러야 한다고 해도 말입니다.

Session Summary

예수님이 사도 요한에게 계시하신 말씀에는 소아시아의 일곱 교회에 주시는 편지가 들어 있습니다. 편지의 주요 주제는 하나님의 백성에게 주시는 회개 명령이었습니다. 당시 이런저런 이유로 갈 바를 잃은 교회가 많았습니다. 그들은 그리스도께 다시 돌아가야 했습니다. 회개란 관심의 초점을 죄에서 예수님께로 돌리는 것이며, 어떤 상황에 있든지 오직 그리스도만 바라보는 것입니다. 하나님은 우리에게 복음을 계속 전함으로써 화목하게 하시는 하나님의 역사에 다시금 참여하라고 말씀하십니다.

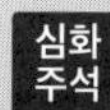

심화 주석 일곱 교회는 "모든 교회"(계 2:23)에 주시는 교훈을 담은 편지를 받도록 선택된 것 같습니다. 그러나 몇몇 학자들이 주장하듯, 교회 역사의 일곱 단계를 대표하는 것은 아닐 것입니다. 역사의 어느 단계에서도 대부분의 교회가 일곱 교회 가운데 하나에서 발견하는 현실을 반영할 수는 있습니다. 일반적으로 각 편지에는 이런 내용이 담겨 있습니다. (1) 요한계시록 1장 12~18절의 환상에서 나타난 부활하신 그리스도의 특징, (2) 교회에 대한 칭찬(사데와 라오디게아 교회는 제외), (3) 교회의 단점 지적(서머나와 빌라델피아 교회는 제외)과 극복 방안, (4) 성령님이 교회에 말씀하시는 것을 들어야 한다는 명령, 그리고 (5) 인내하며 영적으로 '이기는 자'에 관한 약속.[2]

_A. 보이드 루터

1. 하나님의 백성은 죄를 회개해야 합니다(계 2:1~7)

> Leader
> 예수님은 일곱 교회에 편지를 보내셨는데, 그중 서머나 교회(계 2:8~11)와 빌라델비아 교회(계 3:7~13)를 제외한 다섯 교회에 회개를 명하셨습니다. 에베소 교회를 향해서는 예수님보다 자신을 더 사랑하는 것에 대해 회개를 촉구하셨습니다.

1 에베소 교회의 사자에게 편지하라 오른손에 있는 일곱 별을 붙잡고 일곱 금 촛
대 사이를 거니시는 이가 이르시되 2 내가 네 행위와 수고와 네 인내를 알고 또
악한 자들을 용납하지 아니한 것과 자칭 사도라 하되 아닌 자들을 시험하여 그
의 거짓된 것을 네가 드러낸 것과 3 또 네가 참고 내 이름을 위하여 견디고 게으
르지 아니한 것을 아노라 4 그러나 너를 책망할 것이 있나니 너의 처음 사랑을
버렸느니라 5 그러므로 어디서 떨어졌는지를 생각하고 회개하여 처음 행위를 가
지라 만일 그리하지 아니하고 회개하지 아니하면 내가 네게 가서 네 촛대를 그
자리에서 옮기리라 6 오직 네게 이것이 있으니 네가 니골라 당의 행위를 미워하
는도다 나도 이것을 미워하노라 7 귀 있는 자는 성령이 교회들에게 하시는 말씀
을 들을지어다 이기는 그에게는 내가 하나님의 낙원에 있는 생명나무의 열매를
주어 먹게 하리라

예수님은 에베소 교회에 회개를 명하시기에 앞서 교회가 잘하고 있는 몇 가지 일을 인정해 주십니다.

> Leader
> 예수님은 에베소 교인들이 올바른 신학을 갖고, 믿음을 지키며, 그들이 바르게 산 것을 칭찬해 주셨습니다. 교회는 심각한 죄를 회개해야만 했지만, 우리는 그들이 잘한 일에서 몇 가지 교훈을 얻을 수 있습니다.

심화 주석 요한계시록은 심판과 보응을 중심으로 하기 때문에 선교에 관한 주제가 없다고 말하는 경우가 종종 있습니다. 그러나 그것은 사실이 아닙니다. 이 책에서 하나님은 잃어버린 자를 찾는 데 큰 관심을 보이십니다. … 부르심을 받은 열방 가운데 있는 사람들은 그리스도께서 하나님을 위해 피로 그들을 사셨기 때문에(계 5:9) 회개하고(계 11:13) 구원을 얻을 것입니다.[3]

_그랜트 R. 오스본

첫째, 에베소 교회는 올바른 신학을 가지고 있었습니다.

> Leader
>
> 신학을 학문적인 것이며 일상과 관련이 없는 것으로 생각하는 사람이 많습니다. 그러나 신학은 단순하게 말해서 "하나님에 관한 이야기"입니다. 중요한 것은 하나님이 누구이신지를 알고 그에 따라 어떻게 살아야 할지를 아는 것입니다. 그러므로 하나님을 믿는 우리는 모두 신학자입니다. 그리고 이러한 믿음은 하나님 및 다른 사람과의 관계에서 어떻게 살아야 하는가의 문제를 직접적으로든 간접적으로든 다루기에 신학은 실제적입니다.

하나님에 관한 성경적 관점의 올바른 신학이 기독교를 이슬람교나 불교와 같은 다른 신념 체계와 궁극적으로 구별되게 합니다. 또한 몰몬교나 여호와의 증인처럼 기독교가 아니면서도 기독교라고 주장하는 이단들과도 구별되게 합니다. 에베소에서는 올바른 신학이 정통 기독교를 니골라당으로 알려진 거짓 기독교와 구별했습니다.

니골라당에 관해서는 초기 기독교 자료들 외에는 알려진 것이 많지 않습니다. 자료에 의하면, 니골라당은 성적인 죄와 관련 있었으며 우상에 바쳐진 고기를 먹기도 했습니다. 니골라당은 그리스도를 따른다고 주장했지만, 실은 하나님의 은혜를 욕보였습니다. 그들의 행위는 믿음이 아닌 죄를 탐닉하고자 하는 욕망에서 비롯되었기 때문입니다. 예수님은 에베소 교인들이 거짓 가르침에 맞선 것을 칭찬하셨습니다. 거짓 가르침이 복음을 왜곡하고 기독교의 복음 메시지를 궁극적으로 바꾸었기 때문입니다.

둘째, 에베소 교회는 믿음을 지켰습니다.

올바른 신학이 있다면, 교회에 몰래 또는 은근슬쩍 끼어들어 온 거짓 가르침을 바로 알아볼 것입니다. 그리고 믿음을 지키려고 할 것이며 그러기 위해 준비할 것입니다. 우리는 묻는 이들에게 복음을 전할 준비가 되어 있어야 하며(벧전 3:15), 풍부하면서도 성경적으로 바른 신학에 기초해 믿음을 지켜야 합니다. 복음이 공격당할 때 우리는 침묵할 수 없습니다. 그러나 무지하면 아무 말도 할 수 없을 것입니다.

> Leader
>
> 이것이 바로 신학이 믿음을 지키는 것과 직접적으로 결합될 수밖에 없는 이유입니다. 기독교를 제대로 알지 못하면 지켜 낼 수도 없습니다. 현관문을 두드리는 몰몬교 교인처럼, 에베소 교회에 들어온 니골라당은 그들이 믿는 바를 잘 알았고, 그래서 에베소 교인들로 하여금 거짓 복음을 믿게끔 쉽게 설득할 수 있었습니다.

그러나 에베소 교인들은 믿음을 알았고 믿음을 위해 강력하게 변호할 줄도 알았습니다. 그래서 예수님이 그들을 칭찬하신 것입니다.

셋째, 에베소 교회는 바르게 살았습니다.

좋은 성품을 갖는다는 것은 확실히 가치 있는 일입니다. 성경은 도덕책이 아니지만 경건과 죄의 차이를 보여 줍니다. 예를 들어 십계명은 우리의 구원을 위한 것이 아닌 하나님의 성품을 드러내고, 세상이 아닌 하나님을 따라 사는 법을 보여 주기 위해 고안된 규범입니다. 에베소 교인들은 완전히는 아니지만 대체로 도덕적이었습니다. 이에 예수님은 그들이 세상적인 삶의 방식에 빠지지 않고 경건하게 산 것을 칭찬해 주셨습니다.

"자기 죄를 사랑하면서 동시에 그리스도께로 회심하기는 불가능합니다. 그리스도께 나아오는 사람은 누구나 죄와 함께 나아갈 것입니다. 사실, 인간은 바로 그 죄 때문에 나아오는 것입니다. 즉 죄와 죄의 끔찍한 결과를 없애기 위해서 말입니다. 그러나 죄를 사랑하고 아끼면서 그리스도께 나아오는 것은 완전히 불가능한 일입니다. 마치 두 방향으로 날아가려는 비행기와도 같기 때문입니다"[4]
_짐 엘리프

Q 신학은 우리 일상생활에 어떤 식으로 영향을 미칩니까?

에베소 교인들은 올바른 신학으로 복음을 지키며 경건하게 살았지만, 죄를 피할 수 없었습니다. 그들은 회개해야 했습니다.

> Leader

그리고 우리가 알듯이 그들만 그런 것은 아닙니다. 버가모 교회는 박해를 당하면서도 믿음을 저버리지 않으므로 칭찬을 받지만, 신학을 세우지 못한 탓에 회개하라는 말을 듣습니다(계 2:12~17). 에베소 교인들과 달리 버가모 교인들은 니골라당이 교회에 침투해 교인들로 하여금 복음에서 멀어지게 하도록 내버려두었습니다.

사데 교회는 영적 게으름을 회개하라는 말을 듣습니다(계 3:1~6). 그들은 "살았다 하는 이름은 가졌으나" 실상 "죽은 자"들입니다. 그들은 사역을 연이어 한 것 같지만, 예수님은 그들의 마음을 아셨습니다. 그들은 믿음을 진지하게 여기지 않았습니다. 그들은 깨어 있지 않고 잠들어 있었습니다.

라오디게아 교회는 미지근한 믿음으로 유명합니다(계 3:14~22). 그들은 특별할 것이 없습니다. 차갑지도 않고 뜨겁지도 않고 딱 그 중간입니다. 차라리 차가우면 여러모로 쓸모 있고, 뜨거우면 더 쓸모 있을 텐데, 미지근하면 아무 데에도 쓸모가 없습니다. 차가운 물은 상쾌하게 하고 뜨거운 물은 정화시켜 주기 때문입니다. 그래서 예수님은 그들에게 미지근하지 말고, 차든지 뜨겁든지 하라고 말씀하십니다. 그리스도를 향한 그들의 열정이 무뎌졌으니 말입니다.

에베소 교회 이야기로 돌아갑시다.

예수님은 그들을 칭찬하신 것만으로는 충분하지 않다고 말씀하셨습니다. 그들은 "처음 사랑"(4절)을 잃었습니다. 한때 그들의 뜻과 마음을 환히 비추던 예수님을 향한 열정이 식었습니다(참조, 엡 1:15). 그들은 선하게 행동하며 도덕적인 삶을 사는 듯했지만 흉내만 냈을 뿐이었고, 예배와는 별개로 살았습니다. 예배가 없는 사역은 기독교가 아니라 세속적인 도

"그러므로 자기 죄를 주님께 고백하는 것을 부끄럽게 여기지 말아 주십시오. 각자 자기 죄를 알았을 때는 실로 부끄러움을 느끼게 됩니다. 그러나 그 부끄러움은 자기 땅을 갈고 끊임없이 올라오는 가시덤불을 제거하고, 가시를 잘라내어 죽은 줄 알았던 열매에 생명을 불어넣습니다."[5]

_밀라노의 암브로시우스

심화 주석 헬라어 '니카오'는 '승리하다, 정복하다, 승전고를 올리다' 등의 의미가 있습니다. 여기서 파생된 명사 '니케'는 '승리'를 의미합니다. '니카오'는 요한이 쓴 글 외에서는 네 곳에서 쓰였습니다(눅 11:22; 롬 3:4; 12:21[2회]). 요한의 신학에서 그리스도는 이미 악의 세력을 '이기셨습니다'(요 16:33; 계 5:5). 비록 악의 세력들이 성도들에게 일시적으로 잠정적인 '승리'를 거둘지라도(계 11:7; 13:7), 끝내 악을 이기시는 분은 그리스도이십니다. 그러므로 이 싸움에 참여했던 사람들은 주님과 함께 이길 것입니다(계 3:21; 15:2; 17:14). 소아시아 교회에 보내는 각 메시지는 "이기는 자"에 관한 약속으로 끝납니다(계 2:7, 11, 17, 26~27; 3:5, 12, 21). 인간의 노력이 아닌 그리스도와의 연합을 통해 악을 이기는 사람이 "이기는 자"입니다(요일 4:4~5; 5:5; 계 12:11). "이기는 자"는 새 하늘과 새 땅을 상속으로 받을 것입니다(계 21:7).[6]

_A. 보이드 루터

덕주의일 뿐입니다. 예수님은 하나님의 사랑과 은혜를 잊은 죄에서 돌이켜 회개하라고 경고하십니다. 그렇지 않으면 스스로 그의 "촛대"로서의 자격이 없음을 나타내는 격이 될 것입니다. 이 촛대는 세상에 대한 빛을 상징하며, 유일하신 참 빛, 곧 부활하신 그리스도를 대변합니다.

신학 박사 학위가 있어서 전문가 수준으로 믿음을 변증하며 주변에 최상의 도덕률을 펼친다 해도, 예수님은 우리에게 말씀하실 것입니다. "회개하라!" 자기 공로에 의지해서는 안 됩니다. 옳은 생각과 선한 행위라는 우상에서 돌이켜야 합니다. 그리고 이 모든 선한 일이 예수님을 믿는 친밀하면서도 활기차고 적극적인 믿음에 달려 있다는 사실을 이해해야 합니다.

Q 우리는 종종 그리스도나 다른 사람에 대한 사랑에서 멀어지게 됩니다. 이것은 어떻게 일어나며, 그 이유는 무엇일까요?

Q 마땅히 해야 할 회개를 하지 못하는 이유는 무엇입니까?

2. 하나님의 백성은 예수님께로 돌이켜야 합니다(계 3:1~6)

> Leader 우리는 죄와 예수님을 동시에 바라볼 수 없습니다. 예수님은 교회들에 보내는 편지에서 이 점을 분명히 밝히십니다. 죄에서 돌이키는 것이 중요하기는 하지만, 그것만으로는 충분하지 않습니다. 주님을 바라보는 것도 필요하기 때문입니다.

1사데 교회의 사자에게 편지하라 하나님의 일곱 영과 일곱 별을 가지신 이가 이르시되 내가 네 행위를 아노니 네가 살았다 하는 이름은 가졌으나 죽은 자로다 2너는 일깨어 그 남은 바 죽게 된 것을 굳건하게 하라 내 하나님 앞에 네 행위의 온전한 것을 찾지 못하였노니 3그러므로 네가 어떻게 받았으며 어떻게 들었는지 생각하고 지켜 회개하라 만일 일깨지 아니하면 내가 도둑같이 이르리니 어느 때에 네게 이를는지 네가 알지 못하리라 4그러나 사데에 그 옷을 더럽히지 아니한 자 몇 명이 네게 있어 흰옷을 입고 나와 함께 다니리니 그들은 합당한 자인 연고라 5이기는 자는 이와 같이 흰옷을 입을 것이요 내가 그 이름을 생명책에서 결코 지우지 아니하고 그 이름을 내 아버지 앞과 그의 천사들 앞에서 시인하리라 6귀 있는 자는 성령이 교회들에게 하시는 말씀을 들을지어다

> Leader 예수님은 교회들에 보내는 편지마다 "이기는 자"를 언급하십니다. 사데 교회에는 그들의 잠든 신앙을 회개하라고 명하시며, 그들이 회개하면 이기는 자가 되어 종국에는 흰옷을 입게 되리라고 약속하십니다. 흰옷은 순결함을 의미합니다. 그렇다면 '이긴다'는 것은 무슨 뜻일까요?

성경에서 예수님이 어떤 것을 명하실 때는 대개 자신이 이미 행하신 것을 기초로 말씀하십니다. 즉 순종하라고 말씀하신 것은 그분이 먼저 온전히 순종하셨기 때문이고, 다른 사람을 미워하지 말라고 말씀하신 것은 그분이 마음속에 한 점의 증오도 없이 온전히 사랑하셨기 때문입니다. 그러므로 예수님이 교회들에 "이기는 자"가 되라고 명하신다면, 그것은 주님이 이미 이기셨다는 뜻임을 알아야 합니다.

> Leader 바울은 고린도전서 15장에서 이렇게 말합니다.
"사망아 너의 승리가 어디 있느냐 사망아 네가 쏘는 것이 어디 있느냐 사망이 쏘는 것은 죄요 죄의 권능은 율법이라 우리 주 예수 그리스도로 말미암아 우리에게 승리를 주시는 하나님께 감사하노니"(고전 15:55~57).

예수님이 죄와 죽음을 이기셨으니(참조, 고전 15:55~57). 그로 말미암아 주님과 연합한 우리도 마찬가지로 죄와 죽음을 이긴 셈입니다. 죄가 우리를 괴롭히고 심지어 해를 끼칠 수도 있지만, 우리를 이길 수는 없습니다. 죽음은 우리 깊은 곳까지 흔들 수 있지만, 우리를 무덤에 가둘 수는 없습니다. 예수님의 부활이 우리가 승리 가운데 부활할 것을 보장하기 때문입니다. 이것이 바로 우리가 이기는 방식입니다. 예수님이 이미 이기셨으므로 우리도 결국 이길 것입니다. 죄에서 돌이킬 때 이것을 기억해야 할 것입니다. 우리는 패배가 아닌 승리 가운데 죄를 회개합니다. 우리는 죄가 아닌 예수님께 시선을 고정해야 합니다. 우리를 대신해 죄를 이기신 분이니 말입니다.

Q 죄의 무게에 짓눌리지 않으면서도 죄를 심각하게 생각해야 하는 중요한 이유는 무엇입니까?

> Leader 종종 우리는 죄성을 타고났으니 죄짓는 것이 당연하다고 생각합니다. 어떤 의미에서 죄는 불가피합니다. 성경은 "흠 없는 자는 아무도 없다"고 말합니다. 그러나 그리스도 안에 있는 우리에게는 그 말이 해당되지 않습니다. 바울은 앞서 고린도 교회에 보낸 첫 번째 편지, 즉 고린도전서에서 죄의 유혹이 우리를 다스릴 수 없다고 말했습니다. 성령님의 능력과 그리스도로 말미암아 우리는 늘 피할 길을 얻습니다(고전 10:13).

"주님이 '내가 진실로 속히 오리라'라고 말씀하시며 우리를 지지하기 위해 이렇게 말씀하십니다. '네가 가진 것을 단단히 붙잡아라 그러면 아무도 네 면류관을 차지하지 못하리라.' 무엇을 단단히 붙잡아야 합니까? 그것은 분명히 주님을 향한 진실한 사랑일 것입니다. 만일 끝까지 이것을 위해 노력한다면, 생명의 면류관을 얻게 될 것입니다. 승리라는 상은 참고 견디는 자들을 위한 것입니다."[7]
_오큐메니우스

심화토론

- 어떤 이유로 인해 오늘날 교회의 평판이 악화되고 있습니까?
- 우리 교회는 교인들 사이에서 평판이 어떻습니까? 지역 공동체 안에서는 어떻습니까?

"십자가를 지고 순종하라고 하신 주님의 말씀은 계약서 위에 가늘게 쓰이지 않고, 굵은 글씨로 인쇄되어 있습니다."[8]
_벤스 하브너

심화 주석 사데 교회는 죽음에 가까운 깊은 영적 혼수상태에 빠져 있습니다. 그러나 "일깨어" "죽게 된 것을 굳건하게 하라"고 명하시고 교회가 "어떻게 받았으며 어떻게 들었는지 생각하고" 지키라 하시며 은혜에서 흘러나오는 거룩함을 추구하라고 하신 예수님의 부르심을 넘어서지 못하면, 주님은 "도둑같이" 임하실 것입니다. 이것은 신약성경에서 빈번하게 나타나는 직유입니다(눅 12:39~40; 살전 5:2~4; 벧후 3:10; 계 16:15). 인간은 그리스도의 재림 시기를 예측할 수 없다는 뜻입니다. "일깨어"라는 명령은 사데가 역사상 두 번씩이나 약탈당했던 일을 상기시켜 줍니다. 성벽 위의 파수꾼이 난공불락으로 여겨지던 절벽과 성벽을 몰래 기어오르는 적군을 발견하지 못해서 벌어진 약탈이었습니다(BC 547/546년에 키루스 2세에 의해 그리고 BC 214년에 안티오쿠스 3세에 의해 약탈됨).[9]
_데니스 E. 존슨

예수님은 우리와 똑같이 시험을 받으셨지만, 죄는 짓지 않으셨습니다(히 4:15). 그러므로 우리도 예수님처럼 말씀으로 시험을 이기도록 부름 받았습니다.

그러나 죄는 강력한 원수이며 매일 소소한 전투에서 우리를 이기곤 합니다. 사실, 우리는 이길 때보다 질 때가 더 많습니다. 죄의 역겨운 결과인 죽음이 굶주린 포식자처럼 우리를 응시하며 필사적으로 집어삼키려고 합니다. 언젠가는 집어삼키겠지요. 그러나 2천 년 전 부활의 아침에 우리 구세주가 그러셨던 것처럼, 우리는 그 죽음의 배를 파선시키고 빠져나올 것입니다. 결국, 소소한 전투들은 이미 승리한 전쟁에서 벌어지는 하찮은 일일 뿐입니다. 우리는 승리하신 구세주로 말미암아 모든 일에서 넉넉히 이깁니다(롬 8:37).

요한계시록에 등장하는 교회들은 지금의 우리와 다르지 않습니다. 비틀거리고 넘어지고, 죄로 인해 몇 가지 문제를 겪기도 합니다. 그러나 우리가 진정으로 그리스도를 사랑하고 신뢰한다면, 회개하고 주님께로 돌아갈 것입니다. 그리고 마지막 날에 이기는 자가 되어 하나님과 함께할 것입니다. 만왕의 왕의 자비로운 통치 아래 하나님의 형상을 간직한 자들로서 말입니다.

Q 예수님이 누구시며 어떤 일을 행하셨는가에 초점을 맞추는 것이 죄와 싸우는 데 어떻게 도움이 됩니까?

3. 하나님의 백성은 하나님의 사역에 동참해야 합니다(계 3:2)

사데 교회는 사역하는 모습을 보였지만, 깨어서 그리스도를 따르지 못해 꾸지람을 받았습니다. 예수님은 명성에 의지했던 사데 교회의 나쁜 행실을 지적하시면서 이렇게 말씀하셨습니다.

2너는 일깨어 그 남은 바 죽게 된 것을 굳건하게 하라 내 하나님 앞에 네 행위의 온전한 것을 찾지 못하였노니

사데 교회는 예수님에게서 한눈을 팔았고, 그 결과 그들은 사명에서 벗어났습니다. 하지만 예수님은 그들과의 관계를 끝내지 않으셨습니다. 그들은 아직도 해야 할 일이 있었습니다. 다만 회개하고 예수님께 다시 집중

한다면 말입니다.

> Leader

사데 교회가 명성에 기대는 동안 다른 교회들은 다른 식으로 예수님에게서 한눈을 팔았습니다. 하나님이 주신 사명을 완수하지 못한다는 것은 매한가지였습니다. 선행을 하거나 옳은 것을 믿거나 심지어 거짓 교사들을 꾸짖더라도, 이 교회들은 "처음 사랑"(계 2:4)을 잊고 "미지근하여"(계 3:16) 쓸모없게 되었습니다. 그들은 정체성을 잃어버렸습니다. 즉 교회가 그리스도 안에 있다는 사실과 나아가 그리스도를 위해 어떻게 살아야 하는가를 잊은 것입니다.

심화 주석 죽임당한 어린양은 이제 우리의 중요한 시각뿐만 아니라 책의 나머지 부분을 읽고 해석하는 렌즈가 됩니다. 신성한 예배를 받기에 합당하신 죽임당한 어린양의 현실에 비추어 거룩한 심판과 구원을 이해해야 합니다.[10]

_마이클 J. 고먼

Q 하나님의 사명에서 멀어졌다고 느낀 적이 있습니까? 만일 그러하다면, 그러한 사실을 어떻게 알게 되었습니까?

"교회는 하나님의 은혜를 받은 사람들 가운데서 새 창조의 대리인을 양성하는 학교입니다."[11]

_폴 L. 슈타인케

요한계시록을 다루는 마지막 세션에서 우리는 그날에 하나님이 만물을 어떻게 새롭게 하시는지를 더 많이 알게 될 것입니다. 그러나 지금은 우리가 하나님의 구속하시는 역사로 구원받았다는 것을 이해하는 것이 중요합니다. 어떤 의미에서 우리는 미래에서 왔습니다. 우리는 지금의 문제나 욕구에 의해 살지 않고 하나님의 영원한 진리 가운데 살기 때문입니다. 요한계시록에 있는 교회들은 우리가 종종 잊곤 하는 것들을 다시 상기시켜 줍니다. 예수 그리스도와 연합하는 것 이상으로 중요한 것은 아무것도 없습니다. 주님과 연합한다는 것은 화목하게 하시는 주님의 사역에 동참한다는 것입니다. 우리가 화목하게 하시는 주님의 사역에는 동참하지 않고 우리의 의지와 뜻대로 사역한다면, 그것이 아무리 선해 보여도 우리와 함께 땅에 묻히고 말 것입니다.

> Leader

대체로 어느 정부에나 외국에서 자국을 대표하는 일을 하는 '장관'이나 '대사'의 직책이 있습니다. 대사라면 외국 땅에서 살아도 그들 문화에 흡수되지 않아야 합니다. 왜냐하면 자국을 대표해야 하기 때문입니다.

이것이 바로 예수님이 제자들을 위해 드리셨던 기도의 의미입니다. 제자들은 세상에 보내지지만, 세상에 속하지는 말아야 합니다(요 17:14~19). 우리는 이 세상이 아닌 다른 나라, 다른 왕국의 시민입니다. 우리는 이 땅에 하나님 나라의 복음을 전함으로써 세상 사람들과 관계를 맺고 화목하게 하는 사역자요, 하나님의 대사입니다.

언젠가 하나님이 이 세상을 구원하시고 새 하늘과 새 땅이 우리의 영원한 집이 될 것입니다(계 21~22장). 세상이 예수님께로 돌아올 수 있도록 더는 호소하지 않아도 될 것입니다. 그 대신 우리는 예수님께로 돌이킨 사람들로 가득 찬 세상에

"사역의 주목적이 사람들을 교회에 등록시키거나 나쁜 습관을 버리게 하거나 예수 그리스도를 구세주로 영접하게 하는 것 이외의 어떤 일을 하는 것이 아니라는 점을 항상 명심해야 합니다. 주님은 십자가 위에서 친히 몸으로 그들의 죄를 대신 짊어지신 분이니, 주님을 통해 그들은 즉각적이며 완전한 용서를 받을 수 있습니다."[12]

_R. A. 토레이

서 살게 될 것입니다. 우리는 하나님 나라의 대사입니다. 즉 만물이 새롭게 되어 영생을 누리기를 원하시는 하나님을 세상에 전해야 합니다.

요한계시록에서 교회들에 회개하고 돌아오라고 하신 예수님의 말씀은 결국 하나님을 사랑하고 다른 사람을 사랑하라는 요구입니다. 우리는 오직 주님만 섬기며 일평생 주님을 사랑해야 합니다. 또한 하나님의 영광과 선하심을 바라봐야 합니다. 예수님이 십자가에서 하신 것처럼, 우리는 온 마음과 뜻을 다해 다른 사람을 사랑해야 합니다. 그리고 사람들이 하나님과 화목하기를 바라며 자기 욕망을 희생해야 합니다. 이것이 바로 우리의 정체성이며 사명입니다.

> Leader

우리는 그리스도의 사명을 완벽하게 감당하지는 못하지만, 주님의 말씀에는 엄청난 위안이 있습니다. 예수님은 선한 목자처럼 교회를 지키시며 가까이 임재하십니다. 회개하라는 부르심은 경고가 맞습니다. 그러나 이 경고는 또한 예수님을 믿으면 진정으로 이기는 자가 될 것을 아는 데서 오는 위안으로 가득 차 있습니다. 예수님을 믿는다는 것은 진정으로 이기는 자가 되는 것임을 알기 때문입니다. 우리는 그리스도의 삶을 보며 그분처럼 살아가야 합니다. 처음 사랑을 버리지 않고 오히려 그리스도에게서 눈을 떼지 않으며, 그리스도의 렌즈를 통해 모든 것에 초점을 맞출 수 있기를 바랍니다.

Q 그리스도 안에 있는 정체성이 어떻게 해서 우리로 하여금 세상 문화와는 다른 방식으로 살아가게 합니까?

결론

요한계시록 2~3장의 소아시아 교회에 보내는 편지를 읽으면, 그들이 어떻게 그렇게 빨리 실패하게 되었는지가 궁금해질 것입니다. 바울 서신에 나타난 에베소 교회의 선한 모습을 요한계시록에서는 거의 찾아볼 수 없습니다. 버가모 교회는 거짓 가르침에 마음이 끌렸고, 두아디라 교회는 거짓 교사를 받아들였습니다. 사데 교회는 믿음 생활을 게을리했고, 라오디게아 교회는 믿음의 열정을 잃어버렸습니다. 이 교회들은 그리스도의 이름을 더럽혔으며, 어떤 면에서 복음에 반하는 행동을 했습니다.

그들의 실패를 들여다보며 그 믿음 없음에 고개를 젓기는 쉬운 일입니다. 그러나 바로 그것이 문제입니다. 이 교회들과 우리는 멀리 있지 않습니다. 시간상으로는 거리가 멀지만, 경험 측면에서는 멀지 않습니다. 거울에 비친 자신을 골똘히 들여다보며 정직해지면, 우리는 2천 년 전이나 지금이나 똑같은 실수를 저지르기 쉽다는 사실을 알게 될 것입니다. 우리 사랑은 그리스도에게서 다른 대상들로 쉽게 옮겨질 수 있습니다. 믿음에 게을러질 수도 있고, 믿음의 열정이 식을 수도 있습니다.

그러나 좋은 소식이 있습니다. 예전이나 지금이나 예수님이 우리에게 똑같이 말씀하고 계시다는 사실 말입니다. "회개하라!" 죄에서 돌이킬 능력이 그리스도 안에 있음을 알아야 합니다. 우리는 예수 그리스도께 시선을 고정하고, 주님이 누구시며 우리를 위해 무엇을 하셨는지 그리고 언젠가 하실 일까지 기억함으로써 마음을 새롭게 해야 합니다. 복음의 영광스러운 메시지로 세상을 멀리 보게는 주님의 사역에 기쁘게 동참하기를 바랍니다. 회개하지 않으면 우리 촛대는 다른 데로 옮겨질 것입니다. 그러나 사랑과 믿음과 순종으로 이 모든 것을 극복한 이들에게는 영광의 왕이신 하나님의 복이 임할 것입니다. 그렇다면 우리는 무슨 일을 해야 할까요?

핵심교리 99 **83. 그리스도의 신부**

교회는 그리스도께서 재림하셔서 하늘과 땅이 하나가 되는 그날을 신실하게 기다리는 그리스도의 신부로 묘사됩니다. 모든 방언과 열국의 믿는 사람들로 이루어진 교회는 그리스도께서 구속하신 신부입니다. 신부 비유는 또한 교회와 그리스도의 관계가 영원함을 말해 줍니다. 하나님이 남자와 여자가 영원한 언약 관계를 맺도록 결혼을 고안하셨기 때문입니다(창 2:24; 마 19:5).

그리스도와의 연결

하나님은 교회의 순결함에 마음을 쓰십니다. 예수님이 신부인 교회를 위해 죽으셨기 때문입니다. 교회는 예수님이 누구이신지를 기억하고, 우리에게 주신 사명을 계속 수행함으로써 새로워집니다.

하나님의 계획 우리의 사명

선교적 적용 하나님은 우리에게 죄를 회개하고 예수님께 돌아와 주님의 사역에 동참하라고 말씀하십니다.

1. 회개해야 할 죄가 있다면, 무엇입니까? 그러한 회개에 비추어 우리는 어떻게 행동해야 합니까?
2. 죄의 유혹에 넘어가지 않고 주님만 바라보려면 어떻게 해야 할까요?
3. 교회/공동체가 복음의 능력으로 화목이 필요한 사람들을 섬기려면 어떻게 해야 할까요?

금주의 성경 읽기
요일 1~5장;
요이 1장;
요삼 1장;
계 1~5장

보좌에 앉으신 하나님과 어린양을 찬양하라

Summary and Goal

요한계시록은 찬양의 목적뿐만 아니라 그 내용도 중요하다는 사실을 가르쳐 줍니다. 그냥 찬양하는 것만으로는 충분하지 않습니다. 누구를 위해 찬양하는지 그리고 왜 찬양해야 하는지를 아는 것도 중요합니다. 요한계시록 4~5장의 하나님께 드리는 두 가지 찬양을 통해 우리가 만물을 지으신 창조주요 거룩하시고 전능하시며 영원하신 하나님을 찬양한다는 사실을 알게 될 것입니다. 또한 우리는 자기 피로 사람들을 구원하시고, 영원히 다스리시는 어린양을 찬양합니다.

- **성경 본문**
  요한계시록 4:2~5:14

- **세션 포인트**
  1. 하나님의 거룩하심과 전능하심과 영원하심을 찬양하십시오(계 4:2~8)
  2. 만물을 뜻대로 지으신 하나님을 찬양하십시오(계 4:9~11)
  3. 죽임당하심으로 자기 백성을 구원하신 어린양을 찬양하십시오(계 5:1~10)
  4. 영원히 다스리시는 어린양을 찬양하십시오(계 5:11~14)

- **신학적 주제**
  하나님의 구속하시는 능력은 그 아들의 희생으로 입증되었으며, 하나님의 백성은 천국에서 그 능력의 하나님을 경배합니다.

- **그리스도와의 연결**
  사도 요한은 두루마리를 펴거나 봉인을 떼기에 합당한 자가 없다는 사실에 크게 울었습니다. 그러나 죽임을 당하신 어린양이 보좌에 앉으신 것을 봤습니다. 어린양은 우리를 구원하기 위해 죽으신 하나님의 아들, 예수님이십니다. 예수님은 존귀와 영광과 찬송을 받기에 합당하신 분입니다.

- **선교적 적용**
  하나님은 우리에게 천국에서 보좌에 앉으신 하나님과 어린양께 예배드릴 날을 고대하며 이 땅에서 예배드리라고 말씀하십니다.

Session Plan

도입

어떻게 찬양이 예배의 적합한 수단이며 찬양을 통해 영원한 세계를 미리 맛볼 수 있는지를 토의하면서 세션을 시작하십시오. 찬양이 새로운 피조물인 우리의 사명의 핵심이 된다는 것을 분명히 해 주십시오.

교회에서 성도들과 함께 찬양할 때 하나님과 연결되어 있다고 느낀 적이 있습니까? 그 이유는 무엇입니까?

찬양의 목적뿐만 아니라 그 내용도 중요하다는 사실을 가르쳐 주는 요한계시록 4~5장에 관한 이 세션의 내용을 요약해 주십시오.

전개

1 하나님의 거룩하심과 전능하심과 영원하심을 찬양하십시오 (계 4:2~8)

요한계시록 4장 2~8절을 읽으십시오. 본문에 나타난 하나님의 세 가지 속성, 즉 거룩하심과 전능하심과 영원하심을 살펴보고, 각 속성을 설명해 주십시오.

예배가 우리의 감정이 아닌 하나님의 속성에서부터 시작되어야 하는 이유는 무엇입니까?

하나님의 성품에 관한 세 가지 신학적 진술이 오늘날 예배에서도 선포되어야 한다는 점을 덧붙여 주십시오.

하나님이 누구이신가를 노래하는 찬송가 또는 복음성가 중에 가장 좋아하는 곡은 무엇입니까?

2 만물을 뜻대로 지으신 하나님을 찬양하십시오 (계 4:9~11)

요한계시록 4장 9~11절을 읽게 하십시오. 하나님의 창조적인 능력과 영광을 생각하면 엎드려 경배할 수밖에 없음을 이야기해 주십시오.

창조의 어떤 점이 당신으로 하여금 하나님을 경배하게 합니까?

만물이 주의 뜻대로 있었고, 또 지으심을 받았다는 장로들의 찬양이 의미하는 두 가지를 설명해 주십시오. 첫째, 하나님이 원하셔서 우리가 창조되었다는 뜻입니다. 둘째, 특정한 방식으로 살아가도록 창조되었다는 뜻입니다. 이는 주님의 주권적인 감독과 주권적인 명령을 가리킵니다.

하나님의 뜻대로 지음 받았다는 사실은 당신과 당신의 삶을 바라보는 시각에 어떤 영향을 줍니까?

요한계시록 5장 1~10절을 읽으십시오. 보좌라는 특별한 자리에 앉아 경배를 받고 계시는 예수님의 중요성에 관해 이야기해 주십시오.

"보와와 네 생물과 장로들 사이에" 서신 예수님은 오늘날 우리에게 어떤 희망과 위로를 줍니까?

사람들의 죄를 위해 죽임당한 어린양으로 요한이 예수님을 묘사하고 있음을 강조해 주십시오.

예수님이 죽임을 당한 어린양이라는 사실을 알고 나니 어떤 생각과 느낌이 듭니까?

3 죽임당하심으로 자기 백성을 구원하신 어린양을 찬양하십시오 (계 5:1~10)

요한계시록 5장 11~14절을 읽게 하십시오. 보좌에 앉으신 예수님은 영원히 경배 받으실 분이라는 점을 다시 한 번 지적해 주십시오.

사랑, 거룩함, 권능과 같은 하나님의 속성은 천국을 고대하며 드리는 현재 우리의 예배에서 어떻게 선포되어야 할까요?

하나님은 경배받기에 합당하신 분임을 강조해 주십시오. 하나님의 사랑이 창조와 구원으로 넘쳐흘렀던 것처럼, 하나님을 향한 우리의 사랑이 복음 선포로 모든 사람에게 넘쳐흘러야 합니다.

하나님을 경배하는 것이 복음 사역에 어떤 힘과 위로를 줍니까?

4 영원히 다스리시는 어린양을 찬양하십시오 (계 5:11~14)

결론

경배는 미래 어느 날에야 이루어질 일이 아니라 지금 드려야 할 것임을 상기시켜 주십시오. 오늘 우리는 교회에 모여 하나님을 찬양함으로써 만물의 영원한 질서로 나아가야 합니다. 이 세션에서 배운 진리를 '하나님의 계획, 우리의 사명'에서 적용해 보십시오.

Session Content

12. 보좌에 앉으신 하나님과 어린양을 찬양하라

"예배는 하나님이 우리를 위해 행하신 일을 더 많이, 우리가 주님을 위해 해 드릴 일을 더 적게 표현하는 것이어야 합니다."[1]
_매트 보즈웰

핵심교리 99 — 89. 예배

예배를 하나의 행사나, 찬양을 부르는 모임 정도로 과소평가하는 사람이 많습니다. 그러나 예배는 심령에 관계된 것으로 삶의 모든 영역으로 확대되는 것입니다. 예배의 목적과 초점은 하나님께 있으며, 하나님께 합당한 찬양과 경배를 드리는 것입니다. 그리스도인은 개인의 삶 가운데서 예배를 드려야 합니다. 그리고 다른 그리스도인들과 함께 모여서도 하나님을 예배하며 그분의 영광을 위해 자기 재능을 사용해야 합니다. 함께 드리는 예배는 그리스도인들의 덕을 세우고 그들을 굳세게 할 뿐만 아니라, 믿지 않는 사람들에게도 하나님의 위대하심을 증거하는 역할을 합니다.

도입

> Leader

어떤 사람들은 '영원'이라고 하면, 수십억 년 동안 우리가 찬양만 할 것이라고 상상하며 지루하게 느낍니다. 그러나 사실, 영원한 나라에서 우리는 찬양 말고도 할 일이 많습니다. 이것은 다음 세션에서 살펴볼 것입니다. 우리는 죄에서 해방되어 구속된 마음과 생각과 말로 찬양할 것입니다. 영원한 나라에서 우리는 이 땅에서의 경험보다는 하나님과 우리 구원에 관한 더 깊고 순수하며, 더 넓은 이해에 근거해 찬양할 것입니다. 또한 하나님의 임재 앞에서 영원한 찬양을 할 것입니다. 그러니 지루할 리가 없습니다.

영원한 나라에서 찬양하는 것이 더 좋겠지만, 오늘날 우리의 찬양도 의미 있고 중요하며 변화를 불러옵니다. 우리는 찬양을 통해 복음을 확신합니다. 사도 바울은 찬양이 하나님 경배의 핵심이라고 말합니다. 찬양은 우리 안에 거하는 하나님의 말씀과 복음의 표출이기 때문입니다(골 3:16). 또한 이것은 죄로 가득한 언행과 맞서 싸우는 방법이기도 합니다(엡 5:18~19). 예를 들어, 시편 96편은 구원을 선포하는 방식으로 주님께 찬양하라고 말합니다.

우리는 찬양을 통해 영원한 세계를 미리 맛봅니다. 이 세션에서는 우리가 주님을 영원히 찬양하게 되리라는 점을 알게 될 것입니다. 다시 말하지만, 언젠가 찬양이 우리가 할 일의 전부는 아니어도 핵심이 될 것입니다. 그러므로 그리스도의 새로운 피조물인 우리는 하나님과 함께하는 완벽한 영원이 무엇인지를 서로에게 그리고 세상에 선포해야 합니다.

Q 교회에서 성도들과 함께 찬양할 때 하나님과 연결되어 있다고 느낀 적이 있습니까? 그 이유는 무엇입니까?

Session Summary

요한계시록은 찬양의 목적뿐만 아니라 그 내용도 중요하다는 사실을 가르쳐 줍니다. 그냥 찬양하는 것만으로는 충분하지 않습니다. 누구를 위해 찬양하는지 그리고 왜 찬양해야 하는지를 아는 것도 중요합니다. 요한계시록 4~5장의 하나님께 드리는 두 가지 찬양을 통해 우리가 만물을 지으신 창조주요 거룩하시고 전능하시며 영원하신 하나님을 찬양한다는 사실을 알게 될 것입니다. 또한 우리는 자기 피로 사람들을 구원하시고, 영원히 다스리시는 어린양을 찬양합니다.

1. 하나님의 거룩하심과 전능하심과 영원하심을 찬양하십시오

(계 4:2~8)

> Leader

세션 10과 세션 11에서 하나님의 거룩하시고 완전하시며 공의로우시고 자애로우신 성품을 살펴봤습니다. 이 성품들이 우리의 찬양을 받기에 합당하신 이유입니다. 하나님의 성품과 그 행하신 일을 보면, 우리는 예배를 드릴 수밖에 없습니다. 요한계시록 4장 2~8절에서 묘사한 예배가 바로 이것입니다.

2내가 곧 성령에 감동되었더니 보라 하늘에 보좌를 베풀었고 그 보좌 위에 앉으신 이가 있는데 3앉으신 이의 모양이 벽옥과 홍보석 같고 또 무지개가 있어 보좌에 둘렸는데 그 모양이 녹보석 같더라 4또 보좌에 둘려 이십사 보좌들이 있고 그 보좌들 위에 이십사 장로들이 흰옷을 입고 머리에 금관을 쓰고 앉았더라 5보좌로부터 번개와 음성과 우렛소리가 나고 보좌 앞에 켠 등불 일곱이 있으니 이는 하나님의 일곱 영이라 6보좌 앞에 수정과 같은 유리 바다가 있고 보좌 가운데와 보좌 주위에 네 생물이 있는데 앞뒤에 눈들이 가득하더라 7그 첫째 생물은 사자 같고 그 둘째 생물은 송아지 같고 그 셋째 생물은 얼굴이 사람 같고 그 넷째 생물은 날아가는 독수리 같은데 8네 생물은 각각 여섯 날개를 가졌고 그 안과 주위에는 눈들이 가득하더라 그들이 밤낮 쉬지 않고 이르기를 거룩하다 거룩하다 거룩하다 주 하나님 곧 전능하신 이여 전에도 계셨고 이제도 계시고 장차 오실 이시라 하고

하나님은 거룩하십니다. '하나님은 거룩하시다'라는 말은 주님이 우리와 구별되시거나 유일무이하시다는 뜻입니다. 하나님과 같으신 이가 없

심화 주석 "벽옥"은 새 예루살렘을 묘사할 때, 언급되는 불투명한 보석입니다(계 21:11, 19). "홍보석"은 선명한 빨간색의 보석입니다. "무지개"는 하나님의 언약의 징표로, 하나님이 다시는 모든 생물을 홍수로 멸하지 아니할 것이라는 약속이었습니다(창 9:8~17). 종말론은 하나님이 다른 수단으로 세상을 심판하실 것이라고 말해 줍니다. "이십사 장로들"은 천사를 가리키는 것일 수도 있지만, 동시에 이스라엘 민족(민 11:16)과 교회(딛 1:5)의 지도자인 장로들을 가리키는 것일 수도 있습니다. 또 "이십사"의 열둘은 이스라엘의 지파들과 그리스도의 열두 사도를 대표할 가능성이 큽니다. 즉 새 예루살렘의 열두 지파와 열두 사도를 가리키는 것으로 보입니다(계 21:12, 14). 요한계시록의 다른 곳에서 쓰인 "흰옷"과 "금관"은 승리한 신자들의 복장을 구성합니다(계 3:5; 6:11; 7:9; 19:8, 14).[2]

_A. 보이드 루터

심화 주석 이 본문은 하나님의 오래 참으심을 입을 자격이 없는 사람들에게 하나님이 얼마나 두렵고 엄격하신 분인지를 보여 줍니다. 그러나 구원받을 만한 사람들에게는 번개와 우렛소리가 깨달음을 줍니다. 번개는 마음의 눈을 밝혀 주고, 우렛소리는 영적 귀에 들립니다.[3]

_카이사레아의 안드레

"참 신학은 신학이 아닌 하나님을 향한 열정으로 활기를 얻습니다."[4]

_제러드 C. 윌슨

습니다. 그래서 보좌를 둘러싼 이들이 하나님께 그저 거룩하시다고만 선포하지 않습니다. 그들은 그 이상으로 선포합니다. 다시 말해 "거룩하다 거룩하다 거룩하다" 하고 세 번 연달아 선포합니다. 삼중으로 거룩하시다는 뜻입니다.

> Leader 이렇게 연이은 선포를 들은 당시 유대인들은 이사야가 환상 가운데 주의 보좌를 보고 들었던 삼중 선포를 떠올렸을 것입니다(사 6:3). 그들은 이 삼중 선포가 하나님의 거룩하심이 인간의 이해를 넘어선다는 것을 의미함을 알았습니다. 네 생물은 세 번 연달아 선포함으로써 하나님이 얼마나 신성하신 분이신지를 드러냅니다. 하나님은 그냥 거룩하신 게 아니라 정말로 거룩하신 분입니다.

요한계시록을 읽는 그리스도인들에게 거룩의 삼중 선포는 하나님의 세 위격을 상기시킵니다. 그분은 삼위일체 하나님이십니다. 삼위일체 하나님은 비교할 수 없는 거룩함으로 아름다움과 위엄을 보여 주시니 거룩하시고, 거룩하시고, 거룩하신 분입니다.

하나님은 전능하십니다. 무한한 능력은 창조주가 피조물과 구별되는 한 가지 증거입니다. 자연에서 관찰되는 힘이나 실험실을 가동시키는 동력이나 발전기에서 생산되는 전력은 너무나 약하고 하찮으며, 하나님의 무한하신 능력과 같은 척도로 측정되기에는 제한적입니다. 요한은 보좌로부터 "번개와 음성과 우렛소리"가 나고, 그 앞에 "등불 일곱"이 있다고 묘사합니다. 그 보좌를 둘러싼 힘이 바로 하나님의 전지전능하심입니다.

> Leader 하나님의 보좌로부터 문자 그대로 번개와 우렛소리가 났는지, 그리고 네 생물이 어떤 것인지 또는 어떤 것을 상징하는지를 확실히 알 수는 없지만, 요한은 하나님의 절대적이고 전능하신 능력을 생생하게 묘사하고 있습니다. 성경에서 이런 표현이나 묘사를 보면, 이사야나 요한 같은 성경 기자들이 말로 형용할 수 없는 무언가를 묘사하려 한다는 것을 압니다.

하나님은 영원하십니다. 우리는 흔히 '영원'이란 '끝이 없는 시간'이라고 생각합니다. 그저 영원히 계속되는 시간 말입니다. 그러나 "하나님은 영원하시다"라고 말할 때 여기에는 그 이상의 의미가 있습니다. 하나님이 영원하신 것은 확실하지만, 단지 영원히 살아 계신다는 뜻이 아닙니다. 영원하신 하나님이란 그분의 본질, 즉 근본적인 속성을 묘사한 것입니다. 하나님은 시간 밖에서 존재하신다는 점에서 영원하십니다.

시간이란 시작과 끝 사이를 측정하는 하나의 방식으로, 사물이 변해 가는 과정을 알 수 있는 배경이 됩니다. 그러나 하나님은 시작도 없고 끝도 없으시며 변하지 않으십니다. 늙거나 피곤하거나 지치시는 일도 없습니다.

하나님은 영원하시므로 우리와는 전적으로 다르십니다. 보좌를 둘러싼 이들은 그분이 "이제도 계시고 전에도 계셨고 장차 오실 이"이심을 선포합니다. 그 선포대로 주님은 항상 존재해 오셨으며, 지금도 존재하시고 앞으로도 늘 존재하실 것입니다.

Q 예배가 우리의 감정이 아닌 하나님의 속성에서부터 시작되어야 하는 이유는 무엇입니까?

요한계시록의 이 장면은 하나님에 관한 기본적인 신학적 진술에서 나왔으며, 오늘날 우리의 예배도 이와 같아야 합니다. 성경에서 하나님에 관한 지식을 얻으면 마음과 생각과 말로 올바른 예배를 드리게 됩니다. 그리고 찬양을 통해 하나님이 누구이시며 우리에게 어떤 일을 행하셨는가에 관한 좋은 소식을 노래하게 됩니다. 이것이 바로 우리가 지금부터 영원토록 부를 노래입니다.

Q 하나님이 누구이신가를 노래하는 찬송가 또는 복음성가 중에 가장 좋아하는 곡은 무엇입니까?

심화 주석 네 생물의 합창은 "이십사 장로들이 보좌에 앉으신 이 앞에 엎드려 세세토록 살아 계시는 이에게 경배하고 자기의 관을 보좌 앞에" 드릴 때 소리가 더 커집니다. 장로들은 하나님이 주권적인 "뜻대로" 만물을 지으시고 있게 하셨으므로, "영광과 존귀와 권능"의 세 가지 찬사를 받기에 "합당"하시다고 찬양합니다. 하나님은 "권능"을 받으시는데, 이것은 전능한 존재가 더 강해진다는 의미가 아니라 그분이 지으신 피조물들의 힘이 주님께 영광을 돌리는 데 사용된다는 것을 의미합니다. 하나님의 영원한 완전성과 창조의 성취에 관한 찬양은 "새 노래"의 전주곡입니다. 새 노래로 신성의 절정을 표현하는 하나님과 어린양의 구속하심을 찬양할 것입니다(계 5:9~10).[5]

_데니스 E. 존슨

2. 만물을 뜻대로 지으신 하나님을 찬양하십시오(계 4:9~11)

> 하나님은 하나님 되심과 그 행하신 일로 말미암아 찬양받기에 합당하십니다.

9그 생물들이 보좌에 앉으사 세세토록 살아 계시는 이에게 영광과 존귀와 감사를 돌릴 때에 10이십사 장로들이 보좌에 앉으신 이 앞에 엎드려 세세토록 살아 계시는 이에게 경배하고 자기의 관을 보좌 앞에 드리며 이르되 11우리 주 하나님이여 영광과 존귀와 권능을 받으시는 것이 합당하오니 주께서 만물을 지으신지라 만물이 주의 뜻대로 있었고 또 지으심을 받았나이다 하더라

보좌로부터 번개와 음성과 우렛소리를 내시는 하나님을 뵈오니 그 장면이 말로 표현할 수 없을 만큼 강렬해 엎드려 경배할 수밖에 없게 됩니다. 말씀으로 우리가 아는 모든 것을(알지 못하는 것들까지도) 창조하신 하나님의 권능과 영광을 생각하면, 계속 엎드려 있을 수밖에 없습니다. 우리는

심화 주석 요한계시록에 나타난 종말론적 소망은 실제로 하나님을 창조주로 이해할 뿐만 아니라 피조물에 대한 창조주의 신실하심에 대한 믿음을 기반으로 합니다. 만일 창조주 하나님을 믿는 믿음이 새 창조의 가능성을 제기한다면, 새 창조의 소망을 주는 것은 온 세상을 향한 하나님의 신실하심을 믿는 믿음입니다.[6]

_리처드 보컴

"하나님은 쓰레기를 만들지 않으셨고, 자신이 지으신 것을 쓰레기로 만들지도 않으십니다."[7]

_알버트 M. 월터스

창조주 하나님의 능력을 감히 측량할 수 없습니다.

> Leader

무엇보다도 이것이 우리가 놓치지 말아야 할 대단히 중요한 요점입니다. 우리는 눈으로 볼 수 있는 피조물 외에는 어떤 것도 이해할 수 없습니다. 그러나 하나님은 우리가 꿈에나 볼 수 있을 정도로 먼 곳에 별과 행성을 지으셨듯이, 눈으로 볼 수 없는 원자 입자나 그보다 더 작은 기본 단위도 창조하셨습니다. 우주에서 가장 먼 구석에 있는 가장 큰 별에서부터 가장 작은 원자 단위에 이르기까지, 만물은 하나님의 뜻과 말씀에 따라 존재합니다.

Q 창조의 어떤 점이 당신으로 하여금 하나님을 경배하게 합니까?

보좌 앞에 엎드린 이십사 장로들은 만물이 주의 뜻대로 있었고, 또 지으심을 받았다고 말합니다. 이것은 무슨 의미입니까?

> Leader

이것을 이해하기 위해서는 하나님의 뜻에 담긴 두 가지 측면을 살펴봐야 합니다. 첫째, 하나님의 뜻이란 주권적 능력을 의미합니다. 본질적으로 통제할 수 없는 일이 일어날 때, 하나님의 뜻을 인정하게 됩니다(실제로 모든 일에서 그렇습니다). 지금 저는 테네시주에 살고 있는데, 제 상황이나 사역 기회 등 여러 가지 이유가 있기 때문입니다. 그러나 가장 큰 이유는 하나님의 뜻이 있으시기 때문입니다. 하나님의 통제 없이는 아무 일도 일어나지 않습니다. 지금 사는 곳에서 살고, 지금 일하는 곳에서 일하고, 지금의 제 가족을 갖게 된 것은 모두 하나님의 뜻입니다(참조, 창 50:20; 시 115:3; 행 17:26).

그런데 하나님의 뜻은 십계명(출 20:1~17)이나 산상 설교(마 5~7장)나 지상 명령(마 28:18~20)처럼 어떻게 살아야 하는가에 관한 하나님의 주권적 기대와 명령을 가리키기도 합니다. 거짓말하거나 훔치거나 탐하지 않음으로써 거룩하시고 완전하신 하나님의 성품을 드러내는 것이 하나님의 뜻입니다. 그리고 화목하게 하는 자가 되고, 하나님의 의에 주리고 목마른 자가 되는 것이 하나님의 뜻입니다. 또한 열방을 제자로 삼아 그들에게 예수 그리스도께서 분부하신 모든 것을 가르쳐 지키게 하는 것이 하나님의 뜻입니다.

하나님의 뜻대로 지으심을 받았다는 것은 첫째, 하나님이 원하셔서 우리가 창조되었다는 뜻입니다. 둘째, 특정한 방식으로 살아가도록 창조되었다는 뜻입니다. 보좌 앞에 엎드린 장로들이 우리를 창조하신 하나님을 찬양합니다. 우리를 창조해야만 하는 이유가 없는데도 창조해 주셨기 때문입니다.

Q 하나님의 뜻대로 지음 받았다는 사실은 당신과 당신의 삶을 바라보는 시각에 어떤 영향을 줍니까?

3. 죽임당하심으로 자기 백성을 구원하신 어린양을 찬양하십시오(계 5:1~10)

> Leader 요한계시록은 예수님을 하나님과 동등한 분이자 하나님 자신으로 묘사합니다. 따라서 예수님도 하나님 아버지와 똑같이 찬양과 경배를 받으셔야 합니다.

[1]내가 보매 보좌에 앉으신 이의 오른손에 두루마리가 있으니 안팎으로 썼고 일곱 인으로 봉하였더라 [2]또 보매 힘 있는 천사가 큰 음성으로 외치기를 누가 그 두루마리를 펴며 그 인을 떼기에 합당하냐 하나 [3]하늘 위에나 땅 위에나 땅 아래에 능히 그 두루마리를 펴거나 보거나 할 자가 없더라 [4]그 두루마리를 펴거나 보거나 하기에 합당한 자가 보이지 아니하기로 내가 크게 울었더니 [5]장로 중의 한 사람이 내게 말하되 울지 말라 유대 지파의 사자 다윗의 뿌리가 이겼으니 그 두루마리와 그 일곱 인을 떼시리라 하더라 [6]내가 또 보니 보좌와 네 생물과 장로들 사이에 한 어린양이 서 있는데 일찍이 죽임을 당한 것 같더라 그에게 일곱 뿔과 일곱 눈이 있으니 이 눈들은 온 땅에 보내심을 받은 하나님의 일곱 영이더라 [7]그 어린양이 나아와서 보좌에 앉으신 이의 오른손에서 두루마리를 취하시니라 [8]그 두루마리를 취하시매 네 생물과 이십사 장로들이 그 어린양 앞에 엎드려 각각 거문고와 향이 가득한 금 대접을 가졌으니 이 향은 성도의 기도들이라 [9]그들이 새 노래를 불러 이르되 두루마리를 가지시고 그 인봉을 떼기에 합당하시도다 일찍이 죽임을 당하사 각 족속과 방언과 백성과 나라 가운데에서 사람들을 피로 사서 하나님께 드리시고 [10]그들로 우리 하나님 앞에서 나라와 제사장들을 삼으셨으니 그들이 땅에서 왕 노릇 하리로다 하더라

> Leader 6절은 번역에 따라 예수님이 하나님의 보좌 "가까이"에 계시다거나, "보좌에" 앉아 계신다고 말할 수 있습니다. 요한계시록 7장 17절에도 이와 비슷한 표현이 있는데, 예수님이 부활하셔서 하늘에 오르사 "하나님 우편에" 서신 것을 떠올리게 합니다(행 7:55; 엡 1:20).

우리는 하나님 아버지가 보좌에 앉아 계심을 압니다. 그와 동시에 예수님도 보좌에 앉아 계심을 알 수 있습니다.

"나는 하나님이 우리를 위해 만드신 창조물에 대한 흠모를 거부합니다. 해와 달은 우리를 위해 만들어진 것인데, 어떻게 내가 내 종들을 흠모할 수 있겠습니까?"[8]
_타티안

심화 주석 요한은 부활하신 예수님이 십자가의 상처를 그대로 지니셨던 것처럼(요 20:24~26), 보좌 앞 가운데 어린양이 피 흘린 죽음의 상처를 지닌 채 서 있는 것을 봤습니다. 어린양은 또한 "일곱 뿔"(계 5:6)을 가졌습니다. 뿔은 권능의 표시이며(신 33:17; 왕상 22:11) 일곱 뿔은 완전한 권능을 가리킵니다. 어린양은 "일곱 눈"도 가졌는데, 이것은 하나님이 세상에 보내신 "일곱 영"을 의미합니다. 이 형상은 성령 사역의 만물에 충만히 깃드는 본성일 뿐만 아니라 이 땅에서 일어나는 모든 일에 관한 그리스도의 지식을 나타냅니다.[9]
_라메시 카트리

> **Leader**
> 예수님이 보좌 "가까이" 또는 "우편에" 서셨다고 해서 하나님 다음으로 두 번째 이신 것은 아닙니다. 사실, 라오디게아 교회에 말씀하실 때는 "내 보좌"라고 말씀하십니다(계 3:21). 아마도 성경 기자는 우리가 한 번도 본 적이 없는 무언가를 묘사하고자 했을 것입니다. 그러나 우리는 아버지와 아들이 보좌에 앉으신 왕으로서 동등하게 경배받기에 합당하심을 알고 있습니다.

예수님이 보좌라는 특별한 곳에 앉아 계시든지 혹은 그 옆에 앉아 계시든지 간에, 우리는 주님이 하나님 아버지와 함께 보좌에 앉아 계심을 압니다. 요한이 예수님을 묘사할 때, "보좌에" 앉으셨다고 말하는 대신에 "보좌와 네 생물과 장로들 사이에"(6절) 서 계시다고 한 것은 어떤 식으로든 예수님의 권위를 최소화하려던 것이 아닙니다. 정반대로 말하고자 했습니다. 어린양 예수님은 만왕의 왕으로 높임을 받으실 분임에 틀림없습니다. 예수님은 보좌 앞에 엎드리지 않으시고, 오히려 보좌를 둘러싼 이들이 예수님께 나아와 엎드려 경배하고 있기 때문입니다.

Q "보와와 네 생물과 장로들 사이에" 서신 예수님은 오늘날 우리에게 어떤 희망과 위로를 줍니까?

요한은 보좌 옆에 서신 예수님을 죽임을 당한 어린양으로 묘사합니다. 피로 자기 백성을 구원하신 어린양입니다. 이것은 예수님이 우리를 대신해 십자가에 달려 죽으셨다가 부활하신 사건을 묘사합니다. 죽임을 당한 어린양이 죽어 누워 있지 않고 멀쩡하게 살아서 서 있기 때문입니다.

> **Leader**
> 흠 없는 어린양들이 하나님의 백성의 죄 때문에 희생되는 것을 성경 곳곳에서 볼 수 있지만(출 12:11~13; 레 4:35), 언제나 또 다른 희생을 필요로 했습니다. 온전한 용서를 이루기에는 부족했기 때문입니다. 완벽한 제물이 될 어린양이 오실 때까지 자리를 대신할 뿐이었습니다.

완전하신 하나님만이 죄를 용서할 수 있으시며 완전한 인간만이 불완전한 인간을 대신해 죽을 수 있습니다. 그래서 성자 하나님이 궁극적인 마지막 어린양으로 죽으시기 위해 인류 역사에 친히 들어오셨습니다. 성경의 죽임을 당한 어린양은 세상 죄를 단번에 없애시는 하나님의 어린양을 가리킵니다(참조, 요 1:29; 히 10:1~18).

Q 예수님이 죽임을 당한 어린양이라는 사실을 알고 나니 어떤 생각과 느낌이 듭니까?

심화 주석 고대에는 편지나 두루마리의 바깥 가장자리를 봉인하는 것이 관례였습니다. 몇몇 자격 있는 사람이 봉인을 떼고 두루마리를 열 때까지 내용을 보호하기 위함입니다. 요한이 본 두루마리는 "일곱 인으로" 봉해져 있었습니다. 이것은 하나님이 친히 완전히 완벽하게 닫으셨다는 것을 의미합니다(참조, 단 12:4). 다음 장에서 인을 떼는 장면을 이해하는 데 중요한 부분은 봉인된 자리를 제대로 시각화하는 것입니다. 가장 바깥쪽 가장자리에 있는 것 이외의 내용도 읽으려면 "일곱 인"을 모두 떼야 했습니다. 이 두루마리에는 제목이 없었으며, 학자들은 이것이 정확히 무엇을 나타내는가에 관해 오랫동안 논쟁해 왔습니다. 그러나 궁극적으로는 의문의 여지가 없을 것입니다. 이것은 하나님의 심판이 담긴 두루마리로 악을 책망하고 의를 보상하기 위해 오래전에 세워진 하나님의 계획입니다. 만일 하나님이 그 계획을 세우신 분이라면, 하나님의 아들만이 그 계획을 실행할 자격이 있으십니다.[10]

_켄들 H. 이슬리

"그러므로 예수 그리스도께서 가지신 모든 것이 우리 것입니다. 은혜롭게도 하나님의 순전하신 자비로움으로 보잘것없는 우리에게 모든 것을 베풀어 주셨습니다."[11]

_마르틴 루터

4. 영원히 다스리시는 어린양을 찬양하십시오(계 5:11~14)

> Leader

요한계시록의 찬양은 어린양으로 죽기 위해 완전한 인간으로 사신 하나님의 아들을 영원히 다스리시는 분으로 묘사합니다. 주님은 보좌에 앉으신 왕이시니 다스리시고, 영원하신 하나님이시니 영원히 다스리십니다. 십자가는 죽은 자와 패배한 인간이 영원한 무덤으로 타고 가는 영구차가 아닙니다. 오히려 무덤에서 살아나신 하나님의 개선 마차입니다.

11내가 또 보고 들으매 보좌와 생물들과 장로들을 둘러선 많은 천사의 음성이 있으니 그 수가 만만이요 천천이라 12큰 음성으로 이르되 죽임을 당하신 어린양은 능력과 부와 지혜와 힘과 존귀와 영광과 찬송을 받으시기에 합당하도다 하더라 13내가 또 들으니 하늘 위에와 땅 위에와 땅 아래와 바다 위에와 또 그 가운데 모든 피조물이 이르되 보좌에 앉으신 이와 어린양에게 찬송과 존귀와 영광과 권능을 세세토록 돌릴지어다 하니 14네 생물이 이르되 아멘 하고 장로들은 엎드려 경배하더라

다시 한 번 우리는 보좌 옆에 서신 예수님을 바라봅니다. 권세와 권능의 하나님이신 예수님이 경배를 받고 계십니다. 다른 성경 구절에서와 같은 찬양이 드려지고 있습니다.

"존귀와 영광과 찬송을 받으시기에 합당하도다"(12절).

절대로 끝나지 않을 찬송입니다. 이 찬양은 갈수록 엄청나게 고조될 것입니다. 영원도록 말입니다.

> Leader

요한계시록 1장에서 예수님은 "처음이요 마지막"이신 하나님으로 묘사됩니다(계 1:17; 참조, 계 1:8). 예수님은 거룩하시고 전능하시고 영원하신 하나님입니다. 그분의 통치는 시작도 끝도 없습니다. 하나님의 아들은 영원 전부터 다스려 오셨고, 영원토록 다스리실 것입니다. 지상에서 보내신 몇 년은 예수님의 전 생애가 아닙니다. 우리를 구원해 자기와 영원히 함께하게 하시고자 시간 속으로 잠시 들어오신 것뿐입니다. 우리에게는 죽음이 누르지 못하고 사탄이 이기지 못하는 왕이 계십니다. 보좌에 앉아 영광과 존귀와 권능으로 다스리시는 왕이 계십니다.

Q 사랑, 거룩함, 권능과 같은 하나님의 속성은 천국을 고대하며 드리는 현재 우리의 예배에서 어떻게 선포되어야 할까요?

심화 주석 이 장면의 첫 번째 찬양은 오직 하나님께 드려지고(계 4:10~11), 다음 두 찬양은 어린양에게 드려지는데(계 5:9~10, 12), 요한계시록 5장 13~14절의 마지막 찬양은 하늘과 땅과 바다에 있는 모든 생물이 아버지 하나님과 그 아들 모두에게 드려지는 한 편의 웅장한 찬양의 절정부입니다(계 5:13; 7:12; 빌 2:6~11). 찬양하는 자들이 스물여덟(계 5:8)에서 "모든 피조물"(계5:13)에 이르기까지 그 수가 계속 늘었습니다. 그 숫자에 압도되어 휘청거립니다.[12]

_오네시무스 군두

"소크라테스는 제우스가 되기를 주장하지 않았고, 부처는 브라마가 되기를 주장하지 않았으며, 모하메드는 알라가 되기를 주장하지 않았습니다. 그런 종류의 주장은 오직 우리 주님에게서와 누구나 인정하는 돌팔이나 미친 사람들에게서나 일어납니다. 나는 우리가 '다른 사람들에게 결정체의 완벽함을 요구해서도 안 되고, 찾아서도 안 된다'는 데 동의합니다. 그러나 만일 우리가 결정체의 완벽함을 한 사람에게서 발견한다면, 그리고 만일 그 한 사람이 인간 이상의 존재라고 주장한다면, 어떻게 하겠습니까?"[13]
_C. S. 루이스

하나님은 어떤 개념이 아니십니다. 실제로 존재하시는 완벽한 하나님이시니 경배받기에 합당하십니다. 그런 이유로 보좌를 둘러선 생물들과 많은 천사와 장로들이 그분을 끝없이 찬양합니다. 어쩔 수 없이 찬양하는 것이 아니라 하나님이 사랑이 많으시고 자비로우시고 경이로우시고 영광스러우시며 선하시기 때문입니다. 하나님의 속성을 알면 경배할 수밖에 없습니다.

> Leader

하나님의 보좌 앞에 경외함으로 엎드린 모든 이와 함께할 수 있기를 바랍니다. 하나님의 거룩하심과 권능과 영원하심을 우리 존재의 위협이 아닌 존재의 근원으로 보고, 마음에서 우러나 입술을 통해 세상에 선포하는 활기찬 예배를 하나님께 드리는 계기로 보기를 바랍니다. 그리고 예배의 열정과 깊이와 너비가 더해가야만 하나님의 충만하심을 더 많이 알게 된다는 것을 알기 바랍니다.

그러나 경배에서 멈추지 맙시다. 하나님의 사랑이 창조와 구원으로 우리에게 넘쳐흘렀던 것처럼, 하나님을 향한 우리 사랑이 복음 선포로 모든 사람에게 넘쳐흐르기를 바랍니다. 하나님께 사로잡혀서 우리가 가진 모든 것을 투자해 사람들을 하나로 모을 수밖에 없는 부담감이 생기기를 바랍니다. 우리 왕께서 영원히 다스리실 것입니다. 주의 이름을 고백하고 주의 복음을 믿는 사람들은 주님과 함께 영원히 다스릴 것입니다. 이것이 우리가 바라보는 소망이며, 우리가 전해야 하는 소망입니다.

Q 하나님을 경배하는 것이 복음 사역에 어떤 힘과 위로를 줍니까?

결론

요한계시록 4~5장은 하나님께 드리는 놀라운 경배의 두 가지 이미지를 보여 줍니다. 한편으로는 신비롭고 혼란스러우며, 또 한편으로는 강렬하고 분명한 이미지들입니다. 하나님은 그 행하신 일과 위대하신 존재로 말미암아 경배받기에 합당하십니다. 하나님을 경배할 이유는 충분합니다. 하나님은 거룩하시고 전능하시며 영광과 사랑과 자비와 은혜가 충만하시기 때문입니다. 예수님을 보내 주신 데서 이 모든 것을 분명히 알 수 있습니다. 죽임을 당하셨다가 다시 살아나신 하나님의 어린양 예수님 덕분에 우리는 하나님의 임재 앞에 나아가 예배드릴 수 있고, 끝없이 다양한 방법으로 경배하며 하나님과 영원히 함께할 수 있습니다. 그러나 이것은 미래 어느 날에야 이루어질 일이 아닙니다. 오늘 우리가 교회에 모여 하나님을 찬양할 때, 그리고 온 세상이 하나님의 영광을 들을 수 있도록 공동체가 함께 찬양할 때, 이 일은 이루어지기 시작합니다.

그리스도와의 연결
사도 요한은 두루마리를 펴거나 봉인을 떼기에 합당한 자가 없다는 사실에 크게 울었습니다. 그러나 죽임을 당하신 어린양이 보좌에 앉으신 것을 봤습니다. 어린양은 우리를 구원하기 위해 죽으신 하나님의 아들, 예수님이십니다. 예수님은 존귀와 영광과 찬송을 받기에 합당하신 분입니다.

하나님의 계획 우리의 사명

선교적 적용 하나님은 우리에게 천국에서 보좌에 앉으신 하나님과 어린양께 예배드릴 날을 고대하며 이 땅에서 예배드리라고 말씀하십니다.

1. 요한계시록의 찬양 부분을 읽고 나서 어떤 도전을 받았습니까?
2. 어린양 예수 그리스도를 향한 우리의 찬양은 어떻게 해서 세상을 변화시킬 수 있을까요?
3. 어린양 예수 그리스도께서 우리 삶을 영원히 다스리신다는 사실은 지금 우리 삶에 어떤 영향을 줄까요?

금주의 성경 읽기
계 6~13장

만왕의 왕께서 다시 오시리라

13

Summary and Goal

언젠가 예수님이 다시 오시면 만물이 회복될 것입니다. 죄와 반역으로 에덴동산에서 망가뜨린 것들을 예수님이 다시 살리시어 이전보다 낫게 하실 것입니다. 예수님은 만물을 새롭게 하시고, 믿지 않는 사람들을 모두 믿는 사람에게서 떼어 놓으실 것입니다. 그리스도를 거부하고 믿지 않는 사람들은 심판받게 될 것입니다. 그러나 믿는 사람들은 피조 세계에서 하나님의 계획에 따라 영원한 사랑의 통치 아래 하나님과 함께 살 것입니다.

- **성경 본문**
  요한계시록 21:1~8; 22:1~5, 8~15

- **세션 포인트**
  1. 그리스도께서 다시 오셔서 만물을 새롭게 하실 것입니다(계 21:1~5)
  2. 그리스도께서 믿는 사람들과 믿지 않는 사람들을 나누실 것입니다 (계 21:6~8; 22:8~15)
  3. 하나님의 백성은 하나님이 영원히 통치하시는 나라에서 살게 될 것입니다 (계 22:1~5)

- **신학적 주제**
  그리스도인은 궁극적으로 하나님의 의가 있는 새 하늘과 새 땅에서의 하나님의 임재를 소망합니다.

- **그리스도와의 연결**
  그리스도께서 약속을 성취하시고 자기 백성과 함께 영원히 다스리시기 위해 돌아오실 때, 이 시대가 끝날 것입니다. 에덴동산에서 아담이 죄를 지음으로써 잃어버렸던 관계는 예수님이 모든 눈물을 그 눈에서 닦아 주실 때 영광스럽게 회복될 것입니다. 하나님이 만드실 새 세상에 들어가려면 우리를 구원하고자 흘리신 어린양의 피로 정결하게 되어야 합니다.

- **선교적 적용**
  하나님은 우리에게 만물을 새롭게 하겠다는 그분의 약속에 따라 살아가라고 명령하십니다.

Session Plan

도입

예수님의 영광스러운 재림으로 만물이 새롭게 되리라는 것이 요한계시록의 주제임을 설명해 주십시오.

영원한 세상을 생각할 때 가장 기대되는 것은 무엇입니까?

성경 이야기의 결론으로 요한계시록이 얼마나 적합한지를 들려주십시오. 그러고 나서 예수님이 재림하시면 만물이 회복되리라는 내용의 이 세션을 요약해 주십시오.

전개

1 그리스도께서 다시 오셔서 만물을 새롭게 하실 것입니다 (계 21:1~5)

요한계시록 21장 1~5절을 읽게 하십시오. 본문을 이해하려면 왜 에덴동산 시절을 떠올려야 하는지에 관해 토론하게 하십시오. 아담과 하와의 반역으로 우리 안에 있던 하나님의 형상이 산산조각 나 버렸기 때문입니다.

사람들은 마치 신과 같은 존재가 되려고 어떤 식으로 노력합니까?

아담과 하와가 죄를 지은 일, 하나님의 아들인 예수님이 성육신하셔서 십자가에서 죽으시고 하늘에 오르시어 보좌에 앉으신 일, 우리에게 성령님을 보내 주신 일 등 과거의 사건들을 이해하는 것이 중요함을 설명해 주십시오. 그럼으로써 하나님이 만물을 어떻게 그리고 왜 새롭게 하시는지를 이해할 수 있다고 설명해 주십시오.

만물의 회복과 영원을 바라는 미래 소망은 오늘날 우리 삶에 어떤 영향을 미칩니까?

2 그리스도께서 믿는 사람들과 믿지 않는 사람들을 나누실 것입니다 (계 21:6~8; 22:8~15)

하나님은 선하시고 자비로우시며 정의로우시므로, 언젠가는 죄와 악과 죽음을 다 없애실 것임을 이야기해 주십시오. 그러고 나서 요한계시록 21장 6~8절과 22장 8~15절을 읽으십시오.

믿지 않는 사람들은 영원한 고통 가운데 던져질 텐데, 그것을 생각하면 흠칫 놀라게 된다는 것에 주목해 주십시오. 그러나 하나님의 공의와 선하심을 신뢰할 수 있으므로 마지막 심판을 진지하게 바라봐야 하며, 이것을 알면 복음을 전파할 수밖에 없게 됩니다.

죄로 인해 하나님으로부터 멀어진다는 사실을 날마다 기억하는 것은 우리 삶에 어떤 영향을 줍니까?

육체의 죽음은 애도해야 합니다. 그리고 두 번째 죽음도 슬퍼해야 합니다. 그러나 그리스도 안에 있는 이들에게 이것은 그리스도의 재림을 기다리는 이유가 된다는 점을 알려 주십시오.

새 하늘과 새 땅에서 우리가 생명나무 열매를 먹게 되리라는 사실이 왜 중요합니까?

3 하나님의 백성은 하나님이 영원히 통치하시는 나라에서 살게 될 것입니다 (계 22:1~5)

요한계시록 22장 1~5절을 읽으십시오. 그러고 나서 다음의 사실을 강조합니다. 우리의 소망은 우리와 함께 어느 날 땅에서 탈출해 하늘 어딘가에서 사는 것이 아닙니다. 우리는 여기, 땅 위에서 살도록, 우리는 하늘과 땅이 한 데 만나는 여기 어딘가에서 살도록 되어 있었습니다.

새 하늘과 새 땅에서의 삶은 어떤 모습입니까?

예수님의 생애와 가르침이 어떻게 새 하늘과 새 땅으로 향하는 이정표가 되는지를 이야기해 주십시오.

겁을 주거나 거짓 희망을 주지 않으면서도 예수님의 재림의 긴박성과 소망을 사람들에게 어떻게 전할 수 있을까요?

교회/공동체에서 화목하게 하는 사역을 어떻게 해야 할까요?

결론

이야기가 어떻게 원점으로 돌아왔는지에 관해 토론하는 것으로 세션을 마무리해 주십시오. 하나님이 시작하신 일은 하나님이 똑같은 방식으로 끝내실 테지만, 사실 시작보다 끝이 훨씬 더 좋을 것입니다. 이 세션에서 배운 진리를 '하나님의 계획, 우리의 사명'에서 적용해 보십시오.

Session Content

13. 만왕의 왕께서 다시 오시리라

"우리는 더 이상 '아직'은 없고, 영원히 '지금'만 있는 곳을 갈망하고 있습니다."[1]
_필립 그래험 라이큰

핵심교리 99 **99. 새 하늘과 새 땅**

그리스도께서 재림하시고 하나님의 자녀가 누구인지 드러날 때 피조 세계가 새로워질 것입니다. 그리스도인들이 장차 받게 될 부활의 몸처럼 세상도 그와 비슷한 변화를 겪게 될 것입니다. 그래서 성경은 그것을 새 하늘과 새 땅으로 묘사합니다(벧후 3:13). 성경은 새 땅을 거룩한 성(계 21:10~11, 21~26)이요 먹고 마시기도 하는 물리적인 장소(눅 22:18; 계 19:9)로 묘사하고 있습니다. 무엇보다도 그날에는 그리스도께서 모든 것이 되실 것이고, 만물 안에 계실 것입니다. 또한 우리는 주님을 대면해 뵐 것입니다.

도입

요한계시록은 그리스도 예수 안에서 우리가 갖는 참되고 영속적인 소망에 관한 책입니다. 소름 끼치는 장면들이나 이미지들이 있지만 그것이 초점은 아닙니다. 세상에 임할 하나님의 심판을 무시할 수 없습니다. 하지만 궁극적으로 그에 관한 책은 아닙니다. 요한계시록은 예수 그리스도의 재림에 관한 책입니다. 예수님은 결국 승리하실 것이며 우리 또한 그럴 것입니다. 예수님은 만물을 새롭게 하시려고 다시 오실 것입니다. 그분은 모든 눈물을 그 눈에서 닦아 주실 것이며 죽음을 완전히 끝장내실 것입니다. 그리고 우리는 주님과 영원히 함께할 것입니다.

Q 영원한 세상을 생각할 때 가장 기대되는 것은 무엇입니까?

> Leader

승리의 하나님이 깨어진 만물을 회복시켜 주셔야 합니다. 죄 때문에 우리는 하나님과 멀어졌고, 한때 질서정연했던 세상이 혼란에 빠졌으며, 피조 세계가 황폐해졌습니다. 그러나 계속 그 상태로 있지는 않을 것입니다. 선한 재판관이신 하나님이 악인을 벌하실 것이며, 인류 역사상 유일하게 죄가 없으신 인자에게 상을 주실 것입니다. 그리고 죄 없으신 예수님의 십자가 희생으로 말미암아 우리는 거룩하신 재판관께 사함을 받아 그리스도와 함께 서게 될 것입니다.

Session Summary

언젠가 예수님이 다시 오시면 만물이 회복될 것입니다. 죄와 반역으로 에덴동산에서 망가뜨린 것들을 예수님이 다시 살리시어 이전보다 낫게 하실 것입니다. 예수님은 만물을 새롭게 하시고, 믿지 않는 사람들을 모두 믿는 사람에게서 떼어 놓으실 것입니다. 그리스도를 거부하고 믿지 않는 사람들은 심판받게 될 것입니다. 그러나 믿는 사람들은 피조 세계에서 하나님의 계획에 따라 영원한 사랑의 통치 아래 하나님과 함께 살 것입니다.

심화 주석 요한계시록이 그리는 새 하늘과 새 땅에는 네 가지 형상 곧 생명수의 강과 하나님의 보좌와 어린양과 생명나무가 들어있습니다. 이 그림의 일부는 에스겔 47장을 떠올리게 하지만, 요한계시록은 그것을 더 대담하게 변형시켜서 우리로 하여금 에덴동산을 떠올리게 하고, 생명나무로 완성되는 낙원의 회복을 그려 보게 합니다. 성경에서 물은 풍요와 생명을 상징해 왔습니다. 이 이미지에서 생명수가 하나님의 보좌와 어린양의 보좌에서 흘러나오는데, 그것이 그 결정체의 순수성을 훨씬 더 중요하게 만듭니다. 생명수가 생명을 주고, 정결함과 거룩함을 가져다주며, 우리 주시요 구세주이신 그리스도의 중재를 통해 열매를 맺게 합니다.[2]

_Africa Study Bible

1. 그리스도께서 다시 오셔서 만물을 새롭게 하실 것입니다

(계 21:1~5)

어떤 사람의 동상은 살아 있는 실제 인물은 아니지만, 그럼에도 불구하고 우리는 둘 사이의 연관성을 발견합니다. 그와 마찬가지로 하나님과 우리 사이에도 실제적인 연관성이 있습니다. 우리는 하나님의 형상으로 지어졌지만, 실제 하나님의 모습과는 동떨어져 있습니다. 이것이 바로 하나님이 만물을 새롭게 하시는 이유입니다. 하나님의 형상을 입은 우리로 하여금 하나님과의 온전한 관계로 돌아가게 하시려는 것입니다.

*1또 내가 새 하늘과 새 땅을 보니 처음 하늘과 처음 땅이 없어졌고 바다도 다시
있지 않더라 2또 내가 보매 거룩한 성 새 예루살렘이 하나님께로부터 하늘에서
내려오니 그 준비한 것이 신부가 남편을 위하여 단장한 것 같더라 3내가 들으니
보좌에서 큰 음성이 나서 이르되 보라 하나님의 장막이 사람들과 함께 있으매
하나님이 그들과 함께 계시리니 그들은 하나님의 백성이 되고 하나님은 친히 그
들과 함께 계셔서 4모든 눈물을 그 눈에서 닦아 주시니 다시는 사망이 없고 애
통하는 것이나 곡하는 것이나 아픈 것이 다시 있지 아니하리니 처음 것들이 다
지나갔음이러라 5보좌에 앉으신 이가 이르시되 보라 내가 만물을 새롭게 하노
라 하시고 또 이르시되 이 말은 신실하고 참되니 기록하라 하시고*

"아담이 자신을 위해 지어진 세상을 가졌던 것처럼, 두 번째 아담, 즉 오시기로 되어 있던 이상적인 아담이신 예수 그리스도께서 자신을 위한 세상을 가지실 것입니다. 이 세상은 그분에게 충분하지 않을 것입니다. 그러나 그분은 옛 아담이 가졌던 것보다 더 나은 약속된 세상을 가지셨으니, 바로 하나님의 약속에 따라(사 66:22) 성도들이 다스리게 될 새 하늘과 새 땅입니다."[3]

_토마스 굿윈

때로는 미래를 이해하기 위해 과거를 돌아봐야 합니다. 요한계시록의 이 본문이 바로 그런 경우입니다. 에덴동산으로 돌아가 봅시다. 뱀이 하와에게 질문을 던집니다.

"하나님이 참으로 너희에게 동산 모든 나무의 열매를 먹지 말라 하시더냐"(창 3:1).

하와가 대답합니다.

"동산 중앙에 있는 나무의 열매는 하나님의 말씀에 너희는 먹지도 말고 만지지도 말라 너희가 죽을까 하노라 하셨느니라"(창 3:3).

심화 주석 모든 눈물을 닦아 주시겠다는 하나님의 그림은 압도적입니다. 이 그림은 우리 안에 있는 네 개의 적을 없애시는 것입니다.

• "사망" - 불못에 던져져 멸망할 것입니다(계 20:14; 고전 15:26).
• "애통" - 죽음과 죄로 말미암아 생겼지만, 또한 역설적이게도 음녀를 사랑한 이들이 영원히 겪을 일입니다(계 18:8).
• "곡하는 것" - 음녀들이 성도들을 학대한 결과입니다(계 18:24).
• "아픈 것" - 타락한 인류에게 내려졌던 첫 번째 형벌입니다(창 3:16).

이 모든 것은 죄와 죽음이 있던 "처음 것들"에 속합니다. 요한계시록 21장 4절의 마지막은 "이전 것은 지나갔으니"로도 번역할 수 있습니다. 성경에서 한 존재의 종말과 새 존재의 시작에 관해 이보다 더 위대한 설명은 찾아볼 수 없을 것입니다.[4]

_캔들 H. 이슬리

사탄은 자기가 가장 잘하는 일, 즉 하나님의 말씀을 왜곡하는 일을 계속합니다. 거짓말을 믿기에 충분할 정도로 말입니다. 사탄은 하나님이 하와가 주님과 같이 되는 것을 원하지 않으신다고 말합니다. 뻔뻔스러운 거짓말입니다. 그런데 하와는 그것을 먹고 맙니다. 남편도 따라 먹게 함으로써 영원한 자유를 열매에 담긴 구속과 맞바꾸었습니다.

> Leader
하와는 사탄에게 이렇게 분명하게 대답했어야 합니다.
"나는 하나님의 형상이야. 나는 이미 모든 것을 가졌으니 네가 가지라고 하는 것은 내가 가진 것에 비하면 실제로 별것 아니야"(참조, 창 1:27~29).
그런데 우리의 첫 조상은 더욱 하나님과 같이 되려다가 되레 하나님과 닮은 부분을 훼손하고, 죄로 인해 하나님과 같지 않게 되었습니다.

아담과 하와가 저지른 한 번의 반역으로 하나님의 형상이 산산조각이 났고, 우리는 지금의 현실을 살게 되었습니다(롬 5:12). 사탄은 인간의 다스림 아래 있는 피조물인 뱀으로 자신을 위장하고는 주인인 아담과 하와를 쓰러뜨립니다. 그들이 이미 받은 것보다 많은 것을 가져야 마땅하다고 설득함으로써 그들을 쓰러뜨린 것입니다. 그래서 그들은 모든 것을 잃었습니다.

> Leader
하나님은 첫 사람들에게 창조의 열쇠를 주셨는데, 그들이 그것을 사탄에게 넘겨주었습니다. 모든 것이 무위로 돌아갔습니다. 오직 완전한 사람, 곧 메시아만이 하나님의 형상과 손상된 인간성을 구속하고 회복하실 수 있습니다. 언젠가 메시아로 오실 왕이 아담과 하와가 다스리도록 되어 있던 세상을 친히 다스리실 것입니다(참조, 렘 3:15; 슥 9:9~13).

Q 사람들은 마치 신과 같은 존재가 되려고 어떤 식으로 노력합니까?

마태복음 4장에서 예수님이 "성령에게 이끌리어 마귀에게 시험을 받으러 광야로" 가시는 장면은 창세기의 이야기와 비슷합니다.

사탄이 예수님께 다가가 일련의 시험을 시도했습니다. 그러자 약속된 메시아요 왕이신 예수 그리스도께서는 그의 유혹에 예전에 하와가 마땅히 해야 했던 대답을 하셨습니다.

"사탄아 물러가라 기록되었으되 주 너의 하나님께 경배하고 다만 그를 섬기라 하였느니라"(마 4:10).

여전히 뱀의 모습을 한 사탄이 미끄러져 도망갔습니다.

예수님은 마귀의 출현에 허를 찔리지 않으셨습니다. 사탄은 예수님을 함정에 빠뜨리지 못했습니다. 오히려 예수님이 사탄을 함정에 빠뜨리셨습니다. 하나님의 형상이신 하나님의 아들이(골 1:15) 아담과 하와의 타락으로 인해 손상된 인간 내면의 하나님의 형상을 회복하기 위해 인간이 되어 인류 역사 속으로 들어오셨습니다. 광야에서 예수님은 아주 오래전에 대적들이 훔쳐간 창조의 열쇠를 다시 빼앗아 오셨습니다.

예수님은 승천하실 때, 우리가 하나님의 형상으로 새사람(참조, 엡 4:24; 골 3:10)을 입을 수 있도록 성령님을 보내 주셨습니다. 심지어 성령님을 통해 제자인 우리가 예수님보다 큰일을 하게 되리라고 말씀해 주기도 하셨습니다(요 14:12~17).

> "제자들이 감사함으로 순종해 몸으로 하나님께 영광을 돌릴 때(고전 6:20), 그들은 하나님의 결정적인 형상이자 그 본체의 극적인 표현이신 아들(히 1:3)을 본받습니다."[5]
> _케빈 J. 밴후저

언뜻 들으면 놀랍겠지만 실제로도 놀랍습니다. 그러나 예수님은 단지 주님이 흑암을 없애러 오셨으며 우리가 구원의 복음을 주님의 권세로 세상에 전하게 되리라는 것을 상기시켜 주시는 것뿐입니다. 믿는 사람들 안에 거하시는 성령님이 우리에게 힘을 주셔서 세상 끝까지 복음을 전하게 하십니다. 또한 만왕의 왕이 완전히 회복된 피조 세계를 다스리실 그날을 가리키십니다. 그곳에서는 아담과 하와의 죄가 기억으로만 남아 있을 것입니다.

아담과 하와가 죄지은 일, 하나님의 아들이 성육신하신 일, 예수님이 온 우주의 보좌에 앉으신 일, 그리고 우리에게 성령님을 보내신 일을 기억해 보십시오. 과거 일을 알면, 하나님이 만물을 왜 그리고 어떻게 새롭게 하시는지를 이해할 수 있습니다. 거기에 더해 영원한 세계를 생각하며 오늘을 사는 것이 왜 중요한지도 이해하게 됩니다. 만물이 깨어졌지만, 언젠가 하나님이 모든 것을 새롭게 하실 것입니다.

Q 만물의 회복과 영원을 바라는 미래 소망은 오늘날 우리 삶에 어떤 영향을 미칩니까?

2. 그리스도께서 믿는 사람들과 믿지 않는 사람들을 나누실 것입니다(계 21:6~8; 22:8~15)

하나님은 선하시고 자비로우시며 정의로우시므로, 언젠가는 죄와 악과 죽음을 다 없애시고 피조 세계에서 불경건한 것들을 뿌리 뽑으실 것입니다. 그리고 우리는 죄에 빠질 두려움이나 질병과 전쟁으로 사랑하는 사람을 잃을 걱정 없이 하나님과 영원히 함께할 것입니다. 요한계시록의 마지막 부분은 우리에게 다음과 같은 사실을 분명히 보여 줍니다.

> **심화 주석** 종말론의 마지막 축복은 복음을 아름답게 묘사합니다. 생명나무가 있는 '새 에덴'과 문들을 통해 들어가는 '영원한 도성'이 있습니다. "두루마기를 빠는"(14절) 것은 그리스도께서 흘리신 보혈을 믿는 믿음을 의미합니다. '생명나무에 다가갈 권한'은 아담과 하와가 저지른 죄 때문에 끊겼던 것입니다. 도성의 문들과 생명나무는 예수님을 믿는 사람만이 접근할 수 있습니다. 다양한 죄를 저지른 믿지 않는 사람들은 들어가지 못합니다. 요한계시록은 "오라" 와서 "값없이 생명수를 받으라"(참조, 엡 2:8~9, "하나님의 선물")고 반복해서 초대하며, 열정적인 복음의 호소로 끝을 맺습니다. 비록 유대인들이 이방인들을 "개들"로 취급하긴 했지만, 이 경우에는 빌립보서 3장 2절에서처럼 개들은 민족과 상관없이 거짓 교사를 가리켜 한 말입니다.[6]
>
> _A. 보이드 루터

> **심화 주석** 천사는 죄인들이 망하는 것을 바라지 않습니다. 오히려 불법을 행하는 자들에게 천상의 위협 소리를 들으면 악한 일을 삼가고 싶어질 것이라 경고합니다. 그는 그들이 주께서 곧 오실 것을 깨닫고, 죄에서 더 쉽게 벗어나고, 그때부터 항상 거룩함과 의에 헌신할 것이라고 말합니다.[7]
>
> _베자의 아스프링구스

*21:6 또 내게 말씀하시되 이루었도다 나는 알파와 오메가요 처음과 마지막이라 내
가 생명수 샘물을 목마른 자에게 값없이 주리니 7 이기는 자는 이것들을 상속으
로 받으리라 나는 그의 하나님이 되고 그는 내 아들이 되리라 8 그러나 두려워하
는 자들과 믿지 아니하는 자들과 흉악한 자들과 살인자들과 음행하는 자들과
점술가들과 우상 숭배자들과 거짓말하는 모든 자들은 불과 유황으로 타는 못
에 던져지리니 이것이 둘째 사망이라 22:8 이것들을 보고 들은 자는 나 요한이니
내가 듣고 볼 때에 이 일을 내게 보이던 천사의 발 앞에 경배하려고 엎드렸더니
9 그가 내게 말하기를 나는 너와 네 형제 선지자들과 또 이 두루마리의 말을 지
키는 자들과 함께 된 종이니 그리하지 말고 하나님께 경배하라 하더라 10 또 내
게 말하되 이 두루마리의 예언의 말씀을 인봉하지 말라 때가 가까우니라 11 불의
를 행하는 자는 그대로 불의를 행하고 더러운 자는 그대로 더럽고 의로운 자는
그대로 의를 행하고 거룩한 자는 그대로 거룩하게 하라 12 보라 내가 속히 오리니
내가 줄 상이 내게 있어 각 사람에게 그가 행한 대로 갚아 주리라 13 나는 알파와
오메가요 처음과 마지막이요 시작과 마침이라 14 자기 두루마기를 빠는 자들은
복이 있으니 이는 그들이 생명나무에 나아가며 문들을 통하여 성에 들어갈 권
세를 받으려 함이로다 15 개들과 점술가들과 음행하는 자들과 살인자들과 우상
숭배자들과 및 거짓말을 좋아하며 지어내는 자는 다 성 밖에 있으리라*

> Leader
>
> 그리스도께서 믿는 사람들과 믿지 않는 사람들을 영원히 나누실 것을 생각하면, 무시무시한 죽음에 관해 생각하지 않을 수가 없습니다. 죽음은 피할 수 없고 결코 쉬운 일도 아닙니다. 사랑하는 사람이 죽으리라는 걸 알았더라도, 심지어 오래 투병했더라도, 막상 죽음이 닥치면 크나큰 슬픔에 빠질 것입니다. 그래서 우리는 말씀에 몰두하고 기도합니다. 공동체에서 다른 믿는 사람들의 위안을 얻기도 합니다. 또는 그와 같이 자기 영혼을 달랠 다른 방법을 찾아내기도 합니다. 즉 현실을 부정하거나 무관심하거나 몰두할 수 있는 다른 일을 찾습니다. 사랑하는 사람의 죽음은 감당하기에 너무나 고통스럽습니다. 심지어 그가 그리스도를 믿었고, 지금은 주님과 함께 있음을 안다고 해도 말입니다.

예수님이 믿는 사람과 믿지 않는 사람을 가르시고, 믿지 않는 사람들을 모든 선한 것과 하나님에게서 영원히 분리시키신다고 생각하면, 우리는 공포에 떨게 됩니다. 우리는 그에 관해 생각하고 싶어 하지 않습니다. 그래서 우리는 육체적인 죽음을 대하는 방식을 그대로 사용합니다. 부인하거나 생각을 떼어 놓거나 주의를 딴 데로 돌리곤 합니다.

사랑하는 사람들과 영원히 분리된다고 생각하면 마음이 아플 수밖

에 없습니다. 사랑하는 사람과의 영원한 이별뿐만 아니라, 영원히 분리된다는 면에서는 사랑하기가 참 어려운 사람이나 심지어 알지 못하는 사람들과의 이별조차도, 우리를 비통하게 할 것입니다. 우리는 하나님의 공의와 선하심을 믿습니다. 그리고 어떤 죄든 심판받아 마땅하다는 것을 압니다. 심지어 우리도 예외는 아닙니다. 그러나 우리는 그날을 진지하게 바라봐야 합니다. 예수님에 관한 복음, 즉 소망의 복음을 믿지 않는 세상에 전하는 데 일생을 바칠 때 그렇게 할 수 있습니다. 복음 전도는 우리가 하나님의 임재 앞에서 버려지는 사람이 되지 않을 유일한 이유이기도 합니다.

> "죽음에 관한 우리 견해가 자신의 영적 상태를 판단할 수 있는 가장 읽기 쉬운 징표 중 하나라고 생각합니다."[8]
> _찰스 H. 스펄전

> "우리가 우리 구주와 창조주 앞에 서는 날에, 세상에서 얼마나 많은 사람이 우리 이름을 알고 있는지, 얼마나 많은 사람이 우리를 위대하다고 하는지, 얼마나 많은 사람이 우리를 바보로 여기는지는 중요하지 않을 것입니다. 자기 이름을 딴 학교와 병원이 있든 없든, 재산이 많든 적든, 장례식에 수많은 사람이 오든 오지 않든, 그것들은 모두 중요하지 않습니다. 신문이나 역사책이 뭐라고 말하거나 말하지 않거나 그것도 역시 중요하지 않습니다. 중요한 것은 단 하나뿐, 주님이 우리를 어떻게 생각하시는가 하는 것입니다."[9]
> _랜디 알콘

Q 죄로 인해 하나님으로부터 멀어진다는 사실을 날마다 기억하는 것은 우리 삶에 어떤 영향을 줍니까?

육체의 죽음은 애도해야 합니다. 그리고 두 번째 죽음도 슬퍼해야 합니다. 그러나 그리스도 안에 있는 이들에게 이것은 예수님의 재림을 기다리는 이유가 됩니다. 그렇습니다. 애도하는 것은 합당하며, 애도해도 됩니다. 하지만 소망 없는 사람들처럼 애도하지는 말아야 합니다(살전 4:13). 죽음은 마지막이 아닙니다. 그리스도를 사랑하는 사람들에게는 그렇습니다.

> Leader
> 바울은 빌립보 교인들에게 이렇게 말했습니다.
> "이는 내게 사는 것이 그리스도니 죽는 것도 유익함이라"(빌 1:21).
> 그리스도께서 죽음을 무덤으로 보내셨으므로 죽음의 권세가 더는 우리를 다스리지 못합니다. 죽음은 피할 수 없지만, 그리스도를 통해 사는 것 또한 그렇습니다. 주님의 부활이 곧 우리의 부활이 될 것입니다(고전 15:21~22). 바울은 자기가 산다면 하나님의 영광을 위해 살아야 함을 알았습니다. 그리고 만일 죽는다면, 영원토록 주님과 함께하게 될 것입니다.

하나님은 생명의 하나님이십니다. 아담과 하와가 죄를 짓자마자 그들을 죽도록 버려두지 않으셨습니다. 결과적으로 그들을 에덴동산에서 추방하셨고, 죽음은 피할 수 없는 것이 되었습니다. 하지만 은혜로우신 하나님은 그들에게 옷을 지어 입혀 주셨습니다(창 3:21). 예수님이 죽음에서 부활하시자, 마지막 날에 주의 백성이 주님과 함께 살아나리라는 약속이 보장되었습니다. 하나님은 공의롭고 선한 재판관이시므로 모든 사람이 부활할 것입니다. 그러나 모든 사람이 주님과 영생을 누리기 위해 부활하는 것은 아닙니다.

언젠가 닥칠 죽음은 누구도 피할 수 없습니다. 그러나 회개하고 그리

심화 주석 "생명수의 강"(계 22:1)은 예수님이 믿는 사람들에게서 "생수의 강"(요 7:37~39)이 흘러나오게 하시는 성령님을 약속해 주셨던 일뿐만 아니라 에스겔 47장을 돌아보게 합니다. "생명나무"는 에덴동산 가운데에 있었습니다(창 2:9; 3:3). 죄로 인해 타락하자 하나님은 인간이 그 나무에 접근하지 못하게 하셨습니다(창 3:24). 에스겔 47장 12절은 치유 효과가 있는 열매를 맺는 나무에 관해 말합니다. 요한계시록 22장에서는 "다시 저주가 없는" 새롭고 영원한 '에덴'으로서 새 예루살렘을 묘사합니다(참조, 창 3:14~19). 아담과 하와가 타락하기 전에 에덴동산에서 주님과 끊이지 않는 교제를 즐겼던 것처럼(창 3:8), 하나님의 종들이 새 에덴에서 주님의 임재를 얼마나 오랫동안 누리게 될까요. 그곳에서 거주할 자는 144,000명의 경우처럼 모두 "그들의 이마"에 "어린양의 이름과 그 아버지의 이름"이 있을 것입니다(계 14:1).[10]

_A. 보이드 루터

스도를 믿는 사람들은 거듭날 것이며 다시는 죽지 않을 것입니다. 죽음은 단번에 끝장날 것이며 그 아비인 사탄과 함께 불못에 던져질 것입니다. 그리고 우리는 그리스도를 통해 생명나무가 있는 새 하늘과 새 땅에 서게 될 것입니다. 그곳에서 영생을 주는 열매를 마음껏 맛볼 것입니다(계 19~22장).

Q 새 하늘과 새 땅에서 우리가 생명나무 열매를 먹게 되리라는 사실이 왜 중요합니까?

3. 하나님의 백성은 하나님이 영원히 통치하시는 나라에서 살게 될 것입니다(계 22:1~5)

> Leader "세세토록"(5절)은 매우 긴 시간임에 분명합니다. 사실, 성경에서 말하는 "세세토록"은 시간을 초월한 개념입니다. "세세토록"이란 어느 정도는 '시간이 아님'을 의미합니다. 이것이 바로 요한계시록이 약속한 '영원히'입니다.

1또 그가 수정같이 맑은 생명수의 강을 내게 보이니 하나님과 및 어린양의 보좌로부터 나와서 2길 가운데로 흐르더라 강 좌우에 생명나무가 있어 열두 가지 열매를 맺되 달마다 그 열매를 맺고 그 나무 잎사귀들은 만국을 치료하기 위하여 있더라 3다시 저주가 없으며 하나님과 그 어린양의 보좌가 그 가운데에 있으리니 그의 종들이 그를 섬기며 4그의 얼굴을 볼 터이요 그의 이름도 그들의 이마에 있으리라 5다시 밤이 없겠고 등불과 햇빛이 쓸데없으니 이는 주 하나님이 그들에게 비치심이라 그들이 세세토록 왕 노릇 하리로다

우리 소망은 언젠가 이 땅을 벗어나 하늘 어딘가에서 사는 것이 아닙니다. 우리는 그런 목적으로 지어지지 않았습니다. 우리는 여기 이 땅에서 살도록 지어졌습니다. 그러나 지금처럼 땅을 경험하며 사는 방식은 아닙니다. 우리는 하늘과 땅이 함께 결합되는 여기 어딘가에서 살도록 되어 있었습니다. 만일 우리가 세상 밖으로 영원히 내쫓겼다면, 그것은 사탄이 적어도 부분적인 성공을 거두었다는 뜻이며 하나님은 실패하셨으니 차선책을 찾아내셔야 한다는 뜻이 됩니다. 그러나 하나님은 주권적이시며 선하시고 모든 일을 자기 영광과 우리의 유익을 위해 행하십니다(롬 8장). 그러므로 언젠가는 에덴동산이 완벽하게 회복될 텐데, 오히려 이전보다 좋아질 것입니다. 결국 세상은 제 모습을 되찾을 것입니다. 세상은 하나님의 형상을 닮은 자들로 가득할 것이며, 그들은 영광스러운 하나님의 빛을 영원히 누릴 것입니다. 이것은 두려워할 일이 아니라 기뻐할 일입니다.

Q 새 하늘과 새 땅에서의 삶은 어떤 모습입니까?

예수님이 기도의 본을 보여 주신 일이나 산에서 설교하신 일이나 변화하신 일이나 모든 민족을 제자로 삼으라고 명령하신 일이나 그 밖의 많은 일이 모두 새 하늘과 새 땅으로 향하는 이정표입니다. 예수님은 세상에 우리를 보내셔서 요한계시록의 마지막 약속이 무엇인지를 보여 주라고 하십니다. 우리는 삶으로 영원에 대한 그리스도의 약속을 세상에 웅변해야 합니다.

> Leader 사도행전 2장에서 제자들은 단순히 도덕적으로만 선하게 살면서 설교하지 않았습니다. 그들은 자신들의 삶으로 약속된 세상을 그려 보이며 복음을 선포했습니다. 그들은 더 큰 그림을 가리켜 보인 것입니다. 오늘날 우리도 이와 같은 부르심을 받았습니다.

우리는 화평케 하는 사역을 맡은 자들입니다. 하나님은 자기 백성을 통해 세상에 구원을 보여 주십니다.

> Leader 우리는 매일 하나님께 신실하게 살면서 다가올 미래를 기대하고 연습합니다. 특히 교회에 함께 모일 때 그렇습니다. 예를 들어, 성찬은 우리가 새 하늘과 새 땅에 들어가게 되리라는 사실을 구체적으로 보여 줍니다. 이것은 첫째, 예수님이 우리 죄를 위해 죽으셨고, 둘째, 그 덕분에 우리가 모두 한 가족이 되었다는 사실을 우리에게 상기시켜 줍니다. 주의 식탁에 모여서 먹고 마심으로써 한 가족임을 재천명하며, 주님이 다시 오시고, 우리가 어린양의 혼인잔치에서 주님과 함께 앉게 되기까지 우리는 그리스도께서 행하신 일을 선포해야 합니다(고전 11:17~34; 계 19:7~10).

우리는 세상 사람들에게 이 진리를 잊지 말고 전해야 합니다. "마지막 때"는 두려운 소식이 아니라 외쳐야 할 좋은 소식입니다.

Q 겁을 주거나 거짓 희망을 주지 않으면서도 예수님의 재림의 긴박성과 소망을 사람들에게 어떻게 전할 수 있을까요?

Q 교회/공동체에서 화목하게 하는 사역을 어떻게 해야 할까요?

"예수님의 인격 안에서 이루어지는 삼위일체 하나님의 역사는 우리의 희망입니다. 우리는 예수님 덕분에 용서받았습니다. 우리는 예수님 덕분에 새롭게 되었습니다. 우리는 예수님 덕분에 부활할 것입니다. 우리는 예수님 덕분에 새 땅에서 살게 될 것입니다. 우리는 영원한 평화를 얻기 위해 잠시 전쟁을 준비하면서 백마 타신 예수님과 함께 다시 돌아오기를 기다리고, 이 땅에서 신실하게 살아갈 것입니다. 그러니 주님을 바라봅시다."[11]

_J. A. 메더스 & 브랜든 D. 스미스

*"삶의 나태함에 매혹당할 때마다,
세상에서 허례허식을 목도할 때마다,
마음속에서 낙원으로 떠나십시오.
장차 있게 될 곳을 누려 보십시오."[12]
_히에로니무스*

결론

하나님은 우리가 하나님을 거역함으로써 망쳤던 것들을 예수 그리스도 안에서 구속해 주셨습니다. 예수님은 언젠가 다시 오셔서 만물을 본래대로 회복해 주실 것입니다. 우리를 죄에서 구원하고자 하나님은 마지막 날까지 계속해서 일하실 것입니다.

지금까지 살펴본 대로 우리 소망은 그리스도께서 행하셨고, 또 언젠가 행하실 일에 달려 있습니다. 그러나 그때까지 앉아서 기다리지만은 않아야 합니다. 우리는 온 세상에 복음을 전하시는 하나님의 사명에 동참해야 합니다. 우리에게는 소망이 있고, 모든 사람에게 그 소망을 전해야 합니다. 예수님이 다시 오시는 날에 그들도 우리와 함께 예수님을 경배하고 찬양할 수 있도록 말입니다.

그리스도와의 연결
그리스도께서 약속을 성취하시고 자기 백성과 함께 영원히 다스리시기 위해 돌아오실 때, 이 시대가 끝날 것입니다. 에덴동산에서 아담이 죄를 지음으로써 잃어버렸던 관계는 예수님이 모든 눈물을 그 눈에서 닦아 주실 때 영광스럽게 회복될 것입니다. 하나님이 만드실 새 세상에 들어가려면 우리를 구원하고자 흘리신 어린양의 피로 정결하게 되어야 합니다.

하나님의 계획 우리의 사명

선교적 적용 하나님은 우리에게 만물을 새롭게 하겠다는 그분의 약속에 따라 살아가라고 명령하십니다.

1. 세상에서 예수님의 이름으로 하나님의 형상을 드러내려면 어떻게 해야 할까요?
2. 성경 이야기는 처음부터 끝까지 하나님의 아들 예수 그리스도의 영광과 광채를 어떻게 보여 주었습니까?
3. 이번 주에 누구에게 복음을 전하겠습니까? 믿지 않는 사람들의 마음에 그리스도의 빛을 비출 수 있도록 하나님께 기도하십시오.

금주의 성경 읽기
계 14~22장

appendix

부록
1

신약성경에 나타난 구약성경의 말씀

하나님 천지를 창조하심(창 1:1)	**하나님의 아들** 만물이 그로 말미암아, 그를 위해 지음 받음 (골 1:16)
생명나무 아담과 하와의 죄로 인해 범접할 수 없게 됨 (창 3:22~24)	**생명나무** 어린양으로 말미암아 모든 민족이 새롭게 됨 (계 22:1~3)
유다의 자손 모든 사람이 복종할 약속된 왕(창 49:9~10)	**유다 지파의 사자** 승리의 왕이신 예수님(계 5:5)
주의 날 죄인들에게는 불타는 멸망의 날 (사 13:6~13; 습 1장)	**주의 날** 예수 그리스도 재림의 날(벧후 3장)
메시아 고난을 받고 죽은 자 가운데서 살아나셔서 세상에 복을 주실 분(사 53장; 시 16:10~11; 창 12:3)	**나사렛 예수** 선지자들이 예언한 그분(행 26:1~29)
고난받는 종 대속자, 우리를 위해 죽임당하실 어린양(사 53:7)	**죽임당하신 하나님의 어린양** 구원의 대속물이신 예수님(계 5:6~10)
새 하늘과 새 땅 하나님의 백성에게 약속된 새로운 피조 세계 (사 65:17~25)	**새로운 피조물** 하나님이 모든 것을 새롭게 하심(계 21:1~5)
인자 같은 이 옛적부터 권세와 영광과 나라를 받으신 분 (단 7:9~14)	**예수님** 인자, 옛적부터 계신 이(계 1:12~18; 11:17)

부록 2

요한계시록의 일곱 교회

교회	칭찬	책망	도전	"이기는 자에게" 약속
에베소 2:1~7	올바른 신학을 갖고, 믿음을 지키며, 바르게 살아감	처음 사랑을 버림	얼마나 멀리 떨어졌는지를 기억하고, 회개해 처음 행위를 가질 것	예수님이 낙원에 있는 생명나무의 열매를 주어 먹게 하실 것임
서머나 2:8~11	환난과 궁핍을 믿음의 풍요로 견뎌 냄	없음	고난을 두려워하지 말고 죽기까지 충성할 것	생명의 면류관을 주어 결코 두 번째 사망의 해를 받지 않게 할 것임
버가모 2:12~17	박해에도 예수님 안에서 믿음을 저버리지 않고, 예수 그리스도의 이름을 지킴	어떤 이들은 거짓 가르침을 붙잡고 부도덕하게 삶	회개할 것	예수님이 숨겨진 만나와 새로운 이름을 새긴 흰 돌을 주실 것임
두아디라 2:18~29	사랑, 신실함, 섬김, 인내, 처음 행위보다 나중 행위가 더 많음	방탕한 삶을 부추기는 거짓 선지자와 거짓 교사들을 묵인함	음행하는 자들은 회개할 것. 이 교훈을 받지 않은 자들은 그분이 오실 때까지 그들이 가진 것을 굳게 붙잡을 것	예수님이 아버지에게서 받은 것같이 만국을 다스리는 권세와 새벽 별을 주실 것임
사데 3:1~6	몇몇 사람들이 그들의 옷을 더럽히지 않음	살았다는 이름은 가졌으나 실상은 죽은 자임	그 남은 바 죽게 된 것을 일깨어 굳건하게 할 것. 어떻게 받았으며 어떻게 들었는지 생각하고 지켜 회개할 것	흰옷을 입고 그 이름을 생명책에서 결코 지우지 아니하실 것이며, 아버지와 천사들 앞에서 예수님이 그를 인정하실 것임
빌라델비아 3:7~13	예수님의 말씀을 지키며, 그분의 이름을 배반하지 않고 인내함	없음	가진 것을 굳게 잡아 아무도 면류관을 빼앗지 못하게 할 것	하나님의 성전에 기둥이 되게 하실 것이며, 하나님의 성 곧 새 예루살렘의 이름과 주님의 새 이름을 그 위에 기록하실 것임
라오디게아 3:14~22	없음	그들의 신앙이 차지도 뜨겁지도 않고 미지근함. 자기중심적이고 기만적임	예수님께 집중하고 열심을 내어 회개할 것	예수님이 이기고 아버지의 보좌에 함께 앉으신 것같이 그를 예수님의 보좌에 함께 앉게 해 주실 것임

부록
3

만물이 새롭게 되다

<table>
<tr><th>하나님의 사람</th><th>하나님의 장소</th><th>하나님의 경륜</th></tr>
<tr><td>아담과 하와</td><td>에덴동산</td><td>하나님의 명령</td></tr>
<tr><td colspan="3">아담과 하와가 죄를 지어 에덴동산에서 추방당함</td></tr>
<tr><td>아브라함</td><td>가나안</td><td>아브라함에게 주신 언약</td></tr>
<tr><td>모세와 이스라엘</td><td>약속의 땅</td><td>모세에게 주신 언약</td></tr>
<tr><td>왕정 국가와 이스라엘</td><td>약속의 땅</td><td>모세 언약,
다윗의 통치</td></tr>
<tr><td colspan="3">이스라엘이 죄를 지어 약속의 땅에서 추방당함</td></tr>
<tr><td>예언된 신실한 남은 자</td><td>회복된 땅의 예언</td><td>예언 받은 새 언약</td></tr>
<tr><td colspan="3">예수 그리스도의 순종하심으로 새로운 언약이 시작됨</td></tr>
<tr><td>그리스도인,
그리스도 안에 있는 사람들</td><td>새 하늘과 새 땅,
그리스도와 함께하는 새 예루살렘</td><td>새 언약,
그리스도의 통치</td></tr>
</table>

부록
4

천사, 하나님의 사자

천사

전화나 이메일을 통해 전 세계의 소식이 바로 전달되는 현대 사회와 비교하자면, AD 1세기의 의사소통은 지극히 느리고 비효율적이었습니다. 사자(使者)들은 상관이 찾고자 하는 사람을 만나기 위해 먼지 날리는 오솔길과 포장된 로마 제국의 도로를 지나가야 했습니다. 전쟁과 평화의 시기에 그들은 상관의 지시에 따라 외교 문제와 관련된 명을 갖고 나아갔습니다.[1]

그리스 고전 문학에서 메신저(헬라어로 '앙겔로스'), 즉 사자는 그를 보낸 상관의 대리자이자 신화에 나온 신들을 보호하는 자였습니다. 두 명 이상의 사자가 메시지를 인증하고 상호 보호했습니다. 상관은 사자가 그의 말과 의도를 신실하게 전할 것을 기대했습니다. 메시지를 정확하게 전달하는 것이 가장 중요한 임무였습니다. 메시지가 바뀌거나 다른 사람에게 전달되면 중죄에 해당합니다. 따라서 공문을 암기하거나 읽어보는 것만으로도 메시지의 진실과 권위를 보장하는 데 도움이 되었습니다. 고대 그리스 문화에서 인간 사자는 하나님의 신실한 사자로서, 구약과 신약에서의 천사의 역할을 알려 줍니다.[2]

계시자 역할

신약성경의 사복음서와 사도행전과 요한계시록에는 천사와 만나는 장면이 많이 등장합니다. 서신서에는 천사들의 활동이 매우 적고 짧게 나타납니다. 반면에 신약의 다른 책들은 천사에 관해 일체의 언급도 하지 않습니다.

▲ 남서쪽에서 본 현대 나사렛의 전경

1. Stephen F. Noll, *Angels of Light, Powers of Darkness* (Downers Grove, IL: InterVarsity, 1998), 155.
2. Maxwell J. Davidson, "Angels" in *Dictionary of Jesus and the Gospels*, ed. Joel B. Green and Scot McKnight (Downers Grove, IL: InterVarsity, 1992), 8; Noll, 155.

본문이 천사를 언급할 때, 성경 저자는 대부분 그의 나타남보다는 그가 전하는 메시지에 관심의 초점을 둡니다(참조, 눅 1~2장; 살전 4:13~18).

성경에서 천사의 활동은 기본적으로 세 가지입니다. 그러나 이것은 서로 연관되어 있습니다.

첫째, 천사는 하나님의 사자이자 종입니다. 그들은 하나님을 경배하고 찬양합니다(사 6:1~3; 눅 2:13~14). 대부분의 활동은 하나님을 섬기는 것입니다.

둘째, 천사는 하나님의 진리를 사람에게 드러내고 하나님의 뜻에 따르는 자들을 안내하며 사람을 가족처럼 돌봅니다(왕하 6:15~17; 단 9:20~27; 마 1:20~21; 2:13).

셋째, 천사의 활동은 종종 예수님과 특별히 연관되어 있습니다. 천사들은 예수님의 생애와 사역의 중요한 순간에 참여합니다. 예수님의 탄생(눅 1:26~38; 2:8-15), 광야의 시험(마 4:11), 부활(마 28:1~7; 막 16:4~7; 눅 24:4~7), 재림(살전 4:16)이라는 네 번의 중요한 순간들입니다. 하나님 계시의 전달자로서 천사의 역할은 예수님의 탄생과 부활이 묘사되어 있는 복음서 이야기에서 가장 중요합니다.

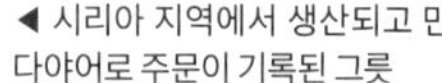

◀ 시리아 지역에서 생산되고 만다야어로 주문이 기록된 그릇
▼ 마리아의 엘리사벳과 사가랴 방문을 기념한 교회(엔 케렘 소재)

메신저 역할

누가는 신약에 나타난 천사의 중요한 역할을 강조합니다(눅 1~2장). 천사가 하나님의 사자로서 그리스도의 오심을 선포합니다. 가브리엘은 복음서에서 이름을 밝힌 유일한 천사입니다(눅 1:19, 26). 그는 사가랴에게 그의 아내가 아들(세례 요한)을 가질 것이며, 장차 그가 메시아의 길을 예비할 것이라고 알려 줍니다(눅 1:11~20). 사가랴가 이 소식을 의심하자 천사가 "나는 하나님 앞에 서 있는 가브리엘이라 이 좋은 소식을 전해 네게 말하라고 보내심을 받았노라"(눅 1:19)라고 말합니다. 그럼으로써 자기 임무와 권위가 어디에서 비롯되는지를 드러냈습니다. 천사는 하나님의 종으로서 하나님의 임재 앞에 서 있습니다. 그리고 하나님의 권위로 임무를 수행합니다.

그와 똑같은 천사가 보내심을 받아 마리아에게 성령님의 능력으로 하나님 아들의 어머니가 될 것이라고 전합니다(눅 1:26~38). 누가는 특별히 이 천사가 "하나님의 보내심을"(눅 1:26) 받았다고 말합니다. 가브리엘은 다시금 하나님의 권위를 갖고 그의 뜻을 전하는 사자로 활동합니다. 천사는 또한 마리아의 남편 요셉에게도 현몽해 나타납니다. 그에게 마리아의 아기가 성령님으로 잉태되었고, 아기가 약속된 메시아이심을 전합니다(마 1:20~21).

메시아가 태어나셨을 때 천사는 하나님의 사자로서 예수님의 탄생을 알립니다. 그는 밤에 양 떼를 지키던 목자들에게 나타나 "곁에 서고 주의 영광이 그들을 두루"(눅 2:9) 비추게 했습니다. 천사는 메시아의 탄생을 알렸고, 그분의 오심이 곧 하나님의 역사임을 강조했습니다. 갑자기 천군 천사가 나타나 하나님께 찬양을 드리며 평화를 가져오실 메시아에 관해 말합니다(눅 2:13~14). 천사들은 이 소식을 사회의 엘리트가 아닌 평범한 양치기들에게 전했습니다. 이 메시지는 명확합니다. 구원의 기쁜 소식이 모든 사람에게 임한다는 것입니다. 이처럼 중요한 소식을 전함으로써 천사는 사자로서의 임무를 증명했습니다.

데살로니가전서 4장 13~18절은 천사들이 예수님의 재림에서 그리스도와 함께 많은 역할을 할 것이라고 말합니다. "천사장의 소리"(살전 4:16)라는 중요한 구절은 하나님의 천사장들이 그리스도의 재림을 선포할 것이라는 사실을 보여 줍니다. 이 구절에서 언급된 세 개의 소리(호령과 천사장의 소리와 하나님의 나팔 소리)는 천사장에게 속한 하나의 소리일 것입니다. 신약의 다른 구절들은 나팔 소리와 하나의 목소리를 연결시킵니다(계 1:10, 12; 4:1), 그리고 "힘 있는 천사"가 하나님의 전령으로 섬깁니다(계 5:2, 7:2). 대부분의 본문은 천사장에 관한 미래의 두 역할을 드러냅니다. 그리스도의 재림에 관한 소식을 선포하는 것과 하나님의 천군을 이끌어 하나님의 뜻과 목적에 반하는 영적 세력과 대항해 전투를 벌이는 것이 그것입니다(계 12:7~9).

천사의 이름

누가가 특별히 하나님에게서 온 메시지를 전하는 가브리엘이나 다른 천사들을 언급할 때, 그는 "메신저, 사자"를 의미하는 헬라어 앙겔로스를 사용합니다(눅 1:11~19; 2:9). 그러나 누가는 목자들에게 나타난 천사 무리를 군대라는 뜻의 '스트라티아' 또는 "천군"(눅 2:13)이라는 다른 용어로 나타냈습니다. 천사장은 그리스도의 탄생에

▲ 가이사랴 마리티마에 있는 극장으로 여기서 헤롯이 벌레에 먹혀 죽음(행 12:21~23)

서 하나님의 위엄을 선언하는 것으로 나타납니다. 천군 및 천사장과 비교 가능한 히브리어는 '트사바'인데, 이것은 흔히 "천군"(시 103:20~21)으로 번역됩니다. 이 시편에는 또한 천사를 의미하는 용어 '말라킴'과 '미쉬라딤'이 사용되었습니다. 이 두 개의 단어가 '트사바'를 구성합니다. 천사장을 나타내는 히브리어나 헬라어는 모두 하나님의 천군을 가리킵니다. 그들은 하나님의 명령에 따라 그분의 목적을 완성합니다. 이 역할에서 천사장은 모든 피조물에 대한 하나님의 돌보심과 주권자 되심을 확장하며 하나님을 섬기는 존재로 나타납니다.[3]

성경 이외의 문헌에서는 천사장이 빈번하게 언급되는 반면,[4] 신약성경에서는 데살로니가전서 4장 13~18절과 유다서 1장 9절에서 천사장을 언급합니다. 바울은 나팔 소리와 함께 나타나는 이름 없는 천사장을 언급합니다(살전 4:16). 유다서 1장 9절은 미가엘을 천사장으로 언급합니다. 이것은 미가엘이 최고의 유일한 천사장이라기보다는 다른 천사들보다 더 잘 알려졌다는 사실을 의미합니다. 미가엘은 사탄과 전투를 벌이면서 하나님을 섬깁니다(계 12:7). 만일 가브리엘이 미가엘과 같은 천사장이라면, 미가엘과 대조적으로 그는 하나님의 특별한 사자로서 하나님의 계획과 왕국을 인간에게 드러냄으로써 하나님을 섬깁니다. 다니엘서는 미가엘을 천사장으로 말하지 않으나 천사들 중에 최고 서열로 언급합니다(참조, 단 10:13, 21; 12:1). 천사장의 존재는 그보다 서열이 낮은 다른 천사들의 존재를 암시합니다.

신약은 구약에 나타난 천사들과 그들의 역할과 관련해 그 존재를 나타냅니다. 가장 중요한 역할은 인간에게 하나님의 뜻을 드러내고 임무를 수행하는 것입니다. 신약에서는 천사의 기능이 거의 독점적으로 예수님의 생애와 사역과 관련해 다루어집니다. 그들은 예수님의 탄생과 부활에서 하나님의 소식을 직접 나타냅니다. 이러한 예고 후에 신약에서 유일하게 예수님은 존재 자체로 아버지의 위대한 계시이자 그분의 뜻으로 나타내십니다(히 1:1~13).

▲ 예루살렘의 정원 무덤 내부

3. C. Fred Dickason, *Angels: Elect and Evil* (Chicago: Moody Press, 1975), 59; Johannes P. Louw and Eugene A. Nida, "ἄγγελος" in *Greek-English Lexicon of the New Testament Based on Semantic Domains* (GELNT), 2nd ed. (New York: United Bible Societies, 1989), 1:144-45; "στρατιὰ οὐράνιος" in GELNT, 1:145.

4. 제1에녹서 40장 9~10절에는 천사들의 이름 네 가지 곧 미가엘, 라파엘, 가브리엘, 파누엘이 언급되어 있습니다. 20장에는 천사장의 이름 곧 사라카엘, 라구엘, 수리엘이 언급되어 있습니다. 에녹은 가브리엘이 에덴동산과 천사들을 감독한다고 말합니다. See E. Isaac, trans., "(Ethiopic Apocalypse of) Enoch" in *The Old Testament Pseudepigrapha*, vol. 1, *Apocalyptic Literature and Testaments*, ed. James H. Charlesworth (New York: Doubleday, 1983), 23-24, 32. Roy E. Lucas, Jr. is professor of Bible, Clear Creek Baptist Bible College, Pineville, Kentucky and pastor of First Baptist Church, Loyall, Kentucky.

주 / 1

SESSION 1

1. Dietrich Bonhoeffer, *The Cost of Discipleship* (New York: The Macmillan Company, 1964, reprint), 79.

2. John B. Polhill, *Acts*, vol. 26 in *The New American Commentary* (Nashville: B&H, 2013) [WORDsearch].

3. Tony Merida, *Christ-Centered Exposition: Exalting Jesus in Acts* (Nashville: B&H, 2017) [WORDsearch].

4. Robert Smith Jr., quoted in "Know Your Southern Baptists: Robert Smith, Jr." by Trevin Wax, The Gospel Coalition, May 1, 2015, https://blogs.thegospelcoalition.org/trevinwax/2015/05/01/knowyour-southern-baptists-robertsmith-jr.

5. I. Howard Marshall, *New Testament Theology: Many Witnesses, One Gospel* (Downers Grove: IVP, 2004), 168.

6. C. H. Spurgeon, "Ziklag—or David Encouraging Himself in God," The Metropolitan Tabernacle Pulpit, June 26, 1881, https:// spurgeongems.org/vols25-27/ chs1606.pdf.

7. Babu Immanuel Venkataraman, in *South Asia Bible Commentary*, gen. ed. Brian Wintle (Grand Rapids: Zondervan, 2015), 1502.

8. Martin Luther, quoted in *Here I Stand: A Life of Martin Luther*, by Ronald H. Bainton (New York: Meridian Book, 1995), 144.

9. Russell Moore, *Onward: Engaging the Culture Without Losing the Gospel* (Nashville: B&H, 2015), 152.

10. Kenneth O. Gangel, *Acts*, in *Holman New Testament Commentary* (Nashville: B&H, 2005) [WORDsearch].

11. John Bunyan, *The Pilgrim's Progress*, ed. Gladys N. Larson (Chicago: Covenant Press, 1978), 55.

SESSION 2

1. Hudson Taylor, quoted in *The Wiersbe Bible Commentary: Old Testament*, by Warren W. Wiersbe (Colorado Springs: David C. Cook, 2007), 523.

2. Thomas Helwys, quoted in "Introduction," by Richard Groves, in *A Short Declaration of the Mystery of Iniquity*, by Thomas Helwys (Macon, GA: Mercer University Press, 1998), xxiv.

3. Darrell L. Bock, Acts, in *Baker Exegetical Commentary on the New Testament* (Grand Rapids: Baker, 2014) [WORDsearch].

4. William Carey, quoted in *To All Nations from All Nations: A History of the Christian Missionary Movement*, by Carlos F. CardozaOrlandi and Justo L. González (Nashville: Abingdon Press, 2013), 211.

5. John B. Polhill, *Acts*, vol. 26 in *The New American Commentary* (Nashville: B&H, 2013) [WORDsearch].

6. *Africa Study Bible* (Oasis International, 2016), 1623.

7. Stanley E. Porter, in *The Apologetics Study Bible* (Nashville: B&H, 2007), 1668, n. 25:9-11.

8. Matt Chandler, Eric Geiger, and Josh Patterson, *Creature of the Word: The Jesus-Centered Church* (Nashville: B&H, 2012), 176.

9. Babu Immanuel Venkataraman, in *South Asia Bible Commentary*, gen. ed. Brian Wintle (Grand Rapids: Zondervan, 2015), 1506.

10. Tony Merida, *Christ-Centered Exposition: Exalting Jesus in Acts* (Nashville: B&H, 2017) [WORDsearch].

11. Andrew Fuller, "The Work and Encouragements of the Christian Minister," in *The Complete Works of the Rev. Andrew Fuller*, vol. II (Boston: Lincoln, Edmands & Co., 1833), 407.

SESSION 3

1. Sebastian Traeger and Greg Gilbert, *The Gospel at Work: How Working for King Jesus Gives Purpose and Meaning to Our Jobs* (Grand Rapids: Zondervan, 2013) [eBook].

2. Thomas Watson, "Of the Preface to the Ten Commandments," in *A Body of Practical Divinity* (Glasgow: William Paton, 1794), 218.

3. Kenneth O. Gangel, Acts, in *Holman New Testament Commentary* (Nashville: B&H, 2005) [WORDsearch].

4. Stanley E. Porter, in *CSB Study Bible* (Nashville: B&H, 2017), 1769, n. 27:21-26.

5. William Cowper, "God Moves in a Mysterious Way," *Baptist Hymnal* (Nashville: LifeWay Worship, 2008), 664.

6. John B. Polhill, *Acts*, vol. 26 in *The New American Commentary* (Nashville: B&H, 2013) [WORDsearch].

7. Babu Immanuel Venkataraman, in *South Asia Bible Commentary*, gen. ed. Brian Wintle (Grand Rapids: Zondervan, 2015), 1507.

8. Ajith Fernando, *Acts*, in *The NIV Application Commentary* (Grand Rapids: Zondervan, 2013) [WORDsearch].

9. Charles Haddon Spurgeon, *Morning and Evening: Daily Readings* (Grand Rapids: Christian Classics Ethereal Library), September 7 [eBook].

10. Tony Merida, *Christ-Centered Exposition: Exalting Jesus in Acts* (Nashville: B&H, 2017) [WORDsearch].

11. Stanley E. Porter, in *The Apologetics Study Bible* (Nashville: B&H, 2007), 1676, n. 28:16.

12. John Wesley, Letter XXV, in *The Works of the Rev. John Wesley*, vol. XVI (London: Thomas Cordeux, 1813), 183.

13. R. C. Sproul, *Acts*, in St. *Andrew's Expositional Commentary* (Wheaton:

주 / 2

Crossway, 2010), 415.

SESSION 4

1. Richard Wurmbrand, *Tortured for Christ, 50th Anniversary Edition* (Colorado Springs: David C. Cook, 2017) [eBook].
2. J. I. Packer, *Knowing God* (Downers Grove: IVP, 1973), 81.
3. Joni Eareckson Tada, *Heaven: Your Real Home* (Grand Rapids: Zondervan, 1995) [eBook].
4. Richard R. Melick Jr., in *CSB Study Bible* (Nashville: B&H, 2017), 1884, n. 1:14-17.
5. Tertullian, Apologeticus, in *Ante-Nicene Christian Library*, vol. XI, eds. Alexander Roberts and James Donaldson (Edinburgh: T&T Clark, 1869), 139.
6. Tony Merida and Francis Chan, *Christ-Centered Exposition: Exalting Jesus in Philippians* (Nashville: B&H, 2016) [WORDsearch].
7. Kevin J. Vanhoozer, "A Dramaof-Redemption Model: Always Performing?" in *Four Views on Moving Beyond the Bible to Theology*, eds. Stanley N. Gundry and Gary T. Meadors (Grand Rapids: Zondervan, 2009), 156.
8. *Africa Study Bible* (Oasis International: 2016), 1738.
9. Jonathan Parnell, "God Will Fulfill His Purpose For You," Desiring God, December 14, 2013, http://www. desiringgod.org/articles/god-willfulfill-his-purpose-for-you.
10. Tony Merida and Francis Chan, *Christ-Centered Exposition: Exalting Jesus in Philippians* [WORDsearch].
11. Robert Smith Jr., *The Oasis of God: From Mourning to Morning* (Mountain Home, AR: Borderstone Press, 2014), 5-6.
12. John Wesley, "The General Deliverance," in *The Works of the Reverend John Wesley, A.M.*, vol. II, ed. John Emory (New York: B. Waugh and T. Mason, 1835), 57.
13. Brian Wintle, in *South Asia Bible Commentary*, gen. ed. Brian Wintle (Grand Rapids: Zondervan, 2015), 1651.
14. Tacitus, *Annals*, 15.44, in *Rome and the West*, vol. II, ed. William Stearns Davis, in *Readings in Ancient History* (New York: Allyn and Bacon, 1913), 286-87.
15. Eshetu Abate, in *Africa Bible Commentary*, gen. ed. Tokunboh Adeyemo (Grand Rapids: Zondervan, 2006), 1468.
16. A. W. Tozer, *The Root of the Righteous* (Chicago: Moody, 2015), 79.
17. "Words of Mr. Moody" in *Northwestern Christian Advocate*, vol. 47, no. 52, December 27, 1899: 19.
18. Frank Thielman, *Philippians*, in *The NIV Application Commentary* (Grand Rapids: Zondervan, 2012) [WORDsearch].

SESSION 5

1. Elisabeth Elliot, quoted in *The New Lady in Waiting: Becoming God's Best While Waiting for Mr. Right*, by Jackie Kendall and Debby Jones (Shippensburg, PA: Destiny Image, 2014) [eBook].
2. C. S. Lewis, quoted in *Is Your Lord Large Enough? How C. S. Lewis Expands Our View of God*, by Peter J. Schakel (Downers Grove: IVP, 2008), 112.
3. Andreas J. Köstenberger, in *CSB Study Bible* (Nashville: B&H, 2017), 1894, n. 1:15.
4. St. John Chrysostom, *Homilies on the Epistle of St. Paul to the Colossians*, III, in *The Homilies on Various Epistles* (Altenmünster, Germany: Jazzybee Verlag, 2012) [eBook].
5. Handley Moule, quoted in *A New Systematic Theology of the Christian Faith*, 2nd ed., by Robert L. Reymond (Nashville: Thomas Nelson, 1998), 397.
6. *Africa Study Bible* (Oasis International, 2016), 1750.
7. Martyn Lloyd-Jones, "Is the Gospel Still Relevant? (1947)," in *The Christ-Centered Preaching of Martyn Lloyd-Jones: Classic Sermons for the Church Today*, eds. Elizabeth Catherwood and Christopher Catherwood (Wheaton: Crossway, 2014), 65.
8. Andreas J. Köstenberger, in *CSB Study Bible*, 1895, n. 1:18.
9. Solomon Andria, in *Africa Bible Commentary*, gen. ed. Tokunboh Adeyemo (Grand Rapids: Zondervan, 2006), 1478.
10. Clinton E. Arnold, in *ESV Study Bible* (Wheaton: Crossway, 2008), 2295, n. 1:21-22.
11. Charles Wesley, quoted in *Wesley on the Christian Life: The Heart Renewed in Love*, by Fred Sanders (Wheaton: Crossway, 2013), 60.
12. Andreas J. Köstenberger, in *CSB Study Bible*, 1895, n. 1:24.
13. Sanyu Iralu, in *South Asia Bible Commentary*, gen. ed. Brian Wintle (Grand Rapids: Zondervan, 2015), 1663.
14. E. Y. Mullins, *Studies in Colossians* (Nashville: Convention Press, 1957), 78.
15. Jared C. Wilson, *The Imperfect Disciple: Grace for People Who Can't Get Their Act Together* (Grand Rapids: Baker, 2017) [eBook].
16. C. H. Spurgeon, *The Metropolitan Tabernacle Pulpit: Sermons Preached and Revised by C. H. Spurgeon*, vol. 49 (Pasadena, TX: Pilgrim, 1970-2006), 234.

SESSION 6

1. Frederick Douglass, quoted in *The Complete Works of C. H. Spurgeon, Volume 69: Autobiography-Diary, Letters, and Records*, Vol. 4, by Charles H. Spurgeon (Delmarva, 2013) [eBook].
2. D. A. Carson, "What Are Gospel Issues?"

주 / 3

Themelios, July 2014, http://themelios.thegospelcoalition.org/article/ what-are-gospel-issues.

3. Daniel B. Wallace, "Some Initial Reflections on Slavery in the New Testament," Bible.org, June 30, 2004, https://bible.org/article/ some-initial-reflections-slaverynew-testament.

4. Gerald Bray, *God Is Love: A Biblical and Systematic Theology* (Wheaton: Crossway, 2012), 671.

5. Saint Patrick, "The Confession of St. Patrick," in *The Confession of Saint Patrick* (Aziloth Books, 2012), 11.

6. See "Slave, Servant," by James A. Brooks, in Holman Illustrated Bible Dictionary (Nashville: B&H, 2003) [WORDsearch].

7. Richard R. Melick Jr., *Philippians, Colossians*, Philemon, vol. 32 in The New American Commentary (Nashville: B&H, 2003) [WORDsearch].

8. Murray J. Harris, in *CSB Study Bible* (Nashville: B&H, 2017), 1943, n. 11.

9. *Africa Study Bible* (Oasis International, 2016), 1813.

10. Clinton E. Arnold, in *The Apologetics Study Bible* (Nashville: B&H, 2007), 1820, n. 16.

11. Augustine, *Tractates on the First Epistle of John*, 10, in *The Fathers of the Church: St. Augustine*, trans. John W. Rettig (Washington, D.C.: The Catholic University of America Press, 1995), 272.

12. Murray J. Harris, in *CSB Study Bible*, 1943, n. 21.

13. Soro Soungalo, in *Africa Bible Commentary*, gen. ed. Tokunboh Adeyemo (Grand Rapids: Zondervan, 2006), 1514.

14. John the Dwarf, quoted in *Desert Banquet: A Year of Wisdom from the Desert Mothers and Fathers*, by David G. R. Keller (Collegeville, MN: Liturgical Press, 2011), 245.

15. John Newton, quoted in *Newton on the Christian Life: To Live Is Christ*, by Tony S. Reinke (Wheaton: Crossway, 2015), 94.

SESSION 7

1. "Ernest Shackleton," Biography.com, February 3, 2016, https://www.biography.com/ people/ernest-shackleton-9480091.

2. Jim Collins, *Good to Great* (New York: HarperCollins, 2001), 83-85.

3. St. Augustine, *Enchiridion on Faith, Hope, and Love*, VIII (Washington, D.C.: Regnery Publishing, 1961), 9.

4. Rosalie Koudougeret, in *Africa Bible Commentary*, gen. ed. Tokunboh Adeyemo (Grand Rapids: Zondervan, 2006), 1489.

5. Henry Alford, "The State of the Blessed Dead," in *Advent Sermons*, 2nd ed. (London: Hodder and Stoughton, 1872), 50.

6. Mark Howell, *Christ-Centered Exposition: Exalting Jesus in 1 & 2 Thessalonians* (Nashville: B&H, 2015) [WORDsearch].

7. Jacob Cherian, in *South Asia Bible Commentary*, gen. ed. Brian Wintle (Grand Rapids: Zondervan, 2015), 1675.

8. John Wycliffe, quoted in *Civilization's Quotations: Life's Ideal*, ed. Richard Alan Krieger (Algora Publishing, 2002), 82.

9. Michael W. Holmes, in *The Apologetics Study Bible*, gen. ed. Ted Cabal (Nashville: B&H, 2007), 1793, n. 4:17.

10. Billy Graham, in *Billy Graham in Quotes*, ed. Franklin Graham with Donna Lee Toney (Nashville: Thomas Nelson, 2011), 6.

11. James F. Davis, in *CSB Study Bible* (Nashville: B&H, 2017), 1908, n. 5:6-7.

12. Colin Nicholl, in *ESV Study Bible* (Wheaton: Crossway, 2008), 2310, n. 5:2-3.

13. R. C. Sproul, "When Worlds Collide, Pt. 1," CBN, 2017, http:// www1.cbn.com/ biblestudy/whenworlds-collide%2C-pt.-1.

14. Tertullian, *De Fuga in Persecutione, in Ante-Nicene Christian Library: Translations of the Writings of the Fathers Down to A.D. 325*, vol. XI (Edinburgh: T&T Clark, 1882), 368.

15. Fanny J. Crosby, "Redeemed, How I Love to Proclaim It," in *Baptist Hymnal* (Nashville: LifeWay Worship, 2008), 280.

16. John Knox, quoted in *The Christian Treasury*, vol. 15 (Edinburgh: Johnstone, Hunter, and Co., 1859), 180.

17. Edward Mote, "The Solid Rock," in *Baptist Hymnal* (Nashville: LifeWay Worship, 2008), 511.

SESSION 8

1. "Aircraft in the Sky at Any Given Time," Federal Aviation Administration, July 31, 2017, https://www.faa.gov/air_traffic/ by_the_numbers.

2. A. B. Simpson, quoted in *Simple Gospel: The Modern Offense of the Cross*, by Joshua West (Bloomington, IN: WestBow Press, 2017) [eBook].

3. Tokunboh Adeyemo, in *Africa Bible Commentary*, gen. ed. Tokunboh Adeyemo (Grand Rapids: Zondervan, 2006), 1566.

4. A. W. Tozer, "God's Character Is Infinitely Holy," The Alliance Tozer Devotional, February 22, 2017, https://www.cmalliance.org/ devotions/tozer?id=730.

5. Daniel Henderson, "Is the American Church the 'Frog in the Kettle'?," Christianity.com, 2015, http://www.christianity.com/ christian-life/political-and-socialissues/ is-the-american-church-thefrog-in-the-kettle-11603220.html.

6. Terry L. Wilder, in *CSB Study Bible* (Nashville: B&H, 2017), 2012.

7. Elisabeth Elliot, quoted in *Wisdom from Myles Munroe* (Shippensburg, PA: Destiny Image, 2010) [eBook].

8. Merlin Jones, in *South Asia Bible*

주 / 4

Commentary, gen. ed. Brian Wintle (Grand Rapids: Zondervan, 2015), 1767.

9. Doug Oss and Thomas R. Schreiner, *ESV Study Bible* (Wheaton: Crossway, 2008), 2451, n. 17-18.

10. John Charles Ryle, *Knots Untied* (London: National Protestant Church Union and Charles Murray, 1898), 449.

11. Thomas R. Schreiner, *1,2 Peter, Jude*, vol. 37 in New American Commentary (Nashville: B&H, 2004) [WORDsearch].

12. Ibid.

13. David Walls and Max Anders, *1 & 2 Peter, 1,2 & 3 John and Jude*, in *Holman New Testament Commentary* (Nashville: B&H, 2005) [WORDsearch].

14. Irenaeus, *Against Heresies*, 10.2, in *Readings in Church History*, ed. Jonathan Marshall (Hiram, ME: Hubbard Hill Press, 2009) [eBook].

15. M. David Sills, *Changing World, Unchanging Mission* (Downers Grove: IVP, 2015), 15.

SESSION **9**

1. Matt Sena, "Fast Food Industry Analysis 2017—Cost & Trends" FranchiseHelp, 2017, https://www. franchisehelp.com/ industry-reports/ fast-food-industry-report; Melanie Hicken, "This Interactive Map Shows Exactly How Many Fast Food Restaurants There Are In Every State," Business Insider, January 28, 2012, http://www.businessinsider.com/ this-interactive-map-shows-exactlyhow-many-fast-food-restaurantsthere-are-in-every-state-2012-1.

2. Burk Parsons, "In God We Trust," Ligonier Ministries, September 1, 2004, http://www. ligonier.org/ learn/articles/god-we-trust.

3. Sharon Armstrong, "The Downside of No Downtime: America's Culture of Busy," *Louisiana's Health & Fitness Magazine*, November 2015, http:// www. healthfitnessmag.com/HealthFitness-Magazine/November-2015/ The-Downside-of-No-DowntimeAmericas-Culture-of-Busy.

4. Terry L. Wilder, in *CSB Study Bible* (Nashville: B&H, 2017), 1990, n. 3:3-4.

5. David Walls and Max Anders, *1 & 2 Peter, 1,2 & 3 John and Jude*, in *Holman New Testament Commentary* (Nashville: B&H, 2005) [WORDsearch].

6. Rex Rouis, "What Does Faith Sound Like?" Hope Faith Prayer, 2014, https:// www. hopefaithprayer.com/faith-sound.

7. St. Augustine of Hippo, *On the Sermon on the Mount*, 1.1.1 (Altenmünster, Germany: Jazzybee Verlag, 2012) [eBook].

8. Tokunboh Adeyemo, in *Africa Bible Commentary*, gen. ed. Tokunboh Adeyemo (Grand Rapids: Zondervan, 2006), 1554.

9. Thomas R. Schreiner, *1,2 Peter, Jude*, vol. 37 in *The New American Commentary* (Nashville: B&H, 2004) [WORDsearch].

10. Joni Eareckson Tada, *Heaven: Your Real Home* (Grand Rapids: Zondervan, 1996), 131.

11. Chris Gnanakan, in *South Asia Bible Commentary*, gen. ed. Brian Wintle (Grand Rapids: Zondervan, 2015), 1752.

12. Horatio G. Spafford, "It Is Well with My Soul," in *Baptist Hymnal* (Nashville: LifeWay Worship, 2008), 447.

13. Doug Oss and Thomas R. Schreiner, in *ESV Study Bible* (Wheaton: Crossway, 2008), 2423, n. 3:12.

14. Saint John Chrysostom, Homily IV, *On the Acts of the Apostles* (London: Aeterna Press, 2015) [eBook].

15. D. A. Carson, *For the Love of God, Volume Two* (Wheaton: Crossway, 1999), 23.

SESSION **10**

1. Randy Alcorn, *Heaven* (Wheaton: Tyndale, 2004) [eBook].

2. Ramesh Khatry, in *South Asia Bible Commentary*, gen. ed. Brian Wintle (Grand Rapids: Zondervan, 2015), 1773.

3. Kendell H. Easley, *Revelation*, in *Holman New Testament Commentary* (Nashville: B&H, 2005) [WORDsearch].

4. Dennis E. Johnson, *Triumph of the Lamb: A Commentary on Revelation* (Phillipsburg, NJ: P&R Publishing, 2001), 60.

5. G. K. Beale, *The Book of Revelation*, in *The New International Greek Testament Commentary* (Grand Rapids: Eerdmans, 2012) [WORDsearch].

6. John Owen, *Meditations and Discourses on the Glory of Christ*, in *The Works of John Owen*, vol. 1 (Carlisle, PA: Banner of Truth, 2013), 317.

7. Onesimus Ngundu, in *Africa Bible Commentary*, gen. ed. Tokunboh Adeyemo (Grand Rapids: Zondervan, 2006), 1574.

8. Matthew Y. Emerson, *Between the Cross and the Throne: The Book of Revelation* (Bellingham, WA: Lexham Press, 2016) [eBook].

9. St. Augustine, *The City of God*, 1.11, trans. Marcus Dods, in *Nicene and Post-Nicene Fathers: First Series*, vol. 2, ed. Philip Schaff (New York: Cosimo, 2007), 9.

10. Richard Sibbes, *Bruised Reed and a Description of Christ* (Post Tenebras Lux Books, 2010), 20.

11. N. Thomas Wright, "Jesus and the Identity of God," *Ex Auditu* 14 (January 1998): 48-49.

12. Dennis E. Johnson, in *ESV Study Bible* (Wheaton: Crossway, 2008), 2464, n. 1:20.

13. St. Jerome, *Commentary on Matthew* 26.1-2, trans. Thomas P. Scheck, in *The Fathers of the Church*, vol. 117 (Washington, D.C: The Catholic University of America

주 / 5

Press, 2008), 291.
14. J. Oswald Sanders, *Spiritual Leadership: Principles of Excellence for Every Believer* (Chicago: Moody, 2017) [eBook].
15. John Piper, *Let the Nations Be Glad: The Supremacy of God in Missions*, 3rd ed. (Grand Rapids: Baker, 2010), 35..

SESSION **11**

1. Dallas Willard, *The Spirit of the Disciplines: Understanding How God Changes Lives* (San Francisco: HarperCollins, 1991), 8.
2. A. Boyd Luter, in *CSB Study Bible* (Nashville: B&H, 2017), 2019, n. 2:1-3:22.
3. Grant R. Osborne, *Revelation*, in *Baker Exegetical Commentary on the New Testament* (Grand Rapids: Baker, 2014) [WORDsearch].
4. Jim Elliff, "The Change of Mind," Christian Communicators Worldwide, 2002, http://www. ccwtoday.org/article/the-changeof-mind.
5. Ambrose, *Concerning Repentance*, 2.1.5, in *Nicene and Post-Nicene Fathers: Second Series*, vol. 10, eds. Philip Schaff and Henry Wallace (New York: Cosimo, 2007), 345.
6. A. Boyd Luter, in *CSB Study Bible*, 2020, sidebar.
7. Oecumenius, *Commentary on the Apocalypse*, 2.10, trans. John N. Suggit, in *The Fathers of the Church* (Washington, D.C.: The Catholic University of America Press, 2006), 48.
8. Vance Havner, quoted in *The Westminster Collection of Christian Quotations*, ed. Martin H. Manser (Louisville: Westminster John Knox Press, 2001), 75.
9. Dennis E. Johnson, in *ESV Study Bible* (Wheaton: Crossway, 2008), 2467, n. 3:2-3.
10. Michael J. Gorman, *Reading Revelation Responsibly—Uncivil Worship and Witness: Following the Lamb into the New Creation* (Eugene, OR: Cascade Books, 2011), 115.
11. Paul L. Steinke, *A Door Set Open: Grounding Change in Mission and Hope* (Herndon, VA: The Alban Institute, 2010) [eBook].
12. R. A. Torrey, *How to Bring Men to Christ* (New Kensington, PA: Whitaker House, 1984) [eBook].

SESSION **12**

1. Matt Boswell, "Doxology, Theology, and the Mission of God," in *Doxology and Theology*, ed. Matt Boswell (Nashville: B&H, 2013), 8.
2. A. Boyd Luter, in *CSB Study Bible* (Nashville: B&H, 2017), 2024, n. 4:3-4.
3. Andrew of Caesarea, *Commentary on the Apocalypse*, 4.10, in *Ancient Christian Texts: Greek Commentaries on Revelation*, trans. William C. Weinrich, ed. Thomas C. Oden (Downers Grove: IVP, 2011), 129.
4. Jared C. Wilson, *Gospel Wakefulness* (Wheaton: Crossway, 2011), 84.
5. Dennis E. Johnson, in *ESV Study Bible* (Wheaton: Crossway, 2008), 2470, n. 4:9-11.
6. Richard Bauckham, *The Theology of the Book of Revelation* (Cambridge, UK: Cambridge University Press, 1993), 51.
7. Albert M. Wolters, *Creation Regained: Biblical Basis for a Reformational Worldview*, 2nd ed. (Grand Rapids: Eerdmans, 2005), 49.
8. Tatian, *Address of Tatian to the Greeks*, IV, in *The Sacred Writings of Tatian* (Altenmünster, Germany: Jazzybee Verlag, 2012) [eBook].
9. Ramesh Khatry, in *South Asia Bible Commentary*, gen. ed. Brian Wintle (Grand Rapids: Zondervan, 2015), 1782.
10. Kendell H. Easley, *Revelation*, in *Holman New Testament Commentary* (Nashville: B&H, 2005) [WORDsearch].
11. Martin Luther, in *Martin Luther's Basic Theological Writings*, 3rd ed., eds. Timothy F. Lull and William R. Russell (Minneapolis: Fortress Press, 2012) [eBook].
12. Onesimus Ngundu, in *Africa Bible Commentary*, gen. ed. Tokunboh Adeyemo (Grand Rapids: Zondervan, 2006), 1582.
13. C. S. Lewis, in *The Collected Letters of C. S. Lewis, Volume III: Narnia, Cambridge, and Joy 1950-1963*, ed. Walter Hooper (New York: HarperCollins, 2007), 1377-78.

SESSION **13**

1. Philip Graham Ryken, "A New Heaven and a New Earth," in *Coming Home: Essays on the New Heaven and New Earth*, eds. D. A. Carson and Jeff Robinson Sr. (Wheaton: Crossway, 2017) [eBook].
2. *Africa Study Bible* (Oasis International, 2016), 1931.
3. Thomas Goodwin, Sermon XXXIII, in *The Works of Thomas Goodwin, D.D.*, vol. 1 (Edinburgh: James Nichol, 1861), 499.
4. Kendell H. Easley, *Revelation*, in *Holman New Testament Commentary* (Nashville: B&H, 2005) [WORDsearch].
5. Kevin J. Vanhoozer, *Faith Speaking Understanding: Performing the Drama of Doctrine* (Louisville: Westminster John Knox Press, 2014), 30.
6. A. Boyd Luter, in *CSB Study Bible* (Nashville: B&H, 2017), 2046-2047, 22:14-15,17.
7. Aspringus of Beja, *Explanation of the Revelation*, in *Ancient Christian Texts: Latin Commentaries on Revelation*, trans. and ed. William C. Weinrich (Downers Grove: IVP, 2011), 61.
8. C. H. Spurgeon, "Paul's Desire to Depart," in *Spurgeon: New Park Street Pulpit: 347 Sermons from the Prince of Preachers*

주 / 6

(BookBaby, 2012) [eBook].

9. Randy Alcorn, *Eternal Perspectives: A Collection of Quotations on Heaven, the New Earth, and Life After Death* (Carol Stream, IL: Tyndale, 2012), 338.

10. A. Boyd Luter, in *CSB Study Bible*, 2046, n. 22:1-5.

11. J. A. Medders and Brandon D. Smith, *Rooted: Theology for Growing Christians* (Spring Hill, TN: Rainer Publishing, 2016), 140-41.

12. Jerome, Letters XXII, in *Nicene and Post-Nicene Fathers: Second Series*, vol. VI, eds. Philip Schaff and Henry Wallace (New York: Cosimo, 2007), 41.